생각을
세우는
생각들

생각을
세우는
생각들

발행일
초판 1쇄 발행 2014년 6월 25일

지은이 | 이인
펴낸이 | 정무영
펴낸곳 | (주)을유문화사

창립일 | 1945년 12월 1일
주 소 | 서울시 종로구 우정국로 51-4
전 화 | 734-3515, 733-8153
팩 스 | 732-9154
홈페이지 | www.eulyoo.co.kr
ISBN 978-89-324-7236-2 03100

생각을
세우는
생각들

색다른
생각을
하기 위한
충격의
인문학

• 이인 지음 •

을유문화사

차례

생각의 국경에서

사유의 여행을 떠나며

생각의 국경이다. 알싸하게 온몸을 쑤시는 이국의 냄새, 귓전을 감도는 낯선 언어들, 조금은 서늘하면서도 옆구리를 시원하게 훑는 바람, 까마득하게 펼쳐진 지평선. 더 머무르고 싶다는 나른함과 새로운 곳을 찾고 싶다는 설렘이 뒤섞여 있는 사유의 경계선에 서 있다.

복잡한 심정이다. 비슷한 나날들이 심심하게 이어지면서 문득문득 떠나고 싶다가도 막상 움직이려고 하니 귀찮아지고 그냥 더 쉬고 싶은 마음이 엉덩이를 무겁게 만든다. 그렇지만 나를 위해서라도 사유의 경계를 넘어야 한다. 이대로 머물다간 나는 속절없이 낡아 가고 어이없이 닳아 가고 부질 없이 늙을 테니. 안정되고 나른했던 일상에서 벗어나 여행을 떠나야 할 때다. 언제나 낯섦을 만나 고민이 싹터야만 영혼은 푸르렀다. 새로움을 찾아 방황할 때 비로소 청춘이 된다. 엉덩이를 털고 일어나 정신의 신발끈을 동여매야 한다.

사유는 정신의 여행이다. 지금까지 이곳저곳으로 사유의 여행을 떠났고 온갖 생각들을 했지만 이번 여행에선 무슨 일들이 일어날지 모른다. 산뜻한 자극을 받을지도 모르고, 무시무시한 충격에 휩쓸릴지도 모른다. 허나 그 모든 과정이 나를 성장시키리란 걸 안다. 사유의 지경을 넓히면서 나아가는 과정이 삶의 기쁨이자 삶 자체이다. 나는 사유의 여행자이자 그동안 거쳐 온 사유의 무늬다.

우리는 낯익은 집을 떠나 낯선 세계로 떠났던 첫 경험을 잊지 못한다. 처음으로 들어간 학교 풍경, 나를 바라보며 다가온 선생님들, 함께 어울렸던 동무들, 내 가슴을 콩닥거리게 했던 한 친구, 사회에서 만난 사람들, 뜨거운 연애, 같이 보낸 밤, 가슴 저린 이별…… 이토록 삶은 아찔하면서도 두근거리는 모험들로 가득하건만, 살다 보면 더 이상 참신한 여행을 떠나지 않게 된다. 단단한 일상에 단단히 길들여지면서 배낭여행의 설렘을 잊는다. 가끔 자신이 있던 곳을 떠나더라도 이 도시에서 저 도시로 안전하게 이동만 하게 된다. 이러다 보면 인생은 정해진 경로를 오가는 단조로움으로 변한다. 하품이 나오는 김빠진 일상이 나를 비끄러맨다.

하지만 일상에서 편안함을 느끼는 건 잠깐이다. 우울과 권태가 나를 빨아들인다. 생각이 무덤덤해지면서 생활은 무덤으로 변해 간다. 생생한 감정으로 팔팔하게 움직이는 자유인이 아닌 나밖에 모르는 속물로 삭아 간다. 거울을 보면 지쳐서 굳은 얼굴이 나를 쳐다보고 있다. 살짝 기분이 이상하지만 딱히 나쁘지도 않다. 이미 통념에 중독되었으니. 그냥 사는 것이다. 왜 살아야 하는지 알 수 없는 하루하루가 이어진다. 삶이 뭐 대수로운가. 하루하루 흐지부지 흘려보낸다. 왜 이렇게 살아야 하는지 모른 채 허둥지둥 살아진다.

그러다 문득 나는 왜 사회에서 시키는 것만 하고, 가라는 대로 갔는지 황당함을 느끼다가 이렇게 사는 이유를 알 수 없다는 황망함에 휩싸이는 때가 찾아온다.

자신에게 정직하게 물어본다. 왜 사는 걸까? 잘 모르겠다. 왜 살아야 하는지 모른다. 나 자신이 뭘 원하는지조차 알지 못한다. 그냥 남들이 갖고 싶은 걸 갖고 싶고 세상이 알아주는 걸 하고 싶을 뿐이다. 이러니 뭔가 헛헛하고 허무하고 덧없다는 기분에 사로잡히게 된다.

서늘한 이마로 일상을 되돌아보면, 내 생각과 욕망이 어떻게 형성됐는지 알지 못한 채 세상에 깔린 길을 따라왔다는 아찔함이 생겨난다. 내 삶이 소중하다면서 나는 열심히 살아가지만 왜 삶이 소중한지, 그런 생각은 어떻게 생겨났는지 일상에서는 거의 생각해 본 적이 없었다는 사실과 마주치는 것이다.

세계 안에 있으면 세계에 대해 말할 수 없다

내 삶에 변화를 주고 싶을 때 나는 여행을 떠난다. 떠나서 내가 살던 모습을 돌아봐야만 별 의심 없이 남들처럼 그럭저럭 살아가던 내가 낯설게 느껴지기 때문이다. 물론 나는 평소에도 '생각'을 한다고 생각하지만 곰곰이 되짚으면 평소 하는 생각들은 대부분 이전까지 수없이 했던 '반응'일 때가 많다. 우리는 보통 산뜻하고 상큼하게 생각을 하기보다는 살아가면서 생겨나는 반응으로서 생각을 할 뿐이다. 일상은 사유 자체가 꺼려지는 시공간이다. 그래서 평소엔 아무리 생각을 하더라도 내 삶은 물레방아 돌듯 제자리에서 쿵덕쿵덕할 따름이다.

삶이 스산하고 을씨년스러운데 그 이유를 도무지 알 수 없다면 인문학을 만나야 한다. 그동안 듣고 배운 지식과 언어만으론 인간의 삶이 파악이 안 되기에 일상의 평범함에서 인문학의 세계로 여행을 가야만 내가 왜 불행하고 불안한지 그 이유를 알 수 있다. 그동안 관심이 없었던 '내 평범한 세계의 바깥'이었던 인문학이라는 나의 '외부'에 이르면 그동안 내가 어떻게 살았는지가 보이기 때문이다. 안 들렸던 것들이 들리고, 새로운 것들이 느껴진다. 인문학과 접속하자마자 내 감각이 바뀌고, 생각을 하기 시작한다.

인문학을 통해 '나의 세계 바깥'으로 나가서 이전의 내 생각 자체를 뒤흔드는 낯섦을 느껴야만 사유는 출현한다. 평소와 다르게 내 안에서 폭풍처럼 뭔가 자꾸 일어나서 사건의 이유나 상황의 원인을 찬찬히 헤아리며 좀 더 깊이 궁리해야만 '생각한다'고 할 수 있다. 진정한 생각의 출발은 여태까지 변함없이 살았던 '나'라는 존재 '밖에서' 이뤄진다. 프랑스의 철학자 에마뉘엘 레비나스Emmanuel Levinas는 우리가 세계 "안"에 있으면 세계에 대해 말할 수 없다며, 이전의 세계에서 벗어나는 "철학적 반성"을 해야만 세계와 우리에 대해 말할 수 있다고 얘기한 바 있다.

지금도 나를 갉아먹고 얽어매는 고통에 내 안의 영혼은 나에게 소리치고 있다. 이전까지 믿어 오던 수많은 선입견과 판단을 '중지'하라고, 지금처럼 살아가는 것이 자연스럽다는 "자연적 태도의 테제"를 멈추라고, 기존의 생각하는 방식에서 벗어나야만 우리가 어떻게 살아가고 있는지 보인다고, 내가 살던 세계에 대해서 말하고 싶다면 나의 세계 밖으로 나가라고, 인문학을 공부하라고!

이것이 사유의 여행이 필요한 이유다. 일상 속에 있으면 정신은 굳은 말똥 같지만 여행을 떠나면 정신은 말똥말똥해진다. 언제 어떻게 변할지 모르는 낯선 세계에서 나는 사유하지 않을 수 없다. 이국의 풍경들을 맞닥뜨리고 타자들과 부대끼다 보면 삶에 대한 이해가 넓어진다. 자신이 머물던 곳에서 떠난 뒤에야 나는 세상을 잘 모르고 나에 대해서도 잘 몰랐다는 사실을 알게 된다. 영영 여행만 하면서 살 수는 없으나 잘 살기 위해서라도 여행을 해야 한다. 여행을 하면서 나는 더 젊어지고 더 넓어지고 더 그윽해지고 더 부드러워지며 더 강해지고 더 깊어진다.

편안해서 위험한 일상

그 누구도 선뜻 사유의 여행을 하지는 못한다. 인문학 여행은 고생길이기 때문이다. 새로운 오아시스에 다다를 때까지 사유라는 막막한 사막에서 쉼 없이 들이닥치는 모래 폭풍을 이겨 내고 찌는 듯한 햇볕을 견디는 일은 힘겹고 벅차다. 사유의 여행을 하는 가운데 온갖 고난들이 나타나 거세게 가로막을 텐데, 하는 걱정이 앞선다. 낯선 인문학의 세계로 떠나기엔 그동안 나의 경험이 부족하다. 더구나 내가 갖고 있는 지도는 조잡하고 부실하다. 괜히 고생만 할 거라면서 게으름이 살살 꼬드긴다. 편안하게 눕고 싶다는 안일함이 내 몸에 끈질기게 달라붙는다. 이에 반해 일상은 얼마나 편한가. 안전한 볼거리가 얼마나 많은가.

하지만 그렇기 때문에 일상의 세계는 위험하다. 사유의 여행을 하는 중엔 괴로움에 부딪히면서 내 정신에 불현듯 불꽃이 지펴지지만 일상의 세계에선 편안함에 젖어들면서 내 정신은 시나브로 마비된다. 평소엔 그 누구도 진지하게 고민하기를 내켜 하지 않는다. 웃고 떠들기만을 원할 뿐 조금이라도 심각한 주제를 꺼내면 손사래를 친다. 일상에 안주하면 어김없이 생각이 안일해지는 이유다. 생각 없이 살아가다 탐욕을 이루기 위해서만 생각하는 괴물이 되어 버린다.

그러므로 사유의 여행을 할 필요가 있다. 잠깐만이라도 일상의 세계를 떠나 인문학의 세계로 나갈 때 우리는 '강제로' 생각하지 않을 수 없다. 일상에서 접하지 못했던 뜨거운 사유들이 내게 들어와 송곳처럼 딱딱한 편견들을 뚫기 때문에, 얼어붙은 머릿속을 깨뜨리는 쇠망치가 되어 주기 때문에, 내 머릿속에서 번개같이 내리치기 때문에, 내 생각은 변하고 삶도 조금씩 달라진다. 이전과 다르게 생각하기 시작한다.

세상이 어떠하고 인생은 어떻게 살아야 한다고 '정답'을 알고 있는 사람은 더 이상 공부하려 하지 않는다. 그저 주어진 답대로 산다. 지금까지 살아왔던 것처럼 말이다. 하지만 믿어 왔던 정답이 정답이 아니었음을, 어쩌면 세뇌의 결과였음을, 아니면 나의 무지와 게으름과 오만이었음을 여실히 깨달을 때, 그래서 내 삶이 스스로 봐도 한숨이 나오는 한심스러운 지경임을 알아차릴 때, 어떤 삶을 살아야 할지 고민하면서 삶의 지혜와 용기를 얻고자 몸소 움직이게 된다. 이전까지는 부모가 시키는 대로, 선생이 일러 주는 대로, 사회가 가리키는 대로 살아왔다면 이제는 손수 세상을 만져 보면서 절절히 경험하고, 몸으로 부딪치면서 자신의 길을 열어 가기를 원한다. 진짜 나의 삶을 열망하게 된다.

나에게 필요한 건 행복을 약속하는 일상의 언어가 아니라 도둑고양이처럼 들이닥쳐 나를 앙칼지게 할퀴는 철학의 언어다. 내가 그동안 잠을 자고

우리는 사유의 여행을 할 필요가 있다. 잠깐만이라도 일상의 세계를 떠나 인문학의 세계로 나갈 때 '강제로' 생각하지 않을 수 없다. 일상에서 접하지 못했던 뜨거운 사유들이 내게 들어와 송곳처럼 딱딱한 편견들을 뚫기 때문에, 얼어붙은 머릿속을 깨뜨리는 쇠망치가 되어 주기 때문에, 내 머릿속에서 번개같이 내리치기 때문에, 내 생각은 변하고 삶도 조금씩 달라진다.

있었음을 일깨우는 산뜻한 문장, 이제 일어나라고 엉덩이를 걷어차는 글, 자신의 인생을 살라고 심장에 불을 붙이는 책을 읽어야 한다. 널리 알려진 이야기지만, 카프카Franz Kafka 또한 자신의 꽁꽁 얼어붙은 머릿속을 깨뜨리는 도끼 같은 책만을 읽었고, 역사에 길이 남을 자신만의 문학을 펼쳐 냈다. 카프카는 한 친구에게 보낸 편지에 이렇게 쓰기도 했다. "만일 우리가 읽는 책이 주먹질로 두개골을 깨우지 않는다면, 그렇다면 무엇 때문에 책을 읽는 단 말인가?"

인간은 행복할 때에는 사유하지 않는다. 오직 고통스럽고 아플 때만 사유한다. 그렇지만 불행해진 다음에 일어나는 생각은 분노나 한탄으로 치닫기 일쑤다. 사유를 미리 해야 한다. 사유를 가로막는 지금의 나태와 자만을 깨뜨려야 한다. 그래야만 삶이 내 뜻대로 되지 않을지라도 뒤틀려지지 않게 된다.

카프카가 일찍이 얘기했듯이 내 언어들을 자살하게 만드는 글을 읽어야 한다. 우선 내 머리에 들어와 나를 지배하는 언어들, 내 생각이라고 믿어 왔던 것들을 무너뜨려야 한다. 해체는 언제나 새로운 창조의 시작이다. 사유의 도끼가 필요하다. 새로운 세계로 나아가기 위해선 내 안의 얼어붙은 바다를 깨뜨려야 한다. 삶이 맘대로 안 될 때, 여태껏 살아온 관성이 나의 발목을 잡을 때, 지긋지긋한 과거의 상처들이 미래를 가로막을 때, 좀 더 다른 내가 되고 싶을 때, 나는 어제의 나를 부숴야 한다. 그러면 이미 내 안에서 참신한 내가 태어나고 있음을 알 수 있다. 나를 바꿀 힘은 언제나 내 안에서 요동친다.

새로운 탄생엔 으레 산고가 따른다. 하지만 다행히도 우리에겐 인문학이란 노련한 산파가 있다. 인문학은 큼직하면서도 부드러운 손을 내밀며 나지

막이 속삭인다. 사유의 태동이 시작되었다고, 북소리가 들리지 않느냐고, 사유의 여행 가방을 꾸리기에 좋은 때는 바로 지금이라고, 철학의 여정을 떠나라고, 인문학을 모험하라고, 조금 더 정신이 유연해지고 마음의 근육은 탄탄해질 거라고.

인문학은 희망이다

이제 인문학의 세계로 사유의 발걸음을 내딛는다. 그동안 신세 졌던 일상이 멀어져 간다. 코알라 두 마리가 손을 흔들며 배웅하고 있다. 코알라에게 인사하자마자 저 멀리 코끼리들이 기다란 코로 물을 내뿜으면서 무지개를 그려 내고, 반대쪽에선 흑표범들이 포효하면서 축하해 주고 있다. 드디어 시작이다.

살짝 긴장이 된다. 잘할 수 있을까 불안하고 머리에 쥐가 나서 중단하게 되는 건 아닌지 두렵지만 왠지 설레고 좋은 예감이 든다. 이번 여행엔 수많은 인문학자와 사상가들이 함께하기 때문이다. 인문학이라는 낯선 세계를 헤쳐 갈 수 있도록 그들은 동반자가 되어 줄 것이다. 때론 그들이 나에게 시련이 되겠지만 그 역시 이번 여행의 묘미다.

일상에서 멀어질수록 옛 생각도 새록새록 나고, 과거의 내 모습이 아련하게 떠오른다. 그렇지만 발길을 돌리지는 않는다. 도리어 가슴을 쭉 펴고 더 힘껏 발을 뻗는다. 내 안에서 변화가 일어나기 시작한다. 살면서 몇 번 겪지 않았을, 사랑에 빠졌을 때와 흡사한, 강렬한 몰입을 하게 된다. 이전까지 미처 생각하지 못했던 세계가 열린다. 드디어 희망을 만난다!

　일상엔 미래가 없고, 평소엔 희망이 없다. 어제처럼 오늘을 살고, 오늘과 똑같이 내일을 살기 때문이다. 미래가 오늘과 다를 바 없다면, 미래는 미래가 아니다. 과거의 이어짐일 뿐이다. 인문학은 이 무시무시한 지루함을 끊어내는 '충격'을 준다. 인문학을 만나는 순간, 어제처럼 살 수 없게 된다. 다시 시간은 이어지지만 인문학을 만난 뒤의 삶은 다르다. 어제처럼 생각하며 살 수 없으므로 오늘이 뒤바뀐다.

　인문학은 희망이다. 희망을 곧장 주지는 않더라도 희망을 사유하게 한다. 희망은 품으려 한다고 생기는 것이 아니다. 그것은 치열한 공부 끝에 간신히 만나는 봉우리다. 익숙한 상식과 체계, 종교와 신, 가족의 영토에서 벗어나 거친 인문학의 바다로 나가 희망봉을 찾아야 한다. 철학자 김영민이 얘기하듯 희망은 "응당 힘들게 배워야 하는 것"이니까.

> 희망은 '생각' 속에 없으며, 따라서 그것은 오직 생각의 비각인 공부 속에 있는데, 공부란 체계 속의 다양성을 재배치하거나 '신을 믿거나' 혹은 가족을 챙기는 데 있지 않다. 그런데, 체계와 신, 그리고 가족의 영토가 아니라면, 그것은 응당 힘들게 배워야 하는 것일 뿐이다.
>
> 김영민, 『비평의 숲과 동무공동체』

　이제껏 얼마나 희망을 배웠는가? 얼마나 안간힘을 쓰면서 희망을 배우려고 하였는가? 삶에 희망이 안 보였던 까닭은 세상에서 가르치는 대로 암기만 했지, 나를 자유롭게 하는 사유를 하지 않았기 때문이다. 일상에 틀어박혀 있는 동안 남들처럼 뻔하게 생각하면서 내 삶은 따분했고 갑갑했다. 주입당하는 줄도 모른 채 지금 자신의 삶을 '확신'하며 살았다.

'지금의 내'가 낯설게 보이도록 도와주는 뜨겁고 강렬한 사유와의 만남이 필요하다. 인문학은 거짓된 희망을 사탕발림하듯 약속하기보다는 스스로 희망을 찾도록 주입된 생각들을 사형시키는 '훈련'이다. 인문학을 만나면서 나는 '희망'을 배운다.

사춘기 때 마주쳤던 세상의 진실들이 유쾌한 것만은 아니었듯 인문학 여행길에서 만나는 사유들은 생경해서 어렵거나 나의 믿음이나 상식과 어긋나 불쾌할지도 모른다. 그렇지만 나중에 후회하면서 자기 삶에 들이닥치는 충격들에 앙당그러지기보다는 인문학을 만나 미리 충격을 받는다면 나의 정신은 말랑말랑해지면서 한결 더 훌륭하게 대처할 힘이 생긴다. 인문학을 통해 사유의 유연함과 마음의 힘을 키운다면 들이닥치는 충격들에 쓰러지지 않고 성장할 것이다.

인문학의 대지가 묵직하게 속삭인다. 용기 있는 그대여, 환영한다.

첫 번째 충격

최후의 인간,
'노예'

행복을 찾으려는 최후의 인간

　우리는 불행하다. 행복을 잡으려고 엄청나게 노력하는데도 왜 불행해지는 것일까? 그것은 우리가 진짜 행복을 찾으려고 하기보다 행복의 기호들을 뒤쫓기 때문이다. 우리가 잡으려 한 건 뭘 얻고 어떻게 하면 행복해진다는 '기호'였을 뿐이다. 진짜 행복에 대해선 모른다. 옛날 원시인들이 동굴에 그림을 그린 뒤 그림이라는 '짐승의 기호'를 마치 짐승이라도 되는 양 공격하면서 나름의 만족감을 얻었듯 현대인도 광고가 낳은 "행복의 기호"들을 소비하면서 만족을 얻는다고 프랑스의 사회학자 장 보드리야르Jean Baudrillard는 얘기한다. 지금 우리는 행복을 체험하기보다 행복의 이미지를 소비하고 있는데, 이런 모습이 장 보드리야르는 "원시인들의 사고방식"이라고 잘라 말한다.

　여기서 문제가 되는 것은 사적 및 집단적 소비의 사고방식이다. 약간 피상적이지만 감히 분석하면 다음과 같다. 이 사고방식은 소비를 지배하는 주술적 사

고이며, 일상생활을 지배하는 기적을 기다리며 원하는 사고방식이다. 또한 그것
은 사고의 전능함에 대한 믿음(단, 우리의 생각으로는 기호의 전능함에 대한 믿음
인데)에 근거를 두고 있다는 의미에서 원시인들의 사고방식이다. 사실 풍부함이
라든가 "윤택함"이라는 것은 행복의 기호가 축적된 것에 불과하다.

장 보드리야르, 『소비의 사회』

우리는 인생을 "풍부"하고 "윤택"하게 살고자 원하나 정말 삶에서 풍부하
고 윤택한 것이 무엇인지 알려고 하기보다는 세상에서 풍부하고 윤택한 것
이라고 일러 주는 것들을 소비하면서 살아간다. 그래서 행복을 많이 얻은
것 같지만 정말로 행복한 것은 아니다. 장 보드리야르의 지적대로 우린 "주
술적 사고방식"에 사로잡혀 "행복의 기호"들을 소비하면서 행복하다고 착각
하기 때문이다. 진정으로 행복하다기보다는 행복해진다는 '소비의 주술'에
걸려 있는 셈이다. 우린 사물 자체가 아닌 사물이 지닌 '기호'를 소비한다. 기
호에 대한 논의는 도시에 빼곡한 카페를 생각하면 쉽게 와 닿는다. 나는 하
루에도 몇 잔씩 커피를 마시고, 사람을 만날 때면 으레 분위기 좋은 카페에
간다. 발 닿는 곳마다 카페들이 고개를 내밀고 있고 웬만한 곳은 언제나 북
새통이다. 사람들이 이다지도 커피를 좋아하는지 누가 알았겠는가? 그런데
이름난 몇몇 카페에 가서 지갑을 여는 까닭은 커피가 좋아서 단순히 커피
를 마시기 위함이 아니다. 볶은 커피콩 추출물에다 여러 가지를 넣은 음료
를 마시려고 한다면 자판기 커피를 사 마시면 된다. 그런데 구태여 나는 그
카페로 발길을 옮긴다. 그곳으로 가는 까닭은 카페가 갖고 있는 '기호'가 좋
기 때문이다. 세련됨과 여유의 기호를 갖기 위해서 나는 밥 한 끼보다 더 비
싼 돈을 치르면서까지 꼭 '그 카페들'에 가게 된다.

        카페는 현대인들의 소비심리를 속속들이 알고 있기에 커피맛을 좋게 하고자 애쓰는 노력만큼, 아니 그 이상으로 '이미지 광고'에 열을 올린다. 지금은 '이미지의 시대'이기 때문이다. 카페에서 커피를 마시는 모습은 현대인의 멋진 모습으로 기호화되어 있기 때문에 행복한 이미지를 연출하기 위해서 우리는 오늘도 행복의 기호가 있는 장소에 가고 있다.

카페는 현대인의 소비심리를 속속들이 알고 있기에 커피맛을 좋게 하고자 애쓰는 노력만큼, 아니 그 이상으로 '이미지 광고'에 열을 올린다. 지금은 '이미지의 시대'이기 때문이다. 카페에서 커피를 마시는 모습은 현대인의 멋진 모습으로서 기호화되어 있기 때문에 행복한 이미지를 연출하기 위해서 우리는 오늘도 행복의 기호가 있는 장소에 가고 있다. 실제로 행복하기보다는 세상이 정해 놓은 행복의 기호를 뒤쫓으면서 살고 있는 것이다. 우리는 실제로 자유롭고 행복한 게 아니라 남들의 눈치를 보면서 행복한 척 연기하며 살아가는지 모른다. 철학자 프리드리히 니체^{Friedrich Nietzsche}가 자주 들먹이는 '노예'나 '낙타'처럼 말이다. 니체가 보기에 인간은 노예나 낙타처럼 산다. 노예는 자기 삶의 주인이 아니다. 신이든 왕이든 지도자든 주변 사람들이든 누군가에게 종속된 채 정해진 것만 하면서 다소곳이 살아간다. 자신을 함부로 대하는 권력자들에겐 저항하지 못한 채 주인님들이 가리키는 적들을 증오하면서 죽은 뒤의 하늘나라를 그리워하거나 다음 생에는 귀족으로 태어나고 싶다는 허튼 망상을 품는 존재가 노예다. 낙타 또한 가엾다. 낙타는 저 무거운 짐을 지긋지긋해하면서 오늘도 짐을 산더미처럼 등에 지고 모래밖에 없는 황무지를 걷는다. 지금까지 그렇게 살아왔고 누군가 휘두르는 채찍이 무섭기 때문이다. 더 이상 이렇게 살고 싶지 않다고 솔직하게 표현하기보다 낙타는 '정신 승리'를 선택한다. 명령과 강제에 어쩔 수 없이 하면서도 마치 자신이 원해서 하는 것이라고, 나는 성실한 삶을 살고 있다고 자위한다.

오랜 세월 이어져 온 노예와 낙타는 최후의 인간으로 나타난다. 자기 삶을 창조하고 새로운 의미를 자아내려고 하기보다 세상이 주입하는 행복을 좇으며 찾으려고 할 때, "최후의 인간"이 된다고 니체는 경고한다. 더 이상 사람들이 스스로 "별을 탄생"시킬 수 없을 때 "머지않아 자기 자신을 더 이상 경멸할 줄 모르는, 그리하여 경멸스럽기 짝이 없는 자의 시대가 올 것이"라면서 니체는 목청을 드높인다.

> 보라! 나 너희들에게 최후의 인간을 보여 주겠다.
>
> "사랑이란 무엇인가? 창조란 무엇인가? 동경이란 무엇인가? 별이란 무엇인가?" 최후의 인간은 이렇게 묻고는 눈을 깜빡인다.
>
> 이 대지는 작아졌으며 그 위로 모든 것을 작게 만드는 저 최후의 인간이 뛰어다니고 있다. 이 종족은 벼룩과도 같아서 근절되지 않는다. 최후의 인간이 가장 오래 산다.
>
> "우리는 행복을 찾아냈다." 최후의 인간은 이렇게 말하고는 눈을 깜빡인다.
>
> 프리드리히 니체, 『차라투스트라는 이렇게 말했다』

니체에 따르면 "최후의 인간"은 자신의 건강만을 염려하고 조촐한 쾌락만을 탐닉하는 좀스러운 존재다. 행복만을 찾아 뛰어다니면서 모든 것을 작게 만드는데 "벼룩"처럼 근절되지도 않는다. 니체는 최후의 인간이 되지 말라고, 남들이 정해 놓은 행복의 노예가 되지 말라고, 자신이 인생의 주인공이라고, 자신의 삶을 이끌어 갈 규칙들을 스스로 입법하라고 자극하고 호통친다.

니체도 타고날 때부터 당당했던 건 아니었다. 그는 목사의 아들로 태어나 엄숙한 분위기에 주눅이 들기도 했고, 집안에 여자들이 많아 어린 시절엔 여자 옷을 강제로 입어야 하는 등 원치 않은 일들을 겪어야 했다. 니체는 자기 삶에서 자신이 주인이 아님을 가슴 저리게 깨달았기 때문에 우리가 우리 삶의 주인이 되어야 한다고 주장할 수 있었다. 인생을 자유롭고 당당하게 살아가려 했던 니체는 용기를 내어서 자신의 생각을 표현하려 했다. 우리 행복보다 이 같은 용기를 배워야 한다.

관리되는 내 감정

세상의 권력이 내 몸 구석구석, 내 일상 깊숙이 들어와 있는 상황에서 진정한 행복이 무엇인지 꿈꾸기조차 힘들다. 세상엔 에스컬레이터가 설치되어 있다. 별생각 없이 나는 앞에 설치된 에스컬레이터를 타고 인생의 단계를 오른다. 10대 때는 대학에 목숨을 걸고, 20대 때는 입사하려고 청춘을 바치며, 30대 때는 돈을 벌려고 정열을 불태운다. 그리고 그다음엔 자식 교육과 더 넓은 집 장만을 위해, 그 뒤엔 건강 관리와 노후 준비로 안절부절못하며 아득바득 살게 된다. 애면글면하지만 왜 이렇게 살아야 하는지 삶 자체를 고민하지는 않는다. 지금 내 삶을 숙명처럼 받아들이고 옆 사람들과 경쟁하면서 에스컬레이터를 타고 오르며 조마조마할 뿐이다.

여태껏 우린 용기를 내고 소신껏 살아오기보다는 대세를 따랐다. 그러면 행복할 줄 알았다. 지금까지 내가 잡으려고 했던 것들이 과연 내가 정말 원하는 건지 고민한 적이 별로 없었다. 남들이 욕망하니까, 유행하니까, 세상에서 그걸 가져야만 한다고 하니까 뒤쫓으며 따라했을 뿐이다. 그렇다면 행복해지리라 기대하면서 욕망했던 것들은 정말 원하는 것이라기보다는 혹시 강제된 게 아닐까? 원하는 삶을 살지 못하지만 강제로 삶이 끌려가는 걸 감추고자 나는 사회에서 정해 준 목표를 얻으려고 더욱 발버둥 치는 건 아닐까? 행복은 내 안에서 피어오르는 조화의 상태가 아니라 외부에서 주입되는 복종의 상태가 아닐까?

북한에서도 보이는 "우리는 행복합니다"라는 표어는 행복이 강제되고 있음을 알려 준다. 우리는 행복에 집착할수록 더욱 부자유해지고 불행해질 수밖에 없다.

> "우리는 행복합니다"
>
> 한산한 공항에서 평양 시내로 향하는 버스의 창으로 빌딩 벽에 나붙은 이 한글 표어를 본 것이 벌써 10년이나 되었다. "필요한 것은 아무것도 없습니다", "조선은 하나입니다"라는 표어가 줄을 이었다. 그것은 마치 조지 오웰의 『1984』에 등장하는 뉴스피크와 같은 기이함의 연속이었다. 문화대혁명기 중국, 폴 포트 정권하의 캄보디아에서 이렇듯 인간은 행복해야 한다는 것이 의무가 되었다.
>
> 요모타 이누히코, 『행복』

북한뿐만 아니라 전 세계에서 행복은 관리의 대상이 되었다. 나는 권력이 지정해 주는 행복의 형태를 추구하면서 살아야 한다. 그렇게 온 힘을 기울여 행복에 매달리면 당분간 별 고민할 틈 없이 살게 된다. 하지만 금세 뭔가 이건 아니다 싶은 기분에 시달린다. 그동안 우리는 특정한 성취를 얻어야만 행복해질 수 있다는 믿음에 세뇌되어 왔다. 냉정하게 돌이켜보면, 행복이 뭔지 잘 모른 채 남들이 떠드는 행복을 좇으며 살았을 따름이다. 내 삶의 주인이 아니라 노예처럼 살았으니 행복할 턱이 없다. 오늘날처럼 행복이 의무가 되어 버린 상황에서 자신이 믿고 있는 행복을 한 번이라도 의심해 보지 못하면 세상에서 불어오는 유혹에 요란하게 나부끼는 '행복한 척하는 노예'가 되어 버린다. 행복이 강요되는 시대에는 행복보다는 자유로워지고 싶다는 바람이 내 안에서 회오리쳐야 한다. 행복이 인간을 어리석고 미련하게 만들고 있기 때문이다.

이쯤 되면 마크 로마넥^{Mark Romanek} 감독의 영화 「네버 렛 미 고」가 으스스하게 다가온다. 이 영화의 주인공들은 인간이 병에 걸렸을 때 장기를 주기 위해 만들어진 '복제 인간'들이다. 누군가의 생명을 늘려 주기 위해 사용되는 노예나 다름없으며 기계 부품처럼 취급된다. 마이클 베이^{Michael Bay} 감독의 영화 「아일랜드」에서도 주인공들은 '행복'을 꿈꾸고 지금 이곳이 아닌 저기 어딘가를 바라면서 살아간다. 그런데 행복은 그들을 지배하고 마취시키는 방법이었을 뿐, 주인공들은 철저히 이용당하는 복제 인간들이었다.

왜 '이용당하는 복제 인간'에 대한 영화들이 자주 제작될까? 생명공학에 대한 관심이 커진 탓도 있지만 그보다는 우리가 복제 인간처럼 살아간다는 느낌에 시달리기 때문일 것이다. 열심히 살지만 알고 보면 거짓된 믿음에서 헤어 나오지 못한 채 인생을 엉뚱한 데 거꾸로 박는 어리석은 내 모습은 복제 인간이나 노예와 다르지 않다.

복제 인간들은 지배당하는 줄 모른 채 지배당한다. 자신이 바라는 욕망과 꿈이 복제된 것인지 모른다. 태어날 때부터 세뇌되어 길러졌기 때문이다. 복제 인간처럼 살지 않기 위해서라도 그동안 내게 주입되었던 것들을 의심해야 한다. 미국의 법철학자 마사 누스바움^{Martha Nussbaum}은 페스탈로치 ^{Johann Pestalozzi}를 끌어들이며 비판 의식의 중요성을 얘기한다. 그는 외우고 암기시키는 교육은 결국 권위에 순종하는 다소곳한 복제 인간 같은 사람들을 만들어 낼 뿐이기 때문에 질문하고 참여하면서 탐구하는 인간으로 키울 수 있는 교육이 필요하다고 힘주어 말한다.

스위스 교육가 요한 페스탈로치는 그가 살던 당대의 모든 학교에서 목격되던 암기 학습과 주입식 교육의 실천들을 [주요] 표적으로 삼았다. 그에 따르면 이러한 종류의 교육의 목적이란, 다 성장한 이후 권위(체)에 순종할 뿐 질문을 제기하지는 못하는 순종적 시민의 양성이었다. 이와는 대조적으로 교육에 관한 자신의 풍요로운 저작물들(이들 중 일부는 픽션이다)에서 페스탈로치는 아이 자신의 자연스러운 비판 능력을 계발하여 아이를 적극적이고 탐구적인 인간으로 만드는 일에 목표를 둔 교육에 관해 설명한다. 그는 소크라테스식 교육을, 아이를 참여하게 하고 유쾌하게 하는 교육, 상식적이기 이를 데 없는 교육으로 제시한다. 만일 교육의 목표가 가축 떼에게서 관찰되는 순종을 만들어 내는 일이 아니라 정신을 훈련시키는 일이라면 말이다.

마사 누스바움, 『공부를 넘어 교육으로』

우리는 외부의 권위를 그냥 받아들이는 것이 아닌 비판해 볼 줄도 아는 인간으로 자라지 않았다. 내 생각들을 가다듬는 훈련을 받지 못하고 얼마나 달달 암기를 했는지 측정하고 평가받았다. 그 결과 오랜 세월 학교를 다녔지만 내 생각엔 특색이 없다. 고만고만하다. 그렇다면 그동안 받은 "교육의 목표"는 마사 누스바움이 마지막에 우려하듯 "가축 떼에게서 관찰되는 순종을 만들어 내는 일"이 아니었을까? 잘못된 일에 저항하지 않은 채 꾹 참고 분노도 하지 않은 채 살고 있으니 말이다. 나는 말 잘 듣는 착한 복제 인간인가, 사회문제에 화낼 줄도 아는 시민인가?

사치가 되어 버린 분노

스마트폰 게임인 앵그리 버드Angry Birds의 인기처럼 화나는 세상이다. '점령하라' 운동이 전 세계에서 벌어졌듯 노여움이 지구 동네 곳곳에서 봇물처럼 터져 나오고 있다. 한국만 봐도 대중매체들이 잘 보도하지 않지만 분노한 사람들이 길거리로 나와 촛불을 켜고 인터넷 게시판에다 글을 쓰면서 한국 사회의 일그러진 상황을 고발하고 있다. 물론 분노가 사회문제의 해결 방법이 될 순 없다. 분노는 넓은 시야와 깊은 헤아림을 놓치곤 하기에 분노를 넘어서야 한다. 그렇지만 분노 없이 어떤 변화가 일어날 수 있을까? 분노를 넘어서서 활용해야 하지 분노를 없애려고 하는 건 언제나 자신의 어리석음에 대한 고백에 지나지 않는다. 사회에 해로운 멍청함은 몇몇 사람들이 술에 취해 토해 내는 울분이 아니라 대다수 사람들의 태도에 세련되게 깃든 분노조차 잠들어 버린 잠잠함이다.

우리는 요새 혼자서만 잠잠한 게 아니라 세상의 변화에 냉소하면서 둘레에 찬물을 끼얹고 있다. 세상의 문제에 가슴이 미어지고 주먹을 쥐지 않는다면 평화롭다는 뜻이 아니라 자신이 노예 전염병의 보균자로서 주위를 병들게 한다는 뜻일 뿐인데도 말이다. 미국의 신학자이자 사회학자인 라인홀드 니버Reinhold Niebuhr는 분노가 없는 사회는 살기 좋음을 의미하기는커녕 "사회적 지성이나 도덕적 활력의 부재를 의미"한다고 얘기한다.

> 분노가 전혀 없는 상태란 곧 사회적 지성이나 도덕적 활력의 부재를 의미한다. 자신의 인종에 대해 가해진 불의에 분노하는 흑인은 아무런 감정도 없이 불의의 고통을 감수하는 흑인에 비해 흑인의 해방에 훨씬 더 큰 기여를 하는 것이

다. 하지만 분노에서 이기적 요소가 사라질수록 그 분노는 정의를 달성하는 더욱 순수한 매개가 될 수 있다.

라인홀드 니버, 『도덕적 인간과 비도덕적 사회』

세상에 즐거운 일이 늘어나는 것에 기뻐해야 하듯 억울하게 사람들이 고통 받는 상황에선 분노해야만 잘 사는 것이다. 그렇지만 대중들의 분노를 권력자들은 결코 용납하지 않는다. 권력은 대중들의 분노가 잘못되었다고 쏘아붙인다. 정당한 분노가 일어나도 진압하면서 사회를 쑥대밭으로 만든다. 지금 사회를 봐도 비판의 목소리를 내거나 문제 제기를 하는 사람은 삐딱하다거나 좌파라거나 패배자라는 멍에를 들씌우면서 성찰의 공간 자체를 봉쇄하려고 한다. 그 결과 사회의 추악함을 눈감으면 보수가 되는 기괴한 상황이 이어지고 있다.

온갖 부정을 서슴없이 저지르고 국가 기관들이 몽땅 나서서 선거마저 망쳐 버린 상황에서 뜨악한 나머지 잠깐 말문이 막힐 순 있어도 머잖아 노여움이 솟구쳐야 할 텐데, 우리는 눈을 내리깔고 입을 닫는다. 분노하는 사람들이 매우 많지만, 그보다 더 많은 사람들은 조용하다. 어떤 사태가 생겨도 조금도 줄어들지 않는 특정 정당의 지지 세력과 연예와 스포츠에만 열광하는 우리들 덕분에 임상수 감독의 영화 제목에나 적합한 「그때 그 사람들」이 다시 권력을 거머쥔 채 떵떵거리면서 비리와 부패를 벌이고 있다. 이런 상황에서 아무리 자기밖에 모르고 철저히 세뇌되었더라도 분노가 없을 수 없다. 분노는 결코 사라질 수 없기에 평온한 척 연기하거나 안간힘을 쓰면서 분노를 짓누를 수는 있지만 억압된 것은 반드시 되돌아온다. 그런데 돌아올 때 세상을 향해 쏟아지기보다는 자신을 파괴하는 식으로 돌아온다. 세상에 분노하지 않으면 우울증에 걸리거나 자살을 하거나 가까운 사람들에게 짜증과 신경질만 내게 된다.

> 분노는 현재에 대해 총체적인 의문을 제기한다. 분노의 전제는 현재 속에서 중단하며 잠시 멈춰 선다는 것이다. 그 점에서 분노는 짜증과 구별된다. 오늘의 사회를 특징짓는 전반적인 산만함은 강렬하고 정력적인 분노가 일어날 여지를 없애버렸다. 분노는 어떤 상황을 중단시키고 새로운 상황이 시작되도록 만들 수 있는 능력이다. 오늘날은 분노 대신 어떤 심대한 변화도 일으키지 못하는 짜증과 신경질만이 점점 더 확산되어 간다.
>
> 한병철, 『피로사회』

재독 학자 한병철은 분노를 사유한다. 분노는 "현재에 대해 총체적인 의문을 제기"하는 행위다. 따라서 분노하는 법을 잃어 가고 잊어 간다는 건 무시무시한 증상이다. 그건 잘못된 "상황을 중단시키고 새로운 상황이 시작되도록 만들 수 있는 능력"을 잃어 가고 있다는 뜻이기 때문이다.

너무 빠른 시대의 속도를 따라잡느라 다들 정신이 없고 하루하루 살아남기도 빡빡한 사회에서 분노마저 '사치'가 되어 버린 섬뜩한 상황이다. 분노하지 못하면 삶이 고요하고 평화롭기라도 해야 할 텐데, 나는 무기력해지고 찝찝함을 느낀다. 자신의 미래와 새로운 사회를 상상하기 위해서라도 먼저 분노하지 않으면, 작고 작은 일들에만 투덜거리고 짜증 내는 나날이 쭉 이어지게 된다.

문화 산업이 만들어 낸 일차원 인간

　나는 행복하지도 않은 채 분노도 잃어버렸다. 나는 나답게 살지 못하고 마치 일이나 지위가 나인 것처럼 연기하면서 살아가고 있다. 직업과 학교, 나이와 사는 곳 따위로 자신의 정체성을 찾고 타인을 평가하면서 살아가는데 어찌 삶이 보람차고 뿌듯할 수 있을까? 그래서 우린 자신의 모습을 좋아하지 않는다. 내 삶은 후회로만 얼룩진 것 같다.

　그렇지만 내 삶은 어쩌면 내가 선택한 몫이라기보다는 세상이 빚어 놓은 결과가 아닐까? 오늘날의 산업 체제는 '사유하는 인간'보다는 별 고민 없이 하라는 것만 주야장천 하는 '노동하는 기계'를 원하기 때문에, 나는 세상의 진실과 직면하려고 애쓰기보다 사회에서 명령하는 일을 하고 돈만 생각하면서 살게 된 것은 아닐까?

　어려서 호기심도 많고 통통 튀는 발상을 하였던 나는 어느새 통밀이 들어간 붕어빵이 되어 버렸다. 내가 지금 이 순간 없어져도 세상은 잘 돌아간다. 내가 빠지면 그 자리에 나와 별 차이 없는 다른 사람이 들어간다. 우린 자본주의의 부속품이 되어 버렸다.

　인간들이 더 잘 살고자 문명을 발달시켰는데, 거꾸로 문명이 인간을 지배하는 형국이다. 자본주의 체제에서 사람은 그저 쓰고 버려지는 존재처럼 변해 버렸다. 아무리 물질이 많아지고 경제 성장을 이룩해도 사람들이 우울해하고 자살하는 이유다. 그래서 프랑크푸르트학파의 학자들은 자본주의 산업 문명을 강렬하게 비판했다. 인간을 위해 경제 체제가 있는 게 아니라 경제 체제의 자본 증식을 위해 인간들이 소모되고 있기 때문이다. 더구나 삶을 풍요롭게 한다는 문화마저도 산업이 되어 우리들의 욕망과 생활을 분열시키며 소외시키고 있다.

요새 우리는 사람들과 친분 관계를 깊게 맺지 못하고 "내면적 교류가 없는 사회적 접촉" 정도로 파편화된다. 그 까닭을 프랑크푸르트학파의 호르크하이머^Max Horkheimer와 아도르노^Theodor Adorno는 현대 사회가 겉만 번지르르하기 때문이라고 얘기한다. 나는 사회 생활 할 때와 혼자 있을 때의 모습이 분열되며, 다른 사람들과 끝없이 갈등하고 내 안에서도 불화가 생겨난다. 나의 생각과 욕망이 자본주의와 문화 산업이라는 거푸집에서 찍혀 나오고, 지배 권력이 주입하는 대로 세뇌된 채 살아가기 때문이다.

> 개인의 존재는 사업과 사생활로 분열되고, 사생활은 공적인 이미지 관리와 가정생활로 나누어지며, 가정생활은 다시 작은 마찰로 점철된 결혼 생활과 완전히 혼자가 되는 쓸쓸한 평화 상태로 나누어진다. 자기 스스로와 그리고 모든 사람과 불화에 빠지는 그러한 '시민'은 이미 열광과 비방을 동시에 되풀이하는 잠재적인 나치다. 또한 시민은 오늘날의 대도시인처럼 친분 관계를 단지 사회적인 교분으로, 내면적 교류가 없는 사회적인 접촉으로 생각할 수밖에 없다. 문화 산업이 개별성을 마음대로 가지고 놀 수 있는 이유는 본래 부서지기 쉬운 사회의 성격이 개인 속에서 재생산되기 때문이다.
>
> 호르크하이머-아도르노, 『계몽의 변증법』

우리는 뭔가를 생각하고 판단할 때 과연 우리의 기준이 어떻게 생겨났는지 생각해 본 적이 별로 없다. 세상에서 누군가를 '나쁜 놈'이라고 보도하면 덩달아 욕하고 저주한다. 사실 나는 그 사람이나 당시의 상황을 잘 알지 못하지만 대중매체가 유혹하고 문화 산업이 이끄는 대로 "열광과 비방을 동시에 되풀이"하게 된다. 특정 연예인을 좋아하면서 그들을 따라하려고 하고, 하루에 많은 시간을 봐도 그만 안 봐도 그만인 영상들에 시간을 뺏기면서 나는 "잠재적인 나치"가 되어 간다. 나치는 스스로 생각하지 못한 채 외부의 권력이 주입한 대로 생각하고 욕망하는 평범한 사람들이었다. 지금 우리는 독일 나치와 일제의 황군들을 비난하지만 여전히 마녀사냥에 가담하고 강자를 추종한다.

우리의 허접함과 얄팍함을 프랑크푸르트학파의 헤르베르트 마르쿠제 Herbert Marcuse는 "일차원적 인간"이라고 불렀다. 나는 세상의 구조나 경제 체제에 대해 그리 깊게 사유하려 하지 않는다. 골치 아픈 일이 싫다. 그 시간에 예능을 보면서 노닥거리길 원한다. 머리부터 발끝까지 예쁘게 꾸미고 개성을 살린답시고 색다른 옷차림을 해도 나의 머릿속은 남들처럼 뜨개질되었다. 내가 생각할 수 있는 경계는 정해져 있고 그 안에서 내 생각이랍시고 발언하지만, 크게 보면 다 어금버금하고 어정쩡하다. 일차원 인간이 되어 버렸기 때문이다.

옛날 마르크스주의에 따르면, 노동자들은 사회의 모순이 나타나는 지점에 자리해 있었다. 노동자들이 자신을 빨아먹는 자본가들에게 저항하면서 사회변혁이 일어난다고 마르크스주의자들은 믿었다. 하지만 세계 대부분의 노동자들은 자신들을 착취하는 자본가 계급을 몰아내면서 평등한 세상을 열어 내기는커녕 자본주의가 내주는 안락함에 안주했다. 세상을 바꾸려고 하기보다는 더 많은 상품을 갖고 싶어 하는 소비자들이 되었다. 한층 더 발달된 기술 산업 체제가 사람들을 관리하듯 지배하기 때문이다. 그래서 마르쿠제는 "지배는 관리로 변신한다"고 주장한다. 이제 지배는 폭력으로 이뤄지지 않으며 과학과 기술 같은 합리성으로 이뤄진다. 나는 노예인 줄 모른 채 노예처럼 일한다. 권력은 우리를 세련되게 다스린다.

> 새로운 기술적 노동세계는 이리하여 노동자 계급의 부정적 위치의 약화를 부득이하게 만든다. 노동자 계급은 더 이상 기성사회에 대한 살아 있는 모순으로 나타나지 않는다. (…) 지배는 관리로 변신한다. 자본가인 보스와 소유자들은 책임 있는 행위 주체로서의 아이덴티티를 상실하고, 법인기구에서의 관료의 기능을 떠맡게 된다. 개인기업을 초월하여 과학실험실이나 조사연구소, 정부와 국가적 중대사까지 미치는 관리운영부분의 거대한 계층조직 내부에서는 착취의 진정한 원천이 객관적 합리성의 표면 배후로 모습을 감춘다. 증오와 욕구불만은 그 고유의 목표를 빼앗기고, 기술의 베일은 불평등과 노예화의 재생산을 은폐한다.
>
> 헤르베르트 마르쿠제, 『일차원적 인간』

세련된 지배는 사람들을 분열시키고 무기력하게 만든다. 자본주의의 모순과 문제로 "증오와 욕구불만"이 생기더라도 "그 고유의 목표를 빼앗"긴다. "은폐"된 채 "불평등과 노예화의 재생산"이 벌어진다. 나는 왜 화가 나고 불만스러운지, 그럼 어떻게 해야 하는지 알지 못한다. 날 노예로 만드는 작업들은 보이지 않게 이뤄지고 나는 노예란 생각을 꿈에서도 못한다.

그 결과 젊은이들이 가고 싶은 회사가 하나같이 똑같고, 10대들은 짜기라도 한 듯이 공무원을 꿈꾸며, 세상에 불만이 쌓인 사람들은 애먼 데다 화풀이하다가 선거철이 오면 특정 정당만 찍는다. 우리는 '일차원 인간'으로 만들어졌다. 크고 깊은 얘기는 부담스럽기만 하다. 당장 먹고살 얘기, 지금 흥분되는 쾌락만을 원한다.

우리 모두는 '된장인'이다

　일차원 인간을 잘 보여 주는 현상이 '된장녀'다. 한국의 뭇 남성들이 많은 여성들을 "된장녀"라면서 공격하고 깔아뭉갠 지 꽤 시간이 지났다. 된장녀는 일상에서 입에 잘 담진 않더라도 모두가 알고 있는 '언어'로서 이 사회에 등록되었다. 된장녀란 언어가 사회에 퍼진다는 의미는 어떤 여자들의 이상함이 알려졌다기보다는 이 사회에 살고 있다면 어떤 누구라도 된장녀가 될 수 있는 상황임을 뜻한다. 아무리 가방끈이 길더라도, 사회 변화를 요구하면서 진보를 외치더라도, 개념이 제대로 박혔다고 평가를 받는 사람이라도 자본주의가 펼쳐 놓은 소비의 그물과 '된장의 욕망'으로부터 자유롭지 못하다. 그래서 진보라는 이들은 곤경에 처하고 손가락질을 당하게 된다. 보수라는 이들은 욕먹을지언정 뻔뻔하게 대놓고 욕망하지만, 진보라는 이들은 뒤틀린 형태로 분열된 채 은밀하게 욕망하기 때문이다.

> 　파리에서 잠깐 휴가를 즐기러 왔던 소위 진보적으로 분류되는 한 여성이 "파리 물가가 너무 비싸서 아무것도 함부로 못 사겠어. 쇼핑을 못 하니까 답답해. 숨이 막혀."라고 지나가듯 말하는 소리를 들었을 때 받았던 충격을 잊을 수 없다. 내가 조심스럽게 감지하던, "소비가 존재를 입증 해 주는" 작금의 한국에서의 현상을 그녀의 한마디가 선언처럼 들려주었기 때문이다.
>
> 　　　　　　　　　　　　　　　　　　　　목수정, 『야성의 사랑학』

　지금 시대는 후기 자본주의로서 소비가 미덕으로 권장된다. 초기 자본주의는 절약과 축적을 통해 돌아갔다면 지금은 더 많이 써야만 자본주의가 굴러간다. 그래서 사회는 온통 광고이고 온갖 소비의 유혹이 넘실거린다. 단순히 외부의 압박뿐만이 아니다. 자본주의는 인간의 욕망을 빚어낸다. 누가 시키지 않아도 나는 그것들을 사지 않을 수 없다. 쇼핑을 못하면 답답해지고 숨이 막힌다. 살아 있음을 느끼려면 소비를 하지 않을 수 없는 오늘날이다. 비록 가난하고 형편이 넉넉하지 않더라도 부자가 된 것처럼 욕망하지 않을 수 없다. 우리의 욕망은 뺑튀기가 되었다. 카드 결제액이 쌓여도, 빚이 늘어나도, 나는 '질러야만' 직성이 풀린다.

그런데 이건 밑 빠진 독에 물 붓는 일과 비슷하다. 아무리 소비를 해도 나는 결코 만족할 수 없다. 잔뜩 사고 또 사더라도 갖고 싶은 건 자꾸만 늘어난다. 나는 소비의 갈증을 느끼며 또 찜하고 또 사들이지만 한 번도 개운하게 만족하지 않는다. 바닷물을 마시는 것과 같다. 나의 목마름은 수그러들지 않는다.

> 가방 앞에서 살까 말까 망설일 때만 해도 가방만 사고 나면 모든 갈증이 다 사라질 것 같았다. 세상을 다 가진 것처럼 행복해지고 더 이상 사고 싶은 것도 없을 줄 알았다. 그런데 겨우 며칠 사이에 사고 싶은 게 또 생기고 자꾸 목이 마르다. 바닷물을 퍼 마시고 있는 것 같다.
>
> 서유미, 『판타스틱 개미지옥』

개미지옥에 빠진 개미가 남 일처럼 느껴지지 않듯 나는 소비의 수렁에서 허우적거린다. 우리 모두는 '된장인'이 되었다. 여자들이 된장녀가 되는 건 당연한 현상이다. 우리 모두가 된장인이기 때문이다.

우리들이 된장녀를 왜 그토록 욕하면서 미워하느냐면, 내 욕망이 된장녀의 욕망과 똑같기 때문이다. 내가 욕망하지 않는 걸 된장녀들이 욕망한다면 시큰둥하게 된다. 하지만 나도 갖고 싶고, 하고 싶은데 경제 형편 때문에 내색하지 못하는 걸 버젓이 욕망하는 걸 보니 속에선 울화가 치민다.

물론 된장녀들은 "주제넘게", "자기 분수를 모르고" 소비한다면서 우리는 그들을 나무란다. 자신은 다르다고 항변한다. 그러나 된장녀를 몰아세우는 논리를 뒤집으면 '주제가 되면', '자기 분수에 맞게' 마구 써 버리면서 흥청망청 살아도 된다는 얘기가 된다. 우리의 욕망은 자본주의에 맞춰 길들여졌다. 마치 자신은 된장녀와는 전혀 다른 존재라는 알리바이를 만들려고 하지만 우리는 된장녀를 혐오하면서도 외면하지 못하고 된장녀에 집착하면서 '된장화'된 욕망을 스스로 들통 낸다. 정도의 차이가 있을지언정 우리 모두는 '된장화'되었다. 그래서 된장녀는 문제이지만 된장녀'만' 문제가 아니라 우리를 된장화시키는 권력과 체제가 문제이다. 된장녀를 향한 분노 뒤엔 자본가처럼 욕망하지만 노동자로서 살아가는 우리의 불만스러운 현실이 도사리고 있다.

사회엔 달착지근한 설탕이 뿌려져 있고, 우리들은 그동안 몸이 상하는 줄도 모른 채 감칠맛 난다며 나방 떼처럼 달려들었다. 자기 안에 심어진 욕망을 누그러뜨리고 빠져나오기란 호락호락한 일이 아니다. 신상품을 가져야 한다고 속에서 불이 나고 있는데, 그걸 콧바람으로 꺼뜨릴 수 있는 사람이 얼마나 있을까? 자본의 유혹에 우리가 좀 더 뻣뻣하게 반응한다면 '된장녀'들은 좀 더 뻔뻔하게 반응할 뿐이다.

텔레비전에 중독되다

유행에 휩쓸리지 않고, 내 줏대를 지키며 살기가 만만찮은 세상이다. 내가 정신을 차리지 못하도록 가로막는 친밀한 적이 내 곁에 있기 때문이다. 생각을 새롭게 하기는커녕 갈수록 어리석어진다면, 세상을 보는 눈이 어둑해지고 삶에 대한 열정이 식어 간다면, 세월에서 오는 지혜가 아니라 능글거림만 늘어난다면, 이 녀석 때문이다. 바로 텔레비전!

텔레비전은 단순히 정보나 소식을 전하면서 이따금 예능을 통해 나를 즐겁게 해 주는 장치가 아니라 오히려 무엇을 듣고 봐야 하는지 가르치는 훈육관이자 무엇을 욕망해야 하는지를 정해 주는 감독관이다. 나는 텔레비전에 나오면 믿게 되고, 텔레비전의 수준이 나의 교양이 되며, 텔레비전의 지식이 나의 상식이 된다. 텔레비전은 나의 외부 감각기관이다. 텔레비전은 우리의 일상과 떼려야 뗄 수 없고 우리는 텔레비전을 통해 세상을 인식한다. 텔레비전은 인간의 새로운 감각기관이 되었다.

> 이 지각 범주의 개념, 즉 보는 것과 보지 못하는 것을 결정하는 범주, 다시 말해서 지각을 조직하는 보이지 않는 구조를 설명하기 위해 교수들이 가장 공통적으로 사용하는 은유는 안경이란 은유입니다. 이 지각 범주는 우리의 교육과 역사 등의 산물입니다. 기자들은 특별한 '안경'을 썼는데, 이를 통해 어떤 것들은 보지만 다른 것들은 보지 못합니다. 어떤 특정한 방식대로 그들이 보는 것들만 보는 것입니다. 기자들은 선별의 작업을 하고, 선별된 것을 구성하는 작업을 합니다.
>
> 피에르 부르디외, 『텔레비전에 대하여』

프랑스의 사회학자 피에르 부르디외$^{Pierre\ Bourdieu}$는 텔레비전에 대해 글을 쓰면서 기자들이나 매체 종사자들이 "특별한 안경"을 쓰고 있다고 지적한다. 텔레비전 관련자들은 "어떤 것들은 보지만 다른 것들을 보지 못"한다. 그런데 문제는 그들이 보는 것만을 매체에 실으면서 우리들 또한 그들이 보는 것을 보고 그들이 보지 못하는 것을 보지 못하게 된다는 점이다. 우리가 보는 것과 볼 수 없는 것이 텔레비전에 따라 결정되는 셈이다. 텔레비전에서 보도하면 우리는 믿어 의심치 않게 된다. 그래서 어느 나라든 권력은 방송과 언론부터 장악하려고 했다. 텔레비전에서 세뇌하고 정권을 찬양하면 우리는 그대로 믿게 되기 때문이다. 우리가 아는 상식과 지식들은 거의 텔레비전에서 알려 준 것들이다.

텔레비전은 사실로서의 소식을 전달하고 사건을 재현하는 것이 아니라 나의 욕망을 주무르며 생각을 길들인다. 텔레비전은 우리들의 생각을 통제하고 관심을 조정하며 욕망을 관할하는 장치다. 우리의 지각 범주와 욕망, 사고방식까지 텔레비전에 지배당한다. 우리는 이른바 '먹방'을 보면서 군침을 꼴깍 삼키고 반드시 텔레비전에 나온 그곳에 가서 그것을 먹어야만 하는 지경에 이른다. 우리가 오늘날 복제 인간처럼 고분고분해졌다면 텔레비전이 내 생각과 욕망을 고만고만하게 만들었기 때문이다. 텔레비전에 담기지 않는 생각이나 욕망을 우린 하지 못한다. 텔레비전은 나의 상상에 한계를 만들고 그 밖으로 나가지 못하게 막는다.

물론 텔레비전은 자신의 음험함을 드러내지 않는다. 텔레비전은 우리에게 만족을 주겠다면서 "채널 고정"을 외친다. 하염없이 보고 있으면 행복해진다고 텔레비전은 약속하지만 그 약속은 결코 이뤄진 적이 없다. 그 짜릿한 즐거움을 꿈꾸며 수많은 방송을 '본방 사수'하고, 다시 보기를 통해 온

갓 방송을 챙겨 보면서 인생을 허비하지만 언제나 텔레비전 속 연예인들만 즐겁게 웃고 있을 뿐 나의 일상은 별로 즐겁지 않다. 텔레비전을 보면 볼수록 욕구불만에 사로잡힌다. 끝없이 요리조리 돌려 가면서 자신이 무엇을 찾는지도 모른 채 어떤 방송을 보는 게 목적이 아니라 마치 채널 사이를 왔다 갔다 하는 게 목적인 것처럼 행동하게 된다. 그래서 소설가 최인호는『낯익은 타인들의 도시』에서 이렇게 쓴다. "아내는 리모컨으로 채널을 계속 바꿔가며 대답하였다. 아내는 리모컨을 들고 계속해서 수십 개의 채널을 거의 10초 간격으로 돌려가면서 보는 특이한 시청 방식을 가지고 있었다. 마음에 드는 채널이 있으면 잠시 고정시키고 시청하였으나 길어도 5분 이상을 넘기는 적이 없었다."

소설의 제목이 의미심장하게 다가온다. 가까운 사람들이 낯익지만 '타인'처럼 느껴지는 요즘 우리는 자신을 돌아보고 서로를 돌보기보다는 서로에게 등 돌리고 텔레비전만을 들여다본다. 우리는 서로에게 '낯익은 타인'이 되어 간다. 텔레비전은 사람들을 낯익은 타인으로 만들면서 나에게는 친밀한 친구처럼 다가온다. 그래서 텔레비전 때문에 삶이 외롭고 휑뎅그렁해진다는 걸 평소엔 인식할 수가 없다. 쓸쓸할수록, 마음의 불씨가 사그라질수록, 날 즐겁게 해 주는 텔레비전을 멍하니 보게 되고, 더 외로워지고 불행해진다.

사회에서 얼토당토않은 문제들이 터지더라도 텔레비전은 나의 눈과 귀를 가려 준다. 세상은 골치 아픈 일들로 가득하지만 텔레비전을 틀어 놓고 멀거니 쳐다보고 있으면 머릿속은 싹 비워진다. 아무하고도 깊은 대화를 나누진 못하지만 텔레비전의 떠들썩함은 우리의 침묵을 감춰 준다. 나는 가족이나 친구들과 서로의 고민과 생각을 나누기보다 텔레비전을 보면서 시간을 보낸다. 따라서 외롭고 불행한 지금의 모습에서 벗어나 변화를 꿈꾼다면 텔레비

우리는 어려서부터 텔레비전이라는 유모 밑에서 텔레비전을 가장 친한 친구 삼아 성장했다.
평생을 지지했던 정당을 차마 찍어 주지 않을 수 없는 노인처럼 나는 텔레비전을 배신할 수
없다면서 오늘도 텔레비전 곁을 지킨다. 그래서 프랑스의 정신분석가 펠릭스 가타리는
과거의 부모나 유모가 아이를 키웠던 시대와 달리 이제 텔레비전이 아이들에게 언어를
가르치고 욕망을 불어넣으면서 상상을 지배하고 있다고 진단한다.

전이 삶에 드리운 자기장으로부터 탈출하고자 많이 노력해야 한다.

허나 텔레비전에서 탈출하기란 개미가 개미지옥에서 빠져나오는 것보다 어렵게 느껴진다. 나는 텔레비전을 없애기는커녕 잘 끄지도 못한다. 텔레비전에 중독되었기 때문이다. 텔레비전에 대한 사색도 텔레비전의 마성 앞에 선 속절없이 고꾸라진다. 괴롭고 힘든 하루를 보내면 예능을 들여다보면서 삶의 고단함을 잊고 싶다. 게다가 우리는 어려서부터 텔레비전이라는 유모 밑에서 텔레비전을 가장 친한 친구 삼아 성장했다. 평생을 지지했던 정당을 차마 찍어 주지 않을 수 없는 노인처럼 나는 텔레비전을 배신할 수 없다면서 오늘도 텔레비전 곁을 지킨다. 그래서 프랑스의 정신분석가 펠릭스 가타리Félix Gattari는 과거의 부모나 유모가 아이를 키웠던 시대와 달리 이제 텔레비전이 아이들에게 언어를 가르치고 욕망을 불어넣으면서 상상을 지배하고 있다고 진단한다.

전에는 교사나 어머니에게 맡겨졌던 일련의 일을 텔레비전이 대행하게 되었다. 텔레비전이 유모이며, 전에는 말의 기호학의 틀 안에 묶여 있던 특정한 관계를 지금은 텔레비전이 대체하였다. 텔레비전이 우리들에게 공급하는 언어는 생산 및 사회적 장의 상이한 톱니바퀴에 특정한 진입, 양성형태에 이바지한다. 어린이의 상상계는 이제는 예를 들어 선녀 이야기 체계를, 심지어 일정한 공상 유형을 벗어난다. 텔레비전 교육은 상상계를 모델화하고 인물, 시나리오, 환영, 태도, 이상 등을 주입한다. 텔레비전 교육은 남자와 여자, 어른과 어린이, 인종 등…… 사이의 관계에 관련된 모든 미시정치를 부과한다.

펠릭스 가타리, 『분자혁명』

어릴 때부터 텔레비전을 보면서 나는 텔레비전으로부터 오만 가지를 교육받았다. 텔레비전은 어떻게 살아야 하는지 뭘 욕망해야 하는지 보여 주고 알려 준다. 텔레비전이 세세한 인간관계와 인간의 내밀한 감정과 태도에까지 파고들어 "모든 미시정치를 부과"하고 있다. 텔레비전은 내 욕망을 규율하고 조정한다.

스펙터클한 향락 산업

텔레비전 시청마저 지루해지면 우리는 주말과 휴가를 기다린다. 어김없이 찾아오는 휴일 덕분에 힘들고 고된 하루하루를 견딜 수 있다. 며칠만 참으면 토요일이라고, 몇 주만 지나면 휴가를 간다는 생각으로 참는다. 이를 악물고 버틴 끝에 꿀맛 같은 휴식이 찾아오면 나는 돈을 쓰면서 이곳저곳으로 놀러 다니고 수많은 것들을 경험한다. 하지만 곧 심드렁해진다. 휴가가 빼다 박은 것처럼 쇼핑과 관광으로만 채워지기 때문이다. 원치 않은 일을 하면서 내 삶이 지배를 당하듯 나의 여가 또한 자유롭지 않다. 내가 즐겁고자 하는 뭔가는 정말 나를 즐겁게 하는 것이라기보다는 세상에서 정해 준 쾌락이다. 나는 쉴 때조차도 허락된 것을 하면서 즐거움을 얻으려 한다. 본능을 자극하는 볼거리와 야한 눈요깃거리들에 나는 쉴 새 없이 정신이 팔린다. 이곳저곳에서 끊임없이 들이닥치는 스펙터클에 혹하여 열광하고 클릭하고 지르고 카드를 긁고 시간을 쓴다. 연예인들과 텔레비전 쇼, 쇼핑과 맛집, 뻔한 관광지 등등 수많은 이미지들이 날 지배한다. 그렇지만 이 스펙터클에 대해 의문을 품지 못한다. 나는 권력이 주는 스펙터클을 수용할 수밖에 없다.

상황주의자 Situationist International 기 드보르 Guy Debord 는 우리가 스펙터클에 지배당한다고 주장했다. "20세기 최후의 아방가르드"라고 불리는 상황주의는 68혁명에 적극 참여한 전위 예술 사회 단체였다. 이들은 권력이 저위에 집중되면 우리의 삶을 소외시킨다고 생각하면서 지금 여기서 우리들이 권력을 갖고 자기 삶을 살아야 한다고 부르짖었다.

> 스펙터클은 엄청나게 긍정적인, 반박 불가능하고 접근 불가능한 어떤 것으로서 나타난다. 그것은 오로지 "겉으로 보이는 것은 좋은 것이며, 좋은 것은 겉으로 보인다"고 말할 뿐이다. 스펙터클이 원칙적으로 요구하는 태도는 수동적 수용인데, 실은 스펙터클은 아무런 응답도 필요로 하지 않는 자신의 겉 보이기 방식에 의해서, 즉 외양의 독점에 의해서, 이같은 수동적 수용을 이미 달성하고 있다.
>
> 기 드보르, 『스펙터클의 사회』

인간은 자본주의 권력이 펼쳐 놓는 스펙터클에 나날이 홀리면서 과연 왜 사는지, 인간이란 무엇인지, 어떻게 살아야 하는지 등의 고민조차 제대로 못한 채 "수동적 수용"을 하면서 살아가고 있다. 그래서 기 드보르와 상황주의자들은 우리 삶의 주인은 우리가 되어야 한다면서 소비와 세뇌로 우리를 길들이려는 권력에 저항했다. 그들은 스펙터클을 깨서 진정한 삶을 추구하고 사회 변화를 꾀하고자 여러 상황들을 연출하면서 사람들에게 충격을 주려고 했다.

기 드보르가 분노하던 20세기 중턱보다 오늘날은 훨씬 더 세련되고 독살스러우면서 야멸차기까지 한 문화 산업이 스펙터클을 만들어 내고 있다. 자지러질 만큼 유흥 문화와 문화 산업이 발달하였고 우리는 그 안에서 밤과 주말을 흘려보내게 된다. 그런데 아무리 즐기고 놀더라도 행복하지 못하다. 온갖 예능을 보더라도, 백화점에서 실컷 쇼핑을 한 뒤 양손 가득 들고 돌아오더라도, 온라인에서 지름신이 오는 대로 지르더라도, 남들이 부러워하는 여행지에 가서 사진을 찍은 뒤 SNS에 올리더라도, 밤새 술을 마시며 흥얼거리더라도, 허탈함과 헛헛함이 꼼지락댄다. 나는 쾌락을 좇으면서도 덧없음과 허전함에 시달리지 않을 수 없다.

향락이야말로 인간을 지배하는 방법이라고 호르크하이머와 아도르노는 주장한다. 지배 권력은 어느 정도 향락을 용인하면서 "약간의 숨통을 터" 주지만, 인간이 지나치게 즐거움에 빠져 자본이 요구하는 지독한 노동을 멈추지는 않도록 "향락의 독성을 제거"한다. 한마디로 "향락은 조종의 대상"이 되었다. 우린 삶의 즐거움을 잃었고 괴로운 나날을 당연하게 받아들이게 되었다. 권력의 관리를 받는 "향락 산업"을 통해서 즐거움을 느끼기 위해서라도 괴로운·일상을 버티면서 우린 피나게 노동한다.

> 지배자들은 향락을 합리적인 것으로서, 즉 완전히는 제압되지 못한 자연에 바치는 공물로서 용인한다. 그들은 스스로를 위해 향락의 독성을 제거하며 동시에 좀 더 발달된 문화 형태 속에서 향락을 보존하기 위해 향락을 추구하는 것이다. 그것은 향락으로부터 완전히 빠져나올 수 없는 피지배자들에게 약간의 숨통을 터준다. 향락은 조종의 대상이 되며, 마침내는 완전히 향락 산업에 흡수되게 된다. 그것은 원시적인 축제로부터 현대의 휴가제도로 발전해나간다.
>
> 호르크하이머, 아도르노, 『계몽의 변증법』

나의 즐거움과 여가마저 향락 산업에 길들여지고 있다. "원시적인 축제"가 인간의 욕망을 잠깐 분출시키면서 사회를 통제하고 다스리는 기술이었듯 "현대의 휴가 제도" 또한 발전된 사회 통제 기술이 되고 있다. 그토록 오늘내일하며 고대하던 주말과 휴가를 내가 어떻게 보내는지 되짚어 보면, 나는 정말 내가 하고픈 걸 하기보다는 소비의 그물에 걸린 물고기처럼 버둥거리며 자본주의가 명령하는 대로 소비하고 유흥을 좇고 있다.

나는 명령받은 노동을 하느라 일생을 보낸 뒤 짬짬이 주어지는 여가에 골골대면서 비실비실 살아간다. 진짜 내 몸의 감각들이 되살아나는 쉼, 나를 날아오르게 하는 흥분, 시간이 어떻게 지나갔는지 모르는데 그 시간이 전혀 아깝지 않은 몰입은 이제 누릴 수 없다. 그래서 주말이 지나가면, 쇼핑이 끝나면, 휴가를 갔다 오면, 한껏 내 안에서 생겨났던 만족감은 온데간데없이 사라지고 나는 다시 갑갑하고 막막한 일상 앞에 내던져진다.

인간농장의 가축들

'자유롭게' 살고 있다는 믿음은 내가 노예처럼 살고 있다는 지식인들의 진단에 반발하게 만든다. 하지만 노예들은 자신의 삶이 그렇게 나쁘진 않다는 허영심과 착각 속에 산다. 예나 지금이나 세상은 불평등하고 사람들 관계는 위아래로 나누어져 있다. 권력자들은 인간이 약하고 세상이 엉망이라는 점을 잘 인지하는데, 피지배자들은 자신이 자유롭다고 여기고 세상은 좋은 곳이라 믿으며 헛된 희망을 품는다. 그렇다면 우리에게 우선 요구되는 건 사회에서 부추기는 자기실현이나 자기완성이 아니라 내가 얼마나 권력에 길들여진 존재인지, 복제 인간이나 가축들과 별반 다르지 않은 존재인지를 절절히 깨닫는 일이다.

독일의 철학자 페터 슬로터다이크^{Peter Sloterdijk}는 인간이 '영향을 받는 동물들'이며, 교육은 다름 아니라 인간에게 영향을 미치려는 작업이라는 것을 폭로한다. 휴머니즘은 인간의 위대함을 보여 주는 낱말이 아니라 인간을 길들이려는 목표가 아니냐면서 페터 슬로터다이크는 의뭉스럽게 우리를 떠본다.

> 휴머니즘 현상은 오늘날 무엇보다 주의를 기울일 가치가 있습니다. 왜냐하면 그것은—항상 은폐되고 편견에 사로잡힌 형식이기는 하지만—고도로 발전된 문화에서는 교육의 두 세력들이 항상 인간을 이용한다는 사실을 상기시키기 때문입니다. 우리는 여기서 이 세력들을 단순하게 표현하기 위해 그저 억제의 영향력들과 탈(脫)억제의 영향들이라고 명명하고자 합니다. 인간은 '영향을 받는 동물들'이며 그렇기 때문에 이들이 올바른 영향을 받을 수 있도록 하는 것이 불가피하다는 확신은 휴머니즘의 신조에 속합니다. 휴머니즘의 표찰은—잘못된 무해의 이미지로—인간을 둘러싸고 계속되는 싸움을 상기시킵니다.
>
> 페터 슬로터다이크, 『인간농장을 위한 규칙』

슬로터다이크는 니체가 『차라투스트라는 이렇게 말했다』에서 쓴 '인간농장'이란 표현을 사유하면서 문명이란 다름 아니라 인간이라는 야수를 길들이려는 '농장'이 아닌지 묻는다. 어려서부터 교육을 받고 책 읽기를 강요하는 까닭은 교육을 받고 책을 읽어야 '좋은 사람'이 되기 때문이기도 하지만,

모리오카 마사히로는 인간이 가축이 되어 버렸다고 주장한다. 그는 야생에서 먹이를 찾느라
고생하긴 해도 자유로웠던 짐승들이 인간의 울타리에 들어와 안정되게 먹이를
공급받지만 활력을 잃어버리듯 인간은 인간을 길들이면서 자신의 생명력을
누그러뜨리고 가축화되었다고 말한다.

그만큼 야수성을 억제하면서 문명과 체제에 순종하는 '말 잘 듣는 사람'을 길러 내기 위함이다. 우리는 폭력 같은 교육을 받으면서 무엇을 해야 하고 하면 안 되는지를 배웠는데, 그것들이 정말 날 위한 건지 생각해 볼 일이다. 날 교육시킨 까닭은 세상의 권력 질서를 유지하기 위함이 아닐까? 부려 먹기 쉽도록 날 세뇌시킨 건 아닐까? 그동안 우린 불만을 품거나 이의를 제기하지 못했다. 인간농장에선 자기 멋대로 행동하고 자신이 원하는 걸 하고자 하는 사람을 결코 용납하지 않기 때문이다. 그런 사람이 생기면 더 큰 폭력으로 처벌한다. 지금도 여전히 우리는 불만을 느끼면서도 순종한다.

페터 슬로터다이크의 문제의식을 일본의 사상가 모리오카 마사히로森岡正博는 이어받아 발전시킨다. 모리오카 마사히로는 인간이 가축이 되어 버렸다고 주장한다. 그는 야생에서 먹이를 찾느라 고생하긴 해도 자유로웠던 짐승들이 인간의 울타리에 들어와 안정되게 먹이를 공급받지만 활력을 잃어버리듯 인간은 인간을 길들이면서 자신의 생명력을 누그러뜨리고 가축화되었다고 말한다. 나는 내 밥, 내 차, 내 직장, 내 안전만을 중요하게 생각한다. 안락하게 내 신체를 보존하고 쾌락을 이어나가기만 하면 삶의 의미가 무엇인지 나를 길들이는 자들의 정체가 무엇인지 관심을 두지 않는다.

세상과 부딪히는 '야생성'을 잃어버린 나는 '생명의 기쁨'을 느끼지 못한채 살고 있다. '신체의 욕망'에 휘둘리고 생존 본능과 쾌락만을 좇으며 보수화되어 하루하루 연명한다. 그렇지만 이건 나만의 문제가 아니라 문명의 문제라고 모리오카 마사히로는 설파한다. 모리오카 마사히로는 현대 문명을 '무통문명'이라 일컬으며 지금의 문명은 고통을 피하면서 가축처럼 안전하게 살아가는 체제가 되었다고 설명한다.

스스로 가축이 되어 버린 인간은 도대체 누가 누구로부터, 무엇을 강제로 빼앗는다는 것인가. 나는 이렇게 생각한다. 인간의 '신체의 욕망'이 인간 자신에게서 '생명의 기쁨'을 강제로 빼앗는 꼴이다. 이것이 자기가축화의 가장 깊은 의미이고, 문명 속에서 진행되고 있는 가장 근원적인 문제다. '신체'가 '생명'을 강제로 빼앗는 것. '욕망'이 '기쁨'을 강제로 빼앗는 것. 이것이 문명의 심층 구조다. 지금 사회를 덮고 있는 모든 문제를 이 차원에서 다시 파악해야만 한다.

모리오카 마사히로, 『무통문명』

무통문명 안에서 '쾌락과 욕망'은 넘친다. 큰 위태로움 없이 우리는 안전하게 쾌락을 얻는다. 그래서 '생명력'을 느낄 수 없다. 삶에서 생겨나는 조금의 위험이나 싸움도 겁내고 장애물과 만나면 몸소 부딪쳐 이겨 내기보다는 피하려고만 한다. 우리는 나약해지고 비겁해졌다. 우리 삶에 '생명의 기쁨'이 사라진 까닭이다. 나의 생명력이 터져 나오면서 '살아 있음의 기쁨'을 느끼기보다 안전하게 욕망들을 채우면서 능글맞게 닳고 닳는 동안 우리 모두는 징그럽게 닳아 간다. 우리 안에 갇힌, 구별이 안 되는 가축들처럼.

두 번째 충격

부드럽고도
오싹한 '권력'

형님 리더십

　요즘 스포츠계엔 '형님 리더십'의 바람이 세차게 불고 있다. 야구의 류중일과 이만수, 축구의 최용수와 황선홍, 배구의 김세진, 농구의 문경은 등등 '보다 젊은' 감독들은 이전과 다르게 선수들을 대하고 관리하면서 나름 빼어난 결과를 얻어 내고 있다.

　확 달라진 분위기이다. 경고를 받으면서까지 세레모니를 하는 최용수나 호통을 치기보다 어루만져 주는 이만수에게서 '권력의 변화'가 뚜렷이 드러난다. 사람을 이끌고 키우는 방법에는 여러 가지가 있을 텐데, 이전에는 무서운 인상과 모진 꾸짖음 그리고 드높은 권위를 내세웠다면 지금은 감독 또한 선수들과 눈높이를 맞추며 이끌어 가는 흐름으로 넘어간 것이다.

　감독에게는 선수들을 얌전하게 만드는 힘이 있다. 앞 세대 명장으로 불렸던 감독들을 떠올려 보더라도 그들의 말 한마디는 왕의 명령과 같았다. 그만큼 권위주의가 스포츠계를 지배했고, 그것이 먹혔다. 감독은 말이 없어야 했다. 그래야 한마디 내뱉었을 때 그 묵직함이 전해질 수 있기 때문이다. 그러다 보니 감독들은 외로웠고 선수들과 감독들 사이엔 '믿음'이라고 하기엔 좀 서먹서먹한 기운이 감돌 수밖에 없었다.

하지만 사회가 변하고 시대가 달라짐에 따라 스포츠계도 변했다. 감독이랍시고 막말을 하며 선수들을 하대하거나 괜히 무게를 잡으면서 고독을 씹는 건 조직에 보탬이 되기는커녕 도리어 망치는 일이라는 생각이 번졌다. 때려서는 짧은 시간 반짝할지언정 길게 봤을 땐 결코 도움이 되지 않는다는 인식이 퍼져 나갔고, 그에 따라 리더십이 바뀌었다. 감독이 되자마자 좋은 성적을 꾸준히 거둔 류중일 감독은 "과거에 수많은 감독들은 위엄이 있었고, 무게도 잡고 그랬다. 이젠 그런 시대는 확실히 지났다"며 지도자의 달라진 모습을 보인다.

이런 변화는 사회정치권의 변화가 스포츠계에도 반영된 것이다. 사방이 어둑어둑한데도 뜬금없이 선글라스를 끼면서 카리스마가 있는 것처럼 보이려 애쓰던 박정희의 그림자가 걷어진 자리에 왠지 구수한 인간미가 풍기는 노무현이 좋은 지도자의 모습으로 자리 잡아 간다. 안철수, 박원순에 대한 지지도 이런 시대 변화를 담아내고 있다.

아직도 권위주의에 찌들어서 남 앞에 목을 뻣뻣이 세우는 이들이 튀기는 침으로 아랫사람들의 얼굴이 흥건하게 젖고, 저 위로 올라가서 호령할 날을 기다리면서 권위를 우러르며 조아리는 이들의 군침 소리가 요란하나, 시대의 세찬 흐름은 부드러운 리더십과 수평의 인간관계로 바뀌고 있다. 군대에서 선임이 후임을 자기 멋대로 얼차려를 주지 못하게 하는 것이나 선배랍시고 함부로 후배에게 술을 강요하거나 나이가 많다고 해서 반말을 함부로 할 수 없는 사정도 이런 시대의 변화를 나타낸다.

이것은 바람직한 변화처럼 느껴지지만 한편으론 권력이 더 무시무시해진 건 아닐까? 여전히 우리에게 뭔가를 강요하고 압박을 가하는 힘들이 사회엔 가득하다. 하지만 예전처럼 채찍을 휘두르거나 겁박하면서 권력이 행사되지는 않는다. 인간을 지배하는 기술이 발전되었기 때문이다. 어려서부터 교육으로 세뇌시키고 말을 안 들으면 폭력을 휘두르면서 '훈육'시키던 과거 권력과 달리 이제 권력은 효율성 있고 세련되어졌다. 부드러운 권력이 탄생하였다. 그래서 프랑스의 역사철학자 미셸 푸코^{Michel Foucault}는 "부드러움-생산성-이익의 원칙"으로 권력이 작동한다고 설명한다.

과거엔 "미리 공제"하고 "선취-폭력"의 방법을 썼다. 그러니까 피지배자들이 힘을 갖지 못하도록 미리 약하게 하고 겁을 주며 권력을 과시하였다. 그러나 사람들을 잡아다가 족치고 위협하면서 복종하게 하는 건 여러모로 낭비가 심하다. 더구나 줄기차게 저항과 반항을 불러일으킨다. 그러자 권력이 변했다. 여전히 지배는 이뤄지지만 어련히 사람들이 고개 숙이고 권력이 바라는 걸 하게 한다. 성과를 내라고 윽박지르는 것이 아니라 알아서 성과를 내지 않을 수 없는 분위기를 연출하는 것이다. 누군가가 무서운 얼굴로 윽박지르지 않더라도 경쟁과 효용성이라는 이름으로 자상한 얼굴로 압박이 가해진다. 내가 나를 감시하고 처벌하면서 살아가게 된다. '규율'이 '통제'로 바뀐다. 밖에서 내게 규율을 부과하고 감시하는 게 아니라 내가 나를 통제하면서 감시한다. 부드러워진 권력이 오싹하게 느껴지는 이유다.

이제 권력은 강제로 훈육을 시키지 않는다. 어련히 알아서 하게 만든다. 대신에 그 책임도 낱낱의 사람들이 몽땅 지게 만든다. 실패를 한 이들에겐 너무나 그악스러운 구렁텅이가 기다리고 있다. 우린 자유로워진 만큼 모든 결과에 스스로 책임을 져야 한다고 믿게 되었다. 우리의 내면이 늘 일렁이면서 누가 시키지 않아도 자신을 들볶는 이유다.

우리에 들어가기

권력은 저 멀리 권력기관에만 있는 것이 아니다. 지배층에 더 많은 권력이 있겠지만, 권력은 인간과 인간이 만나는 모든 곳에서 발생한다. 청와대나 국정원이나 국방부나 경찰에만 권력이 있는 게 아니라 학교든 회사든 친구들 모임이든 그 어디에나 권력은 빚어진다. 우리가 인간관계에서 괴롭고 힘든 까닭도 사람 사이에 권력 차이가 생기면서 이리저리 치이는 일이 생기기 때문이다.

일상의 권력을 알 수 있는 현상 가운데 '우리'만 한 것도 없다. 우리는 '우리'란 말을 어지간히 쓴다. 심지어는 '우리' 남편이며 '우리' 딸이다. 왜 우리는 이다지도 우리를 유난히 밝히는 걸까? 우리란 말이 자주 쓰이는 까닭은 홀로 있기보단 떼 지어 있길 바라는 무의식이 한국 사회에 강하기 때문이다. 세상 어디를 가나 누군가와 함께 있고 싶은 욕망은 다 있지만 한국은 유달리 심하다. 어디에도 끼지 못한 사람은 살아남기 어려웠던 지난 역사가 있기 때문이다. 별생각 없이 쓰이는 우리란 말엔 혼자가 아니란 것을 확인받고 싶어 하는 욕망이 묻어난다. 우리란 말은 내가 집단에 속함을 나타내면서 우리에 들어가지 않는 존재를 드러낸다. 우리에 들어가지 않는 남이 있어야만 우리가 이뤄질 수 있기 때문이다. 그래서 권력은 우리와 '우리가 아닌 배제의 대상'을 구분하면서 작동한다고 이탈리아의 정치철학자 조르조 아감벤^{Giorgio Agamben}은 주장한다.

인간은 그 모두가 존엄한 것이 아니다. 처음에 인간들은 '조에^{zoe}'이다. 조에는 한마디로 그냥 생명이다. 산속 다람쥐나 물속 다슬기처럼 자연의 존재다. 그러다 권력이 나를 '우리'에 넣어 주면서 '비오스^{bios}'가 된다. 비오스는 한 집단에 소속되고 의미를 부여받는 존재다. 인간이라고 인정받고 함부로 대하지 못하게 된다. 우리가 그토록 '우리'가 되려고 하는 까닭은 '조에'가 아니라 '비오스'가 되고 싶기 때문이다. 조에는 보호를 받지 못한다. 보호받는 생명이 되고자 우리는 권력에 복종하게 되고, 권력은 그런 우리를 '우리'에 넣어 준다. 하지만 모두가 우리가 될 순 없다. 부모의 축복과 사회의 인정을 받으며 태어났다고 하더라도 우리에 쭉 속할 수 있는 건 아니다. 용산 참사처럼 그동안 사회의 요구를 잘 따르던 사람들도 한순간에 예외 상태가 되는 일이 발생한다. 권력은 끝없이 '배제의 대상'을 만들어 낸다. 누군가 배제되는 걸 보면서 우리들은 긴장하게 되고 더욱 권력에 순종한다.

예외가 되는 이들이 있어야만, 다시 말해 따돌림당하고 배제되는 인간들위에서 '우리'가 성립한다. 우리 모두가 우리가 되면 우리는 의미가 없다. 우리에 들어가지 못하는 존재가 있어야만 우리는 의미가 생긴다. 따라서 '배제'당하는 존재들은 우리 바깥에 있지만 실제로는 '우리'가 구성되는 데 반드시 있어야 한다. 조르조 아감벤이 우리에서 쫓겨나 보호받지 못하는 벌거벗은 생명인 '호모 사케르'를 "포함인 배제"로 읽어 내는 이유다. 그들은 '배제'당하지만 우리가 성립되기 위한 필수 요건이다. 그들은 보이지 않게 우리에 '포함'된다.

인간들의 공동체는 언제나 '포함인 배제'들을 기반 삼아 작동한다. 우리는 벌거벗은 생명이 아니라 보호받고 가치 있는 생명이 되고 싶기에 배제당하지 않고자 엄청나게 노력한다. 우리 밖으로 내몰리지 않기 위해서라도 권력의 요구에 따르고 질서를 지키게 된다. 우리 안에 들어가지 않으면 모진고통이 뒤따르니 우리에 있기 위해서라도 나는 우리 속에 숨어 버리고, 우리라는 생각을 갖고 살게 된다.

어느 모임이나 집단이든 간에 인간들이 모이면 그 모두를 받아들이지는 않는다. 언제나 '포함인 배제'들이 생겨난다. 우리가 아직 권력이란 말도 못하는 나이일 때부터 권력을 느끼면서 눈치껏 입을 다물고 남들처럼 행동하는 까닭도 예외가 되어서 배제당하지 않으려는 생존법이다. 따라서 왕따 현상은 단순히 누군가를 일부러 괴롭히고 멀리하고자 하는 게 아니다. 우리란 이름으로 똘똘 뭉치기 위해선 벌거벗은 생명이 필요하기 때문이다.

'우리'는 우리 안에 들어 있는 사람들을 끈끈하게 해 주는 노릇을 한다. 우리란 말을 쓰면서 세상은 혼자 살아가는 곳이 아니며, 더불어 살아간다는 인식을 할 수 있게 한다. 오직 나뿐인 나쁜 사람들이 이기주의를 마치 개인주의로 착각하는 세상에서 우리란 테두리를 더 넓힌다면, 남을 생각할 수 있는 밑천이 될 수 있다. 그렇지만 여전히 우리라는 개념에는 많은 문제들이 숨어 있다. 우리만 앞세우면 소수에 대한 탄압을 당연하게 여길 위험이 크다. 역사를 보면, 우리를 내세우며 얼마나 섬뜩한 짓들을 저질렀는지 이루 다 말할 수 없다. 우리란 말은 사람들 사이에 동질감을 낳으며 나뉜 것을 하나로 끌어안는 힘도 있지만 마구 쓰이다 보면 오히려 사람들의 자유와 행복에 걸림돌이 된다.

'우리'라는 단어에는 we라는 뜻도 있지만 cage라는 뜻도 있다. 나를 넘어선 우리가 될 수도 있지만 자신을 가두는 우리가 될 수도 있다. 그래서 우리 안에 있는 이에겐 살갑고 친절하지만 우리 바깥에 있는 이에겐 퉁명스럽고 쌀쌀맞게 군다. 우리 바깥에 누가 있으며, 우리를 만드는 건 무엇인가? 우리는 내 삶에 작동하는 권력을 살펴야 한다.

착한 여자, 귀여운 여자

처음에 어린이들은 하고픈 대로 행동한다. 그 과정에서 부모와 사회로부터 수없이 위협과 처벌을 받고, 공포의 기억이 심어진다. 그렇게 우리는 남들 눈치를 보면서 착한 말과 행동밖에 할 수 없는 인간이 되어 간다. 비록 내 안에서는 다른 욕망들이 나오더라도 차마 행동으로 옮길 수 없다. 내 안에 심어진 공포의 기억이 나를 을러대면서 착하게 굴라고, 아니면 혼난다고 위협하기 때문이다.

우리는 처벌받을까 봐 두렵기 때문에 하릴없이 착해진다. 내가 지금 착하게 구는 건 본디 착해서 우러나오는 성향이라기보다는 남들에게 잘 보이고 싶은 마음에 꾸며서 하거나 아니면 권력에 밉보일까 봐 두려운 나머지 억지로 행하는 모습이다. 그동안 많은 여자들이 착한 여자였던 이유도 이 때문이다. 가부장제도가 여성들을 착한 여자로 제조했기 때문이다. 여성들의 다양함을 받아들이지 않고 특정한 역할만을 강제하다 보니 여성들은 박제화된 타자로 사회에서 강요하는 성 역할만 수행해야 했다. 남성 역시 이른바 '남성성'에 갇혀 자기 삶을 갉아먹었다. 그렇게 우린 '착한 인간'이 되었다.

착한 존재들은 보통 귀엽다. 촉촉한 눈망울로 나를 바라보는 강아지를 보면서 귀여움을 느끼지 않기란 어렵다. 그렇지만 이상하게도 우리 안에선 약자에게 함부로 굴고 싶은 충동이 있지 않은가? 여리고 약한 존재를 보면 잘 대해 주고 싶은 마음이 굴뚝같지만 그냥 밟아 버리고 싶은 공격성이 미미하게나마 있지 않은가? 그래서 사회학자 김홍중은 『마음의 사회학』에서 "귀여움의 감정은 어쩌면 억압된 공격성의 변형일 수도 있"지 않느냐는 상상을 펼친다. 그는 동물의 새끼나 약자들은 손쉬운 목표이자 먹잇감으로써 인간의 공격욕을 자극하는데, 인간이 문명화되면서 공격욕을 억압하였고, 그 과정에서 공격성이 귀여움의 감정으로 변형하지 않았나 하는 참신한 사유를 선보인다. 그리고 보면 자연스런 감정이라 믿었던 귀여움마저 그 안엔 권력 관계가 숨어 있다. 우리는 강자를 보면서 결코 귀엽다고 말하지 못한다. 언제나 자신보다 약하거나 어린 상대에게만 귀여움을 느낀다. 그래서 여자들은 귀엽다. '약자'이기 때문이다. 오늘날 여자들이 남자들을 보면서 "귀엽다"고 말할 수 있는 건 그만큼 여자들의 권력이 세졌음을 방증한다.

그동안 남성 중심 사회에 맞서 싸우는 여자들은 외면당하고 배척당해 왔다. 그래서 용기를 내어 맞서 싸우기보다 많은 여자들은 귀여워지려고 했다. 사랑받고 관심을 받고 싶은 여자들은 우울하고 무지하고 나약하게 지내면서 남자들에게 귀여움을 받는 생존법을 익혀 왔다. 이런 여자들을 일컬어 '착한 여자'라고 부른다.

> 착하고 온순하고 인종하고, 그런 미덕들에 따르는 생존법 말이야. 그것 말고도 또 다른 생존법이 있었어. 우울증, 무지함, 나약함…… 그것들도 다 여성들의 생존법이었어. 이 남성 중심의 사회에서 우울증인 여성은 보살핌 받지만 분노하는 여성은 외면당하지. 나약한 여성은 보호받지만 강하게 대항하는 여성은 쫓겨나지. 무지한 여성은 귀여워해 줄 수 있지만 잘난 여성은 배척당하지.
>
> 김형경, 『사랑을 선택하는 특별한 기준 2』

여성뿐만 아니다. 수많은 남자들도 '착한 남자'라는 가면을 쓰면서 생존한다. 대개 착한 남자들은 자기 스스로 원해서 착하기보다는 원치 않아도 어쩔 수 없이 착해야만 하는 경우가 많다. 안 그랬다간 자신보다 더 강한 남자들과의 싸움에서 크게 다치기 때문이다. 착함은 남자들에게도 자신을 숨기면서 상처를 덜 받으려는 몸부림이었다. 그래서 오늘날 '나쁜 남자 열풍'은 인간의 정직한 욕망인지 모른다. '나쁜 남자'는 말 그대로 그냥 '나쁜' 존재는 아니기 때문이다. '나쁜 남자'는 좀 더 자신에게 솔직하면서 자신의 욕망을 포기하지 않고 세상과 부딪치는 존재인데 반해 '착한 남자'는 목숨을 걸고 승부를 벌이기보다는 쉽게 포기한 뒤 알량한 안녕을 추구하면서 길게 살아남으려는 애처로운 존재처럼 느껴지기도 한다.

그렇다면 우리는 착해지려고 하기보다 스스로 사유하고 판단해서 '자유롭게' 행동하기를 꾀해야 한다. 착함은 길들여진 존재로서 하란 것을 충실히 하는 '노예'라는 표시에 지나지 않을 때가 많기 때문이다. 자유로운 존재는 얼마든지 기꺼이 착한 행동을 할 수 있지만, 착한 사람은 행동을 자유로이 할 수 없다. 우리는 착한 사람이 아니라 자신의 개성을 지닌 자유로운 사람이 되어야 한다. 착한 사람들은 종교나 '정신 승리'를 통해 행복의 신기루를 쫓으면서 자신의 불행을 감추는 데 몰두하기 십상이다. 강제로 착해진 사람들은 결코 행복할 수 없다.

나는 사회가 잘 받아들이고 용납하는 소위 '철든 여자' '자기를 잘 죽이는 여자' '좋은 여자' '착한 여자'이고 싶지 않았다. 수많은 나의 철든 친구들, 자기를 잘 죽이고 사는 선배들, 좋은 여자들, 착한 여자로 일컬어지는 동료들이 40대가 되면서 암으로 자궁을 들어내고, 유방을 잘라내고, 이름 모를 우울증에 걸리고, 또 불행한 죽음을 맞이하는 것을 나는 아픈 마음으로 바라보고 있었다.

현경, 『결국은 아름다움이 우리를 구원할거야 1』

세상이 불행하고 뒤틀려 있는 까닭은 착한 사람이 모자라기 때문이 아니다. 세상엔 착한 사람들이 넘쳐난다. 내가 착하고 귀여운 까닭은 내가 본디 착하고 귀여운 존재라기보다는 권력에 그만큼 주물러졌다는 뜻일 뿐이다. 착해서는 자기 삶도, 세상도 나아지지 않는다.

정말 착한 사람도 적지 않을 것이고 착함 역시 권장할 만한 가치지만 무조건 그것을 강조하는 건 어리석고 고분고분하게 살라는 폭력일 뿐이다. 착함에는 언제나 권력이 들어가 있고 보이지 않지만 이득을 보는 누군가가 존재하기 때문이다.

생명권력

귀여움과 착함에서 나타나듯 권력은 단지 뭔가를 강제하고 시키는 힘만이 아니라 인간의 성격과 태도를 조정하고 변형시키는 힘이다. 권력은 단순히 뭘 시키지 않는다. 인간의 욕망과 성향, 더 나아가 인간의 생명까지도 관리한다. 이제 권력은 규제하고 억압하고 처벌하는 무서운 아버지의 모습이 아니라 감싸 주고 보살피면서 우리를 엄마 품에 안긴 아기처럼 만드는 자상한 어머니의 모습으로 다가온다. 이를 '생명권력'이라고 미셸 푸코는 부른다.

> 생물정치에 의해 작동된 메커니즘은 우선 예측과 통계, 그리고 전체적인 측정 다음에 그런 특정의 현상이나 개별적인 개인을 수정하는 것이 아니라 그 일반적이고 글로벌한 현상의 결정 수준에서 개입을 한다. 사망률을 수정하고 낮

추어야 하며, 수명을 연장시키고, 출산을 권장해야 한다.

미셸 푸코, 『사회를 보호해야 한다』

목숨을 빼앗겠다고 으름장을 놓으며 잡아다가 고문하고 처벌하던 과거의 권력과 달리 현대의 권력은 매우 광범위하게 "개입"한다. 인구통계를 내고 사망률을 조사하면서 인간의 생명에 적극 끼어들어 조절한다. 과거의 권력은 인간을 죽일 수 있는 힘이었다면 현대의 권력은 사람들로 하여금 살게끔 만든다. 삶에 의지와 목표들을 제시해 주고 더 열심히 살라고 다독여 주고 보듬어 준다. 권력은 삶에 대한 의지를 북돋우고 건강을 챙기고 보호받을 인간들을 정하고, 사람들에게 이렇게 되면 큰일 난다며 본보기들도 보여주면서 생명을 조절한다. 그래서 권력은 인간이 아니라 인구에 관심을 가지고, 성과 인구의 재생산에 눈독을 들인다. 권력이 여성을 관리할 수밖에 없는 배경이다.

언제부턴가 '골드 미스'라는 말이 떠돈다. 골드 미스는 능력 짱짱하고 호주머니 빵빵한 고학력 전문직 여성 가운데 나이가 있는 미혼 여성들을 가리킨다. 그렇지만 우리는 이 말을 그냥 넙죽 받아들이기보다는 물음표를 띄워야 한다. 왜 실력 탄탄하고 지갑도 두둑한 고학력 전문직 남성을 가리키는 골드 미스터란 말은 안 쓰나?

꽤나 야릇한 일이다. 나름 사람들이 썩 읽는다는 일간지에 "고학력 여성, 짝 찾기 힘들다" 따위의 기사가 버젓이 실릴 정도이고, 아무도 여기에 고개를 갸웃거리지 않는다. 짝을 찾기 힘든 건 고학력 여성이 아니라 젊은 세대 자체가 혼인을 못하고 있거나 늦어지고 있는데, 굳이 '고학력 여성'을 콕 집어서 얘기하는 이유는 무엇일까? 지금은 고학력 여자들이 혼인을 못하는

목숨을 빼앗겠다고 으름장을 놓으며 잡아다가 고문하고 처벌하던 과거의 권력과
달리 현대의 권력은 매우 광범위하게 "개입"한다. 인구통계를 내고 사망률을
조사하면서 인간의 생명에 적극 끼어들어 조절한다. 과거의 권력은 인간을 죽일 수 있는
힘이었다면 현대의 권력은 사람들로 하여금 살게끔 만든다.

게 아니라 전 계층에서 혼인을 못하고 있으며, 굳이 문제를 삼자면 '골드 미스'가 아니라 남자들이 문제다. 남초현상이 빚어지면서 여자들보다 세 살 더 위로 잡았음에도 여자의 미혼 인구보다 남자의 미혼 인구가 훨씬 많다. 같은 나이를 기준으로 하면 얼마나 더 많아질까? 지금 시급한 문제는 '금金남이'들부터 '은銀남이', '동銅남이', '철鐵남이'들이다. 그런데 '금남이'부터 '철남이'까지는 내버려 두고 왜 '골드 미스'만 호명할까? 어디를 봐도 혼인을 하지 못한 남자들이 미어터지는 형편인데 왜 굳이 고학력 여성들에게만 돋보기를 들이대며 혀를 끌끌 차는 걸까? 한국 사회는 여전히 가부장 의식이 득시글하고, 여자가 공부를 오래하면 못 쓴다는 풍의 기사들을 통해 보수 언론은 넌지시 얘기한다. 일찍 결혼해서 애나 봐!

남자 여자 가릴 것 없이 혼인에 애를 먹고 있는데, 여자들만 싸잡아 골드 미스라고 부르면서 "생물정치"가 벌어지고 있다. 인구와 출산을 통제하는 시대다 보니, 권력은 여자들의 욕망과 신체를 관리하면서 인구를 때에 따라 늘리거나 줄이면서 조절하려 한다. 과거엔 아이를 많이 낳지 말라고 압박하다가 이제 아이를 좀 낳으라고 장려하고 있다.

권력은 여성들에게만 화살을 돌리면서 여자들이 눈높이를 낮춰 일찍 결혼해서 아이들을 순풍순풍 낳으면 결혼 문제가 해결될 것처럼 얘기한다. 한국의 많은 이들은 인류사 가운데 가장 혼인 연령이 늦은 현대 사회에 문제의식을 갖기보다는 여자가 공부를 남자처럼 많이 하는 게 문제이고, 적게 하면 얼마든지 결혼도 수월하게 하고 이 사회에서 행복하게 살 수 있을 것이라고 말한다.

이처럼 권력은 보이지 않게 작동한다. 그러다 보니 우리는 사회에 문제의식을 갖기보다는 권력이 이끄는 대로 살아가게 된다.

피로는 간 때문이 아니다

이따금 인문사회과학 서적이 대중들에게 주목을 받는다. 그 책들이 다른 책들에 견줘 특별히 대단하다고 할 수 없다면, 인문사회과학 서적임에도 불구하고 불티나게 팔리는 이유는 그 사회의 상황을 잘 드러내고 있기 때문이다. 사회 꼴이 정의란 무엇인지 당최 알 수 없었기 때문에 마이클 샌델의 『정의란 무엇인가』가 엄청나게 팔렸듯 한병철의 『피로사회』가 큰 인기를 끈 까닭도 현 상황과 맞물려 있다. 삶이 너무 피로하고 팍팍하기에 '피로'라는 글자가 버젓이 제목에 들어간 책에 눈길이 갈 수밖에 없었던 것이다. 사실 한병철이 냉정하게 써 내려간 글은 술술 넘어가지는 않는다. 피로한 우리는 책을 읽으면서 더욱 피곤해진 나머지 책을 덮게 된다. 그러나 피로한 책이라고 꺼리기보다 우리는 기꺼이 피로를 무릅쓰고 이 책을 읽어야 한다. 독서의 피로는 고달픈 피로가 아니라 새로운 앎을 얻을 때 생겨나는 '아찔한 피로'이기 때문이다.

『피로사회』를 통해 유럽 사회도 한국과 그렇게 다르지 않음을, 현대의 대다수 인간들은 피로함을, 우리는 피로사회 속에서 살아가고 있음을 깨닫게 된다. 그렇다면 왜 우리는 이토록 피로해졌을까? 21세기에 적은 저 바깥에 있는 타자가 아니라 내 안에 있는 나라고 한병철은 잘라 말한다. 물리쳐야 하는 적이 이젠 나의 바깥에 없다. 나는 어찌할 수 없는 '나'에게 들볶이면서 '신경증'을 앓게 된다. 우리는 뭔가를 할 수 있다는 긍정성의 과잉에 시달리면서 병들어 간다. 긍정성이 정말 우리 삶을 긍정하게 하는 것이 아니라 우리를 괴롭히는 '병'이 된 셈이다.

자아는 타자의 부정성을 부정함으로써 타자 속에서 자기 자신을 확인한다. 면역학적 예방법, 즉 예방접종 역시 부정성의 변증법을 따른다. 이 경우 면역 반응을 촉발하기 위해 다만 타자의 파편만이 자아 속으로 투입된다. 그리하여 부정의 부정은 치명적 위험 없이 이루어진다. 면역 저항체계가 타자와 직접 대결하지는 않기 때문이다. 우리는 치명적일 수 있는 훨씬 더 큰 폭력에서 자신을 지키기 위해 자발적으로 약간의 폭력을 받아들이는 것이다. 이질성의 실종은 우리가 부정성이 많지 않은 시대를 살고 있음을 의미한다. 21세기의 신경성 질환들 역시 그 나름의 변증법을 따르고 있지만, 그것은 부정성의 변증법이 아니라 긍정성의 변증법이다. 그러한 질환은 긍정성의 과잉에서 비롯된 병리적 상태라고 할 수 있을 것이다.

한병철, 『피로사회』

과거에는 권력이 인간을 억압하고 규율하면서 특정한 욕망과 삶의 형태를 추구하는 '주체'를 만들었다면, 오늘날엔 자신을 긍정하면서 성과를 내려는 '주체'들이 생겨났다고 한병철은 얘기한다. 그 어떤 권력이 나를 조종하고 외부의 적이 나를 위협하는 것이 아니다. 내가 나를 지배하고 경영하면서 내가 나를 착취하며 빨아먹는 시대다.

패러다임이 변한 셈이다. 과거 규율 사회에선 억압의 패러다임이 지배했다. 한국의 유교 문화를 떠올려 보면 좀 더 명확히 와 닿는다. 어려서부터 억압과 규율이 이뤄지면서 효자나 충신이라는 주체들이 생겨났고, 여성들은 열녀와 효부가 되었다. 과거 규율 사회에서는 사회의 규범들을 어기면 어김없이 처벌받으니 우리는 사회가 정해 준 대로 고분고분하게 행동하는 '억압된 주체'가 될 수밖에 없었다. 위반한다면 돌팔매질 당하고 도리깨질 당했다. 이에 반해 현대 사회는 뭐든지 할 수 있다는 긍정성이 넘쳐 난다. 이제는 능력을 보여 달라는 유혹과 명령을 받게 된다. 우리는 억압과 규율에 자신의 욕망과 신체를 구속하면서 금지를 내면화한 주체들이 아니라 지금에 만족하지 못하고 끝없이 도전하면서 더 많은 이익을 얻어야 하는 '성과주체'들이 되었다. 우리는 자신을 다그치면서 더 많은 성과를 얻고자 경쟁한다. 그렇지만 모두가 1등하고, 성공하고, 부자가 될 순 없다. 1등과 성공과 부자는 언제나 소수의 몫이기 때문이다. 그래서 수많은 사람들이 이른바 '패배자' 또는 '잉여'가 된다. 오늘날의 패배자와 잉여들은 성과 사회가 만들어 낸 결과다.

우리들은 경쟁에서 패배하여 상처받고 자기 스스로 쓸모없는 존재라고 여기며 우울증에 시달리지만, 자신을 낙오자로 낙인찍는 사회에 대해선 의문을 품지 못한다. 현대 성과 사회의 특징이다. 과거처럼 어떤 권력이나 독재자가 자신을 짓밟는 것이 아니다. 뭐든지 할 수 있다는 정신으로 도전했다가 나동그라진 것이기 때문에 우리는 누구를 원망할 수조차 없다. 할 수 있다고 긍정성을 불어넣어 주는 '좋은 사회'에서 내가 자유로이 도전했다가 빚어진 결과라고 생각하게 된다.

> 규율사회는 부정성의 사회이다. 이러한 사회를 규정하는 것은 금지의 부정성이다. '~해서는 안 된다'가 여기서는 지배적인 조동사가 된다. '~해야 한다'에도 어떤 부정성, 강제의 부정성이 깃들어 있다. 성과사회는 점점 더 부정성에서 벗어난다. 점증하는 탈규제의 경향이 부정성을 폐기하고 있다. 무한정한 '할 수 있음'이 성과사회의 긍정적 조동사이다. "예스 위 캔"이라는 복수형 긍정은 이러한 사회의 긍정적 성격을 정확하게 드러내준다. 이제 금지, 명령, 법률의 자리를 프로젝트, 이니셔티브, 모티베이션이 대신한다. 규율사회에서는 여전히 '노No'가

지배적이었다. 규율사회의 부정성은 광인과 범죄자를 낳는다. 반면 성과사회는 우울증 환자와 낙오자를 만들어낸다.

한병철, 『피로사회』

할 수 있다는 도전정신과 긍정성은 아름답게 다가오기보다는 으스스하게 느껴진다. 뭐든 가능하다는 사회에서 우리는 무엇이든 할 수 있다는 생각으로 쉴 새 없이 나를 매몰차게 쪼고 들들 볶으면서 내전을 벌이기 때문이다. 지금의 내가 못마땅한 나머지 자기 계발을 하면서 평생 나와 악다구니를 하지 않을 수 없는 상황이다. 더 즐기기 위해서, 더 성과를 얻기 위해서 우리는 안달복달이다. 어떤 삶을 살아야 하고 어떤 쾌락들을 즐겨야 하는지 머릿속에 새겨진 명령에 맞춰 누가 시키지 않아도 내가 나의 등허리에 채찍을 후려치고 있다. 현대 사회는 자유로이 자신을 착취하는 노동 수용소가 되었고, 우리는 "포로이자 감독관이며 희생자이자 가해자"가 되었다고 한병철은 묘사한다.

정치는 아무나 하는 것

이토록 자유롭고 긍정성이 넘치는 사회에서 낮에는 뭐든 할 수 있다고 주먹을 꽉 쥐고 다짐하다가도 밤이 되면 허전한 가슴을 술로 쓸어내리면서 별 하나 보이지 않는 밤하늘 아래에서 비틀거리게 된다. 왜 내 삶은 이리도 팍팍하고 힘든지 모르겠다고 우리는 자꾸 푸념한다. 세상이 좋아졌다고 세뇌된 나의 '정신'과 달리 나의 '신체'는 내 삶이 자유롭지 않다고, 난 여전히 지배당하고 있다고 느끼기 때문인지 모른다.

세상의 권력은 온갖 당근과 갖은 채찍을 통해 우리를 어르면서도 으르렁거리며 지배한다. 금요일 밤부터 주말까지 벌어지는 '소비의 축제'에 노동의 고통을 위로받고, 해고의 위협에 딴생각하지 못한 채 우리는 하루하루 버텨 낸다. 이런 상황에서 자본이 제공하는 소비와 향락을 끊어 내고 자유로운 삶을 살자고 얘기할 순 없다. 그것들이 없으면 지금의 삶을 견디지 못하기 때문이다.

하루하루 고되게 살아가고 있기 때문에 가끔씩 어디선가 '민주주의의 위기'란 소리가 들려오면 민주주의가 밥 먹여 주느냐면서 눈을 흘기게 된다. 하지만 내가 민주주의를 제대로 이해하지 못하고 있기 때문에 내 삶은 더 위태로워지고 사회도 썩어 문드러지고 있는 게 아닐까? 그동안 우린 수많은 정권들을 봐 왔다. 하지만 여러 지도자를 거치면서 우리들이 배워야 하는 건 어떤 권력자도 나를 대표할 수 없으며, 내가 나의 주인이고, 주인과 주인이 만나 일상에서 사회를 바꿔 내야 한다는 사실이다.

'민주주의의 위기'란 말이 오르내리는 까닭은 우리 스스로 '민주화'가 되지 않았기 때문이다. 오늘날 우리가 살아가는 사회 체제를 자유민주주의라고 하는데 황당하게도 우리는 자유롭지도 않고 스스로 이 사회의 주인이라고 생각하면서 살지도 않는다. 민주주의는 우리 모두가 삶의 '주인'으로서 살아가는 자유롭고 평등한 체제를 일컫고, 우리 모두가 삶의 주인이 되어야만 작동한다. 그렇지만 우리는 자기 삶에 책임을 지고 세상에 참여하는 걸 꺼려하면서 누군가 저 위에서 우리를 지배해 주고 곤경들을 헤쳐 주길 원한다. 독재자나 강력한 통치자에 대한 향수가 도지는 이유다. 북한이나 남한 곳곳에 세워진 우람한 동상들은 그 사람의 훌륭함과 위대함을 나타내기보다는 우리의 소심함과 나약함을 드러낼 따름이다.

대단한 사람들에 대한 찬양으로 야단법석인 사회일수록 우리는 침묵하게 된다. 정치인을 중심으로 정치가 돌아가면 정치는 많이 배우고 돈 있고 힘센 이들의 영역이라는 편견이 생기면서, 그들이 정치를 알아서 할 테니 얌전히 내 할 일이나 하자는 착각에 사로잡히게 된다. 그렇지만 민주주의의 힘은 '누구나' 참여할 수 있는 데서 나온다고 프랑스의 철학자 자크 랑시에르Jacques Rancière는 말한다. 누구나 평등하게 이 사회의 주인으로서 참여할 수 있어야만 민주주의다. 민주주의에서 통치의 기초는 돈이나 지식이나 권력이 아니라 그런 기초가 없다는 점이다. 정치는 아무나 하는 것이다.

> 즉 천박함을 지닌 민주주의는 합당한 통치를 거부하고 조악한 통치에 적응하는 사회형태가 아니라, 그것은 정치의 원리 그 자체인 것이다. 그런데 이 원리는 정치를 구축하는 것으로서, 합당한 통치의 기초는 다름 아닌 그 기초 자체가 존재하지 않는 것이라고 말할 수 있다.
>
> 자크 랑시에르, 『민주주의는 왜 증오의 대상인가』

아무나 목소리를 내고 참여하는 걸 '천박하다'고 권력층은 생각할지 모른다. 그렇지만 민주주의는 '아무나'를 바탕으로 돌아가는 정치 체제다. 누구나 정치에 참여할 수 있다. 돈이 없어도, 권력이 없어도, 뒤를 봐주는 연줄이 없어도, 민주주의에선 평등하게 자신의 뜻을 펼칠 수 있어야 한다. 그래서 민주주의는 왁자지껄하다. 다툼과 갈등이 생기기 때문이다. 민주주의는 어수선하고 부산스러우며 조용하지 않다. 권력자가 자신의 강한 힘을 앞세워 하나의 주장을 밀어붙일 수 있는 것이 아니라 누구나 자신의 주장을 낼 수 있기 때문이다. 우리 각자가 차이가 있는 존재인 만큼, 우리들이 저마다 주장을 펼치니 시끌벅적하게 된다. 싸우고 다투면서 정치는 돌아가고, 그러면서 세상은 변화한다. 시끄러움은 나쁜 게 아니다. 도리어 고요한 사회일수록 그곳은 좋은 곳이 아니다. 잠잠한 곳은 언제나 내 생각을 얘기하지 못하게 막는 억압이 감돌기 마련이다. 민주주의의 알짜는 불화다.

우리는 모두가 평등하고 평화로운 사회를 바라지만 그건 현실이 될 수 없다. 자신이 싫어하는 '저 나쁜 세력'이 사라진다고 해서 권력은 없어지지 않는다. 권력이 언제나 작동하고 있음을 인정해야 한다. 권력을 없앤다고 없어지는 게 아니라면 어떻게 권력을 '민주화'시킬지 생각해야 한다. 그래서 정치철학자 샹탈 무페Chantal Mouffe는 민주주의의 역설을 이해해야 한다고 목소리를 높인다.

> 근대 자유민주주의의 특징이면서 또한 가치이기도 한 것은, 그것이 제대로 이해된다면, 이러한 대립이 개방적이고 권력관계는 언제나 의문시될 수 있으며, 여하한 승리라도 그것이 최종적일 수 없다는 점이다. 그러나 이러한 "경쟁적" 민주주의는 갈등과 구분은 정치에 내재적이며 "인민"의 단합의 최종적 실현들로서 화해가 명백하게 성취될 수는 없다는 점을 받아들이는 것이 필요하다. 다원주의적 민주주의가 완벽하게 실행될 수 있다고 믿는 것은 자신 스스로를 부정하는 이상이다. 왜냐하면 다원주의적 민주주의의 가능성의 조건은 동시에 그것의 완벽한 실현을 불가능하게 하는 조건이기 때문이다. 따라서 그것의 역설적 성격을 이해하는 것이 중요하다.
>
> 샹탈 무페, 『민주주의의 역설』

오늘날 자유민주주의의 특징이자 가치는 어떤 최종 승리가 없다는 점이다. 쟤네 호랑말코들을 몰아낸 뒤 우리 착한 세력이 권력을 잡으면 모두가 살기 좋은 세상이 된다는 희망은 과거에 종교인들이 바랐던 '천국의 도래'와 똑같은 환상일 뿐이다.

모든 인간이 화해하고 적대가 사라진 사회를 꿈꿔서는 안 된다. 민주주의는 서로 부대끼고 다투면서 돌아가는 체제이다. 그래서 샹탈 무페가 민주주의 역설을 얘기한 것이다. 서로 다른 성격의 집단과 세력이 다원화되어서 참여하는 것이 민주주의이지만 바로 그렇기 때문에 민주주의는 결코 안정되고 평화로울 수 없다. 다원주의적 민주주의는 자기 안에 "완벽한 실현을 불가능하게 하는 조건"이 들어 있다.

경쟁하면서 대립하되 상대를 궤멸시켜야 할 원수가 아니라 밉지만 어쩔 수 없이 상대해야 하는 맞수로서 서로를 인정하는 체제가 민주주의다. 나와 다르다고 상대를 인정하지 않는 건 민주주의를 파괴하려는 수작일 뿐이다. 요새 민주주의가 허약하고 많이 흔들리는 까닭은 우리가 나와 다른 집단을 박살내고 싶지, 경쟁자로서 받아들일 마음이 별로 없기 때문이다.

권력은 인간에게서 나온다

모든 권력은 인간으로부터 나온다. 우리의 힘들이 모이고 모여서 권력 집단이 형성된다. 인간들이 없다면 권력도 없다. 세상을 바꾸는 것도 인간이고, 권력과 맞서 싸우는 것도 인간이다. 인간이 권력이기 때문이다.

오늘날엔 권력이 부드러워졌다. 권력자가 뚜렷하게 보이지 않는다. 뭔가 이건 아니라고 말하면서 싸워야 할 '적'도 흐릿하다. 과거처럼 포악한 독재자라든가 흉포한 왕이 없다. 현 사회는 모두가 공정하게 경쟁하면서 결과를 수긍하는 '자본주의'이기 때문이다. 자본주의야말로 가장 으리으리한 권력이다. 그래서 자본주의 체제를 넘어서려는 사유들이 나오고 있다. 그 가운데 안토니오 네그리Antonio Negri와 마이클 하트Michael Hardt가 있다. 이 둘은 자본주의를 바꾸는 힘을 '우리'에게서 찾아내고 『제국』,『다중』,『공통체』를 펴내면서 시대의 변화를 얘기한다.

안토니오 네그리와 마이클 하트는 첨단기술의 발달로 세상이 '지구화' 되면서 우리 모두가 함께 영향을 주고받으며 '공통의 삶'이 되고 있다고 얘기한다. 그래서 인류 문명의 주요 생산력이 과거엔 공장의 '물질 생산'에서 나왔다면 오늘날엔 인터넷과 사무실에서 회의하고 교류하면서 생겨나는 '비물질 생산'에서 나온다고 주장한다. 갈수록 인류 사회는 공통으로 생산하고 공통된 것들을 넓혀 간다고 안토니오 네그리와 마이클 하트는 얘기한다.

비물질노동은 소통, 협력 그리고 정동적 관계에 기초를 두는 네트워크들의 사회적 형태를 취하는 경향이 있다. 비물질노동은 오직 공동으로 수행될 수 있을 뿐이며, 점점 새롭고 독립적인 협력 네트워크들(비물질노동은 이것들을 통해 생산한다)을 창안한다. 사회의 모든 측면들과 관련을 맺고 그것들을 변형시키는 비물질노동의 능력과 비물질노동의 협력적인 네트워크 형식은, 비물질노동이 노동의 다른 형태들로 확산되어 가고 있는 두 가지 매우 강력한 특징들이다. 이 특징들은, 오늘날 항구적이고 전지구적 전쟁 상태에 대항하는 저항 운동들에 생기를 불어넣는, 다중의 사회적 구성의 예비적 밑그림으로 기능할 수 있다.

네그리, 하트, 『다중』

자본이 전 지구에서 전쟁을 벌이고 있는데, 이 "전쟁 상태에 대항하는 저항 운동"도 네트워크를 통해 협력하고 소통하는 비물질노동에서 나온다고 네그리와 하트는 주장한다. 전 세계에서 "점령하라" 운동이 벌어지고 세계화에 맞선 사회 단체들이 지구 전역에서 저항 운동을 벌이고 있다. 사회 운동이 이전과 사뭇 딴판이다. 한국에서 벌어진 촛불 시위에서도 특정한 세력이 힘을 갖지 못하고 온갖 매체가 사람과 사람을 연결하면서 다중심의 시위를 하였듯 네그리와 하트는 소통하고 연결된 '다중'이 세상의 중심이 되고, 사회가 바뀌리라 전망한다.

물론 개인들이 인터넷에 자유롭게 접속하고 새로운 언론 매체가 발달한다고 해서 우리 모두가 자유로워지고 민주주의가 사회에 확립되는 건 아니다. 그렇지만 예전과 달리 정말 민주의 뜻 그대로 우리 모두가 삶의 주인으로서 살아갈 수 있는 환경이 갖춰지고 있음을 부인할 수는 없을 것이다.

세계 경제 구조와 저항의 영역에서 커다란 변화가 일어났음을 인정하면서도 안토니오 네그리와 마이클 하트의 주장처럼 우리가 '다중'이 되어 새로운 세상을 열어 내는 주역이 된다는 사실엔 좀 미덥지 못한 구석이 있다. 우리가 최첨단 장비를 통해 모두가 평등하고 민주화된 세상을 바라기는커녕 자신과 다른 사람을 차별하고 억압하면서 지금보다 더 불평등한 자본의 독재를 바란다면 어쩔 것인가? 지금까지 대중들이 독재나 폭압이 무서운 나머지 따른 것만이 아니라 동의하고 지지하였다면?

역사학자 임지현을 중심으로 전 세계의 학자들이 '대중독재' 개념을 활발히 연구한 이유도 독재 세력 일부가 폭력으로 사람들을 다스린 것이 아니기 때문이다. 많은 사람들이 독재 권력에 합의하거나 지지하였고 적어도 순응하였다. 물론 이 합의와 지지와 순응에 강제성이 들어가 있지만, 엄밀하게 따지면 순수한 동의나 순수한 강제란 없다. 본디 강제와 동의는 서로 섞여 있고 정확히 구분되기 어렵다. 그렇다면 저 몹쓸 놈들이 선한 민중을 총칼로 윽박지르면서 강제로 지배했다는 생각에서 벗어나 "아래로부터의 독재"로 사유를 전환해 보는 것이 필요하다.

> 대중에 대한 권력의 관심은 이들의 일상적 욕구를 충족시킨다는 단순한 배려의 차원을 넘어서는 것이었다. 그것은 국가의 동원 체제에 적극적, 자발적으로 참여하도록 이들의 욕망을 유도하고 만들어 내는 다양한 장치들을 요구한다. 이를 통한 자발적 동원 체제의 작동 수준이 곧 국가 체제의 효율성과 총체적 국력을 규정하는 한 요인이 된다. '위로부터의 독재'가 아니라 '아래로부터의 독재'로 전환하는 것도 이 지점에서다.
>
> 임지현, 『대중독재』

권력 집단이 유도하거나 거짓말로 속였을지언정 우리가 누군가를 차별하고 강한 권력자를 원하지 않는다면 독재가 이뤄질 수 없다. 우리 안에는 아직 강자에 대한 열망과 약자에 대한 멸시가 여울치고, 21세기가 되었다고 해서 우리 모두가 타인에게 싹싹해지고 곰살궂게 굴진 않는다. 되레 예전엔 잘 몰랐을 종교와 문화, 타자들을 세계화를 통해 접하면서 증오와 혐오가 휘몰아치고 있다. 인터넷과 온라인에서 부글부글 끓는 폭력과 욕지기, 독재자들에 대한 찬양과 사회 약자에 대한 공격은 기술 변화로 말미암아 세상이 절로 좋아지지 않음을 실감케 한다. 권력이 인간에게서 나오긴 하지만 인간은 자신을 노예로 만드는 데 자신의 권력을 얼마든지 쓴다.

대중이 아닌 다중으로

대중은 엄청난 매혹이자 당혹이다. 대중의 한 사람으로서 우리는 대중들과 함께 함성을 지르고 대중들과 같이 한숨을 내쉰다. 또는 대중들의 행태에 한숨을 내쉬다가도 함성을 지른다. 대중들은 대중들에게 경이로움이면서 소스라침이다.

우리가 대중이라는 집합으로 묶이는 건 그리 반가운 일은 아니다. 안토니오 네그리와 마이클 하트가 대중mass이 아닌 다중multitude으로 개념을 지은 까닭도 대중은 그동안 조작과 조종의 대상이었기 때문이다. 벌써 오래전, 라보에티La Boétie가 '자발적 복종'을 한다면서 대중을 비판한 까닭도 대중들이 고개를 숙이면서 독재자를 섬겼기 때문이다. 라보에티는 사람들이 자유롭기를 욕망하기보다는 동물보다도 못한 것을 참으면서 독재자에게 복종한다고 안타까워했다. 그래서 독재자를 지지하지 말라고, 그 정도의 결심이라도 하라고 호통을 친다. 우리가 지지하지 않으면 독재자는 무너지고 말 테니.

동물이라 하더라도 너희가 지금 좋아하고 있는 그따위 것은 참지 못할 것이다. 너희는 차제에 우연이라도 결코 자유를 얻지 못한다. 오로지 자유롭게 되려는 욕구를 마음속에 지녀야만 즉시 모든 것으로부터 자유롭게 될 것이다. 너희에게는 자유에 대한 욕구와 의지만으로도 충분하다. 독재자에게 복종하지 않을 것을 결심하라. 너희들은 자유롭게 될 것이다. 그를 창으로 찌를 필요도 없고, 뒤엎을 필요도 없다. 다만 그를 지지하지 않으면 족하다. 그러면 너희는 조만간 목격하게 될 것이다. 토대가 사라지면, 독재자는 마치 제 무게에 못 이겨 저절로 붕괴되어, 산산조각 나는 거대한 입상처럼 무너지고 말리라는 것을.

에티엔느 드 라보에티, 『자발적 복종』

라보에티는 좀 순진하게 대중을 바라봤다. 인간은 자유에 대한 욕구뿐만 아니라 지배당하고 복종하고 싶은 욕구도 있기 때문이다. 독재를 뒤엎으려고 하는 것이 아니라 독재에 반대하는 자들을 뒤엎으려는 인간들도 우글우글하다. 그래서 러시아의 시인 마야코프스키Vladimir Mayakovsky는 대중의 취향에 따귀를 때리라고 하였다. 대중의 취향과 욕망이 늘 옳을 순 없기에 잘못된 것은 과감히 비판을 해야 하기 때문이다.

대중으로 부르든 다중이라 일컫든 우리 안엔 여러 욕망과 모습들이 있다. 기억에도 남지 않는 텔레비전 프로와 영화들만 보면서 책을 거들떠도 안 보는 사람들도 있지만 끝없이 책을 읽으며 삶을 고민하고 미래를 열어내는 사람들도 있다. 우리들은 벌거숭이 임금님이 설치고 돌아다닐 때 침묵하기도 하지만 사회 부정의에 홍길동처럼 동에 번쩍, 서에 번쩍하면서 맞서기도 한다. 이 모든 것이 우리이고, 삶이다. 따라서 우리는 인내와 설득을 배워야 한다. 우리는 사람들 안에서 사람들과 더불어 고민하고 아파하면서도 서로 비판하고 보듬으며 살아가야 한다. 한국의 촛불 시위나 전 세계에서 일어난 "점령하라" 운동처럼 세상의 문제를 느끼고 들불처럼 사람들이 일어나더라도 한 방에 세상이 바뀌는 것은 아니기 때문이다. 우리는 경제 체제의 변화와 더불어 일상의 변화를 같이 이뤄 내야 한다. 영국의 문화비평가 레이먼드 윌리엄스Raymond Williams의 책 제목처럼 『기나긴 혁명』을 염두에 둬야 한다.

니체는 『선악의 저편. 도덕의 계보』에서 "괴물과 싸우는 사람은 자신이 이 과정에서 괴물이 되지 않도록 조심해야 한다. 만일 네가 오랫동안 심연을 들여다보고 있으면, 심연도 네 안으로 들어가 너를 들여다본다"고 경고했다. 일그러진 권력층과 막 나가는 자본주의라는 괴물들에 맞서 싸울 때, 우리도 '괴물'이 될 수 있으니 조심하라는 충고이다.

하지만 괴물이 되지 않고 괴물과 싸울 수 있을지 의문이기는 하다. 상대가 막강한데, 착한 얼굴로 "더 나은 세상을 원해요"라고 촛불만 든다고 해서 세상이 변하진 않기 때문이다. 그렇다면 우리는 괴물과 싸울 때는 열심히 싸우되 자기 삶에서 즐거움을 만들어 내며 일상의 혁명을 일으키는 사람들이 되어야 한다. 남의 슬픔에 함께하면서 자기 삶에서 기쁨을 자아내는 사람들, 사회가 불어넣는 욕망을 떨쳐 내면서 자신의 산뜻한 욕망을 일으키는 사람들, 자기 삶에 대한 성찰을 통해 사회변혁을 꿈꾸는 사람들이 진짜 절실한 시대이다.

지난날처럼 시위를 하고 운동을 하면서 '기동전機動戰'을 하는 것만으로는 좋은 세상이 되지 않는다. 사회 곳곳에 숨어 있는 부조리들, 노예근성을 부추기는 사회 제도들, 인간과 인간 사이에서 벌어지는 오만 가지 열망들을 두루 헤아리는 슬기와 부딪치는 용기가 요청된다. 커다란 변화뿐 아니라 일상의 작고 작은 변화를 꾀해야 할 때다. '진지전陣地戰'을 사유한 이탈리아의 사상가 안토니오 그람시Antonio Gramsci의 글들이 다시 읽히는 이유다.

흔히들 '수구꼴통'이라면서 보수 세력 지지자들을 업신여기고 비아냥거린다. 어떤 논리나 비판도 듣지 않은 채 믿어 왔던 생각만을 믿으며 살아가는 사람들이 답답하고 화가 나지만 더 이상 어떻게 해 볼 도리가 없다면서 '체념'과 '냉소'가 퍼진 상황이다. 우리는 말이 통하는 끼리끼리 모이고, 한국은 보이지 않는 참호들이 길게 파여서 서로에게 총을 겨누는 사회가 되었다. 그렇다고 서로 적대와 증오만으로 세월을 보내야 하는 걸까?

　　언제나 세속은 더 많이 사랑하는 사람이 상처받기 마련이고, 인생에서 가장 뜨거운 시기는 타자로부터 상처받는 시기이다. 정치에 상처를 받은 수많은 사람들이 마음을 잘 추스르고 다시 힘을 내야 할 시점이다.

세 번째 충격

내가 먹이고 키우는 괴물, '욕망'

내 안의 어찌할 수 없는 '괴물'

　인간의 욕망은 억압당해 왔다. 욕망은 보다 더 나은 상태나 조건, 상황을 원하는 바람으로서 태어나기 전부터 죽어서까지 나의 안팎에서 휘몰아친다. 문명은 인간의 이 같은 욕망을 통해 변화하였다. 그러나 그동안 문명은 욕망을 권장하지는 않았다. 인간은 흔들리기 쉽고 욕망은 인간을 휘우듬하게 만들기 때문에 욕망을 억제하고 참도록 사회는 가르쳐 왔다. 따라서 욕망을 탐욕으로 바라봤고, 욕망하는 사람은 공동체로부터 지탄을 받았다. 불교의 가장 오래된 경전으로 석가모니의 가르침을 옹글게 담고 있다는 『법구경』을 보더라도 욕망을 경계하고 있음을 알 수 있다. "붙잡기 어렵고 경솔하고 욕망을 따라 헤매는 마음을 억제하는 것은 좋은 일이다. 억제된 마음이 평화를 가져오기 때문이다."

　석가모니의 충고처럼 욕망을 경계하긴 해야 한다. 인간의 욕망은 어리석음이기 일쑤고 수많은 사람들이 욕망이라는 수레를 타고 고통의 질곡으로 내달리기 때문이다. 먹거리나 옷처럼 살아가는 데 꼭 필요한 것들에 대한 욕망은 채워져야 하겠지만 결핍이 아닌 다음에도 욕망하는 건 만족을 주기보다 더 많은 고통을 초래한다. 그래서 현자들은 욕망만을 좇아선 불행해진다고 욕망을 경계하였다. 충족되지 않더라도 고통을 주지 않는 욕망들을 "헛된 생각"이라면서 '쾌락주의자' 에피쿠로스^Epikuros도 욕망의 포로가 되지 말라고 가르쳤다.

> 자연적이기는 하지만, 그것이 충족되지 않더라도 고통을 가져오지 않는 욕망들을 충족시키기 위해 애를 쓰는 경우를 생각해보자. 이런 쾌락은 헛된 생각으로부터 생겨나며, 이런 쾌락을 몰아낼 수 없는 까닭은 그 쾌락의 본성 때문이 아니라, 사람들의 헛된 생각 때문이다.
>
> 에피쿠로스, 『쾌락』

에피쿠로스학파는 쾌락을 삶에서 이루려고 하였는데, 그들의 쾌락은 현대인이 생각하는 탐닉과 방종이 아니었다. 에피쿠로스는 육체에 따른 행복도 소홀하게 여기진 않았으나 먹고 마시고 배설하고 몸을 비빌 때의 쾌감만으론 진정으로 행복할 수 없다면서, 더 큰 쾌락을 얻으려 하였다. 그래서 예술을 탐구하고 철학을 공부하였다. 신체로부터 생겨난 쾌락은 허망하고 결핍감을 불러오는데 비해 정신으로부터 오는 쾌락은 거의 무한에 가깝기 때문이다. 욕망을 억제하든 정신의 쾌락을 욕망하든 인간의 삶은 욕망과 뒤엉켜 있다. 어쩌면 모든 것이 욕망인지 모른다. 금욕은 욕망을 참는 게 아니라 욕망을 억제하려는 욕망이기 때문이다. 따라서 욕망에 헛기침을 뱉으며 쉬쉬할 게 아니라 우린 욕망의 폭풍 속으로 항해를 해야 한다. 내가 피하든 말든 아랑곳하지 않고 내 안엔 언제나 욕망의 소용돌이가 있기 때문이다.

현대는 과거와 달리 욕망을 어느 정도 인정하고, 더 나아가 찬양하기까지 한다. 그러다 보니 욕망은 이 시대의 당연함이 되어 버렸고, 어느덧 진부한 주제가 되었다. 신문을 펼치더라도, 텔레비전을 보더라도, 사람들을 만나더라도, 온통 욕망으로 출렁인다. 성욕이든 권력욕이든 물욕이든 명예욕이든 인정욕이든 욕망이라는 전차는 인간을 몰고 가는 어마어마한 힘이다. 인간이 욕망하기보다는 욕망이 인간을 통해 자신을 뿜어낸다고 느껴질 정도로 욕망은 내 안의 어찌할 수 없는 '괴물'이다.

이 괴물이 인류 문명을 만드는 힘이긴 하지만 제멋대로 내버려 두면 문명 자체를 박살 내기에 어느 사회든 욕망을 도덕과 법률로 다스려 왔다. 허나 욕망을 잡아매던 동아줄들은 오늘날 모두 끊어졌고 욕망은 거리로 뛰쳐나와 모든 사람들을 집어삼켜 버렸다. 그 결과가 지금의 문명이고 지구 곳곳의 재난들이지만 우리의 욕망은 멈추질 않는다. 우리는 더, 더, 더를 외치는 괴물의 등을 타고 달음박질친다.

내 안엔 욕망이란 괴물이 있다. 이 괴물은 밧줄로 동여매고 쇠창살에 가둔다고 얌전해지지 않는다. 당분간은 잠잠할지 모르지만 다시 뜨거운 콧김을 내뿜으면서 발광하게 된다. 왜 우리는 욕망 앞에서 속수무책일까? 그동안 욕망에 대한 교육을 거의 받지 못했고 특정한 욕망만을 욕망하도록 주입받았기 때문이다. 내가 정말 원하는 걸 알 겨를도 없이 딴 욕망에 대해서 생각하지 말라는 억압과 네가 하고픈 걸 하면 안 된다는 금지를 당하면서 특정한 욕망만을 강요당한 채 살아온 결과다.

앞서 언급했듯이 우리는 전제적 지배 체제 속에서 군주와 힘 있는 소수가 다수의 사람들을 다스리는 데 편리하게 만들어진 언어를 물려받았다. 일반 대중들은 자신들의 욕구를 인식하는 일을 억제당하고, 대신 권위에 온순하게 순종하는 사람이 되도록 교육받았다.

우리 사회는 일반적으로 욕구를 부정적으로 보는 경향이 있어서 욕구를 표현하는 사람을 의존적이고 미숙한 사람이라고 꼬리표를 붙이기도 한다. 사람들이 그들의 욕구를 표현하면 '이기적'으로 보고, 특히 '나'라는 대명사를 자주 쓰면 이기적이거나 뭔가 결핍된 사람으로 생각한다.

마셜 로젠버그, 『비폭력 대화』

전 세계에 '비폭력 대화'를 알린 미국의 심리학자 마셜 로젠버그Marshall Rosenberg는 우리들이 자신의 욕구를 인식하지 못하도록 억제당했다고 주장한다. 자신의 욕망을 알면 다스리기 곤란하니 '나'를 찾기보다는 세상이 시키는 대로 순종하는 인간이 되라는 교육을 받으며 컸다는 것이다. 그러다 보니 나는 내가 낯설고 뭘 좋아하는지 알 수가 없다. 나는 너무나 많은 금기와 억압을 당하면서 다스리는 데 편리하게 만들어졌다.

모난 돌이 정 맞는다고 괜히 나서거나 튀는 움직임을 보이면 눈총을 받는다. 자신만의 욕망을 꺼냈다가는 이상한 사람 취급받기 십상이다. 제각기 창의성과 개성을 살리기보단 사회에서 부과한 틀에 자신을 끼워 맞추게 된다. 그렇게 삶이 이상해진다. 내가 진짜 원하는 건 알 수 없지만 내 안엔 세상이 주입한 괴물이 날뛰고 있다. 내 안에서 휘몰아치는 욕망의 괴물에 휘둘리고 휘말리고 휘감기고 있다. 그렇다면 우린 더 이상 욕망의 포로이고 싶지 않다는 새로운 욕망을 뿜어내야 한다.

나는 욕망과 맞닥뜨려 내 욕망을 점검하고 그것을 찾아 표현해야 한다. 그동안 '욕망'이란 두 글자에 유혹과 부담을 느꼈다면 이제는 '욕망'이란 두 글자를 날개 삼아 날아올라야 한다. 욕망이 바로 '나'이기 때문이다. 나는 욕망한다, 그러므로 존재한다.

금기를 어기고 싶다

그동안 나의 욕망에 눈뜨지 못하게 지배 권력은 온갖 금기와 억압을 가하면서 조종하기 쉬운 욕망만을 허용해 왔다. 그런데 금기와 억압 때문에 욕망은 사라지는가? 오히려 더 부풀어 오르지 않는가? 이상하게 하지 말라고 하면 더 하고 싶어진다. 욕망은 금기가 있으면 더 강하게 작동한다. 왜 그토록 불륜이 잦은가? 단지 인간의 성욕이 강하기 때문만이 아니라 "하지 말라"고 하니까 더 하고 싶기 때문이다.

하지 말라고 하면 얄밉궂게도 반대의 욕망이 일어난다. 그만하라고 누군가 막아설 때, 그건 해서는 안 되는 일이라고 다그칠 때, 반발심이 일어나면서 더 하고 싶고 더 하게 될 때가 숱하다. 우리는 어떤 금기가 있을 때 그 금기를 넘어가고 싶어 한다. 인간은 아리송한 생물이다. 채찍과 으름장만으로 다스려지지 않는다. 때문에 더 하고 싶어지고 더 반항하고 싶어진다. 하면 안 되는 금기이기에 평소엔 쉽사리 입에 담을 수 없다. 하지만 그럴수록 인간들의 마음속 후미진 곳에선 격렬하게 꿈틀거리다가 한줄기 용오름으로 욕망은 치솟아 오른다.

아예 하지 말라는 율법이 없었다면 딱히 하고 싶다는 마음이 없었을지도 모르는데, 무엇을 하지 말라며 나를 옥죄는 얽매임이 생겨나면 일단은

램브란트, 「십계의 돌판을 깨는 모세」. 아예 하지 말라는 율법이
없었다면 딱히 하고 싶다는 마음이 없었을지도 모르는데, 무엇을 하지
말라며 나를 옥죄는 얽매임이 생겨나면 일단은 고개 숙이더라도
이 금기를 어기면 어떨지 자신도 모르게 상상의 날개를 펼치게 된다.

고개 숙이더라도 이 금기를 어기면 어떨지 자신도 모르게 상상의 날개를 펼치게 된다. 죄의식을 느끼면서도 이 죄의식 때문에 더 그것을 하고 싶은 열망에 몸이 달아오르게 된다. 옛날 사람들도 이러한 얄궂은 욕망의 속성을 알아차렸다. 기독교 경전인 『로마서』에는 이런 구절이 있다. "율법이 없었다면 나는 죄를 몰랐다. 율법이 '탐내지 말라'라고 명하지 않았다면 나는 탐낸다는 것을 알지 못했을 것이다. 그러나 그 계율 때문에 죄는 내 마음에 떠올랐으며, 모든 탐내는 마음을 일어나게 했다."

인간은 다른 동물과 달리 금기를 지키면서도 어긴다고 프랑스의 사상가 조르주 바타유Georges Bataille는 주장한다. 동물은 금기를 의식하지 못한다. 금기를 준수하고 금기에 복종하기 때문이다. 그렇지만 인간은 금기에 복종하면서 위반한다. 위반한다고 금기가 사라지는 것은 아니다. 오히려 위반할 때의 쾌감을 누리기 위해서라도 금기는 더더욱 지켜져야 한다. 금기를 위반하면서 인간은 에로티즘을 느낀다.

그토록 하지 말라고 교육받고 위반하면 큰일 나는 거라고 믿었던 금기는 더 큰 쾌감으로 인간에게 다가온다. 왜 우린 10대 소녀를 연예인으로 떠받들고 있는가? 왜 10대 청소년들을 상대로 성매매가 호황을 이루나? 그들이 금지된 대상이기 때문이다. 청순하고 정결해 보이는 10대 연예인을 보는 것만으로 만족하지 못하는 인간들은 사회에서 처벌을 각오하면서까지 10대들을 욕망한다. 금지된 대상을 갖고 싶고, 금기를 어기고 싶다는 욕망 때문에.

마약의 유혹이 없어지지 않는 것도 이 때문이다. 어떤 특정한 성분의 물질들은 '마약'이라고 부르면서 금지되어 있다. 마약은 환각 상태를 유발하면서 여러 문제를 일으키기 때문에 권력은 마약류를 관리하고 사람들의 접근을 차단한다. 그러자 어떤 사람들은 향정신성 의약품을 통해 엇비슷한 환각을 체험하기도 한다. 마약이든 의약품이든 성분은 제법 흡사하기 때문이다. 예전에는 양귀비라든지 여러 풀들이 약재료로도 쓰이고 지금보다 훨씬 일상 속에 녹아 있었다. 하지만 근대로 접어들면서 마약에 대한 금기가 강력하게 생겨나고 국가권력은 특정 성분을 통제하기 시작했다. 그러자 마약에 대한 이상한 아우라가 생겨났다. 마약은 매우 꺼려지지만 은근하게 끌린다. 공포의 매혹으로 다가온다. 하지 말라고 하니까 괜히 한번 해 보고 싶다는 야릇한 욕망이 생겨나는 것이다. 그래서 국가가 엄청나게 통제하더라도 마약은 끝없이 밀수된다. 마약을 원하는 사람들이 득시글하기 때문이다.

담배를 피우지 말라니까 더 피우려고 안달하는 10대들처럼, 하지 말라고 엄격하게 통제하니까 기이하게도 반항하고 대들면서 한번 해 보고 싶다는 욕망이 꼼지락거리게 된다. 그러다 보니 마약은 뭔가 특별한 반항의 상징성을 얻기도 한다. 마약은 쉽게 구할 수 없는 대상이다 보니 남들과 다르다는 데 이용되기도 한다. 그 결과 자신은 다른 이들이 하지 못한 마약도 해 봤다면서 과시하는 '제3의 침팬지'들이 나타난다.

청소년기부터 어른이 되기 시작할 무렵에 우리들은 자신의 지위를 주장하기 위해 많은 에너지를 사용하는데, 그때가 마약 중독에 빠질 수도 있는 가장 위험한 시기다. 사람도 위험한 과시 행동을 하는 새처럼 똑같은 본능을 가지고 있다.

1만 년 전에는 우리도 사자나 적대하는 부족에게 '과시 행동'으로 도전했을 것이다. 현대에는 그것이 난폭한 운전이나 위험한 약물을 복용하는 등 다른 방법으로 나타날 뿐이다.

제레드 다이아몬드, 『제3의 침팬지』

이처럼 금기와 위반은 우리 삶 곳곳에서 작동한다. 우리는 금기를 지키면서도 꾸준히 어길 것이다. 위반을 하면서 고뇌와 함께 짜릿함을 얻을 것이고, 다시 가면을 쓰고 순수한 척, 고결한 척, 근엄한 척 살아갈 것이다. 지금까지 우리가 살아왔던 대로. 우리가 생각하는 삶은 우리가 실제로 살아가는 모습과 늘 어긋나 있다.

타인지향의 속물

우리는 욕망이란 말에 솔깃하면서도 약간의 거부감을 갖고 있다. 욕망이란 말이 품고 있는 냄새가 좋지 않기 때문이기도 하고, 오랜 세월 욕망에 대해 억압했던 분위기가 남아 있는 탓이다. 하지만 그보다는 나의 욕망이 나의 것이 아니기 때문에 욕망에 거리감을 느끼는 게 아닐까? 내가 진짜로 하고자 하는 바람이 아니라 외부에서 주입된 욕망이기 때문에 그것에 휘감겨 휩쓸리면서도 욕망이 꺼림칙한 게 아닐까?

내가 가면을 쓰고 살아가는 까닭도 나의 욕망에 대해서 잘 모르기 때문이다. 나의 욕망을 모른 채 타인의 시선을 의식하면서 마치 잘 살고 있다는 가면을 쓰며 산다. 나는 좀 더 자유롭고 행복한 인간이 되려고 하기보다는 남들 눈에 비쳤을 때 어떻게 보일지에만 골몰하고, 나 또한 타인의 내면이나 정신보다는 드러난 '거죽'에만 관심을 갖는다. 이를 미국의 사회학자 데이비드 리스먼David Riesman은 "타인지향의 인간"이라고 설명한다.

데이비드 리스먼에 따르면 시대에 따라 인간형이 변하는데, 현대는 "타인지향의 인간형"이다. 타인지향의 인간은 말 그대로 자신의 내면보다는 타인에 대한 평가에 신경을 쓰면서 타인의 시선에 예민하게 반응하는 사람이다. 데이비드 리스먼은 우리에게 "레이더"가 설치되어 있어서 타인이 자신을 어떻게 볼지 쉴 새 없이 감지한다고 얘기한다.

레이더 때문인지 우리의 일상은 남들의 시선으로 에워싸인 것처럼 변한다. 나를 위한 소비조차도 우리는 남들에게 뒤지지 않고자 소비한다. 남들처럼 소비하지 않으면 나는 견디지 못한다. 그래서 내가 원하는 "소비기호"는 나의 개성을 드러내기보다는 "같은 계급에 속하는 동료들"에게 보이는 것이다. 서로가 서로에게 "배심원"이 되어 상대를 평가하기 때문에 나는 배심원들의 요구에 맞춰 소비를 하게 된다. 소비는 이제 타인들과 어울리기 위해서는 해야만 하는 '예의범절'이 되었다.

> 타인지향적인 인간들 사이에서는 소비기호의 훈련이 예의범절을 대신하는 경향이 있는데, 이 소비기호라는 것은 연령과 사회계급의 경계선을 넘어서는 데 유용하다기보다는 오히려 같은 나이, 같은 계급에 속하는 동료들의 배심원실 안에서 유용하다.
>
> 데이비드 리스먼, 『고독한 군중』

나는 타인지향의 인간으로 길러졌기 때문에 소비조차 타인지향의 소비를 하게 된다. 정말 소비가 좋아서 할 수도 있지만 보통은 이 정도 소비는 해야 된다는 규범에 따라서 소비한다. 나 혼자 장을 보더라도 보이지 않는 타자들의 시선이 나에게 드리워져 있고, 타인들의 수준에 맞춰 소비를 하게 된다. 데이비드 리스먼의 책 제목처럼 나는 "고독한 군중"이 되어 버렸다.

타인지향 인간은 속물이기 일쑤다. 속물들에게 만족은 언제나 타인의 칭찬과 우러름이다. 속물들의 만족은 타인들이 욕망하는 걸 얻어 냈을 때 생겨난다. 그래서 속물들은 자랑하지 않고는 못 배기고, 조금의 부끄러움도 없이 가진 것들을 으스댄다. 현대 사회는 속물 사회이다. 자신은 아니라고 도리질을 하더라도 현대엔 그 누구도 속물이 아니기 힘들다. 나는 타인지향의 인간이 되었고, 타인들의 시선을 의식하면서 겉모습에 신경을 쓰지 않을 수 없는 상황이다. 나는 값비싼 사치품으로 자신을 장식하고 타인들이 나를 어떻게 바라볼지 상상하면서 묘한 만족감을 얻고 있다.

　그렇지만 이건 패배할 수밖에 없는 경쟁이다. 아무리 명품으로 치장해도 나보다 더 비싼 명품을 갖고 있는 사람은 있을 수밖에 없고, 난 그 앞에서 기가 죽고 부러움에 시달리기 때문이다. 오늘날 명품 열풍은 현대인의 마음이 얼마나 허접해지고 허약해졌는지를 보여 준다.

　명품 경쟁은 패배할 수밖에 없는 경쟁이지만, 우린 이 경쟁에 뛰어들지 않을 수 없다. 1억짜리 시계를 뽐내는 사람을 보면 속물이라고 생각하면서도 자꾸만 그 시계의 광채가 내 머릿속에서 끝임없이 뿜어져 나오기 때문이다. 한번 차 보고 싶게 된다. 고급 시계를 차는 사람이 부러워지면서 자신의 시계가 부끄러워 보인다.

　따라서 속물만을 심하게 나무랄 수는 없다. 내가 누군가를 속물이라고 욕하는 이유는 나에게도 속물의 욕망이 들끓고 있기 때문이다. 나에게 '속물의 욕망'이 없다면 속물들의 행동을 '이해'할 수 없겠지만, 나는 속물들이 왜 저러는지 잘 알고 비난한다. 속물에 대한 지나친 경멸 뒤엔 엄청난 나의 욕망이 숨어 있다.

욕망의 삼각형

나는 속물이다. 알게 모르게 나는 남들을 모방한다. 남들의 시선을 의식하면서 유행을 따르고 대세를 좇는다. 내 깊숙이엔 모방의 욕망이 들끓는다. 인간은 모방 욕망을 하는 존재라고 프랑스의 사상가 르네 지라르^{Rene} ^{Girard}는 진단한다. 르네 지라르는 소설들을 분석하여 욕망하는 주체와 욕망하는 대상 사이엔 '중개자'가 있음을 밝혀냈다. 이른바 '욕망의 삼각형'이다. 이를테면 명품 가방과 욕망하는 나 사이엔 명품 가방을 메고 동창회에 나온 친구나 명품 가방을 갖고 행복한 표정을 지으면서 대중매체에 나온 연예인이라는 중개자가 있기 마련이다.

어떤 대상에 대한 욕망이 내 안에서 그냥 자라나는 것은 아니다. 욕망은 '중개자'를 거치면서 생겨나고 커진다. 물론 그 중개자는 자신보다 조금은 우월한 사람이다. 허영심이 많은 나는 중개자가 욕망한 대상을 욕망하면서 그 중개자를 나의 경쟁자로 삼게 된다.

> 어떤 허영심 많은 사람이 어떤 대상에 대한 욕망을 품기 위해서는, 그 대상이 명성이 높은 제삼자에 의해 이미 욕망되었다는 사실을 확인하기만 하면 된다. 여기서 중개자는 허영심이 만들어낸 한 경쟁자가 되는데, 허영심은 말하자면 경쟁자의 존재를 불러들인 다음 그 경쟁자의 실패를 요구하게 된다.
>
> 르네 지라르, 『낭만적 거짓과 소설적 진실』

주체와 중개자 그리고 대상으로 이뤄진 욕망의 삼각형은 심각한 질문을 던진다. 내가 욕망하는 대상들이 과연 진짜 나의 욕망인지 아니면 자신이 의식하지 못하지만 어떤 중개자를 거치면서 생겨난 욕망인지를 말이다.

나의 욕망이 모방 욕망이었다는 사실은 욕망의 대상을 얻는 순간 깨닫게 된다. 주변의 누군가가 찬 시계와 같은 시계는 아니지만 같은 브랜드의 더좋은 시계를 어렵사리 돈을 모아 손목에 찬 뒤, 영화 속 주인공이 입어서 덩달아 욕망하던 옷을 6개월 할부로 사 입고 외출한 뒤, 만족감은 온데간데없이 사그라진다. 욕망의 대상들은 얼마 지나지 않아 하잘것없어진다. 부질없음을 느낀다고 해서 욕망이 부서지지는 않는다. 주변에 다른 중개자가 나타나고 그의 욕망 대상을 또 욕망하게 된다. 나는 욕망의 미로 속을 끝없이 두리번거린다.

내밀한 감정의 영역에서조차도 욕망의 삼각형은 작동된다. 누군가를 좋아하거나 사랑하기를 원할 때, 진짜로 그 사람 자체가 좋아서 끌리는 게 아닐 때가 있다. 남들이 그 사람을 좋아하니까, 사람들이 욕망하는 대상이니까 욕망할 때가 쌔고 쌨다. 친구의 애인이 더 멋져 보이고, 이웃의 아내가 탐나고, 연예인을 좋아하게 되는 이유다. 내가 좋아하는 사람이 욕망하는 대상을 나는 욕망하게 된다. 중개자가 좋아하는 사람이기 때문에 내가 좋아했다는 사실을 뒤늦게 깨닫는 일만큼 착잡하고 당황스러운 일도 없겠지만, 사실 흔하게 벌어지는 일이다. 탐내던 그 사람과 사귀게 되었을 때, 이 사람을 사랑하지 않았음을 우리는 금세 깨닫곤 한다.

많은 영화에서 자기 두목의 애인이나 가까운 친구의 애인과 정분나는 줄거리가 나오는데, 거기서도 '욕망의 삼각형'이 작동한다. 김지운 감독의 영화 「달콤한 인생」에서 선우(이병헌)는 자신의 두목 강 사장(김영철)의 애인(신민아)을 욕망하게 된다. 두목이나 스승은 자신이 욕망하는 위치이자 자리이고,

주인공은 그 위치가 빚어내는 권력에 종속되어 있다. 따라서 권력이 욕망하는 걸 욕망하지 않을 수 없다. 그렇다면 두목의 애인을 욕망하는 건 실제 '여성'을 욕망한다기보다 오히려 두목이라는 '남성'을 욕망하는 것인지도 모른다. 두목이 사랑하는 대상이 아니었다면 그토록 그 여자를 욕망했을까? 마찬가지로 내가 좋아하는 그 사람은 남들이 우러르고 탐내지 않았다면 나는 정말 그 사람을 사랑했을까?

나의 욕망은 결코 순수하지 않다. 더럽고 타락했다는 뜻이 아니라 대개의 욕망은 처음부터 자기 안에 있던 게 아니란 얘기다. 사람은 단순히 주변의 사람들이라는 타자뿐 아니라 사회라는 타자의 욕망을 욕망한다. 사람들은 사회에서 좋다고 하는 걸 좋다고 생각한다. 나는 이미 사회 속에 있기 때문에 사회와 떨어지려야 떨어질 수 없다. 내 취미와 내 취향이라고 여기는 것들 가운데 어느 하나도 혼자 결정한 것은 없다. 사회의 입김이 나의 욕망을 숨 쉬게 한다. 우리는 유행을 욕망하고, 세상에서 불어넣는 것을 욕망하고 타인들이 욕망하는 것을 욕망한다. '타자'가 욕망해야만 내 안에서도 '욕망'이 일어난다.

그래서 인간의 욕망은 죄다 빼닮았다. 특정한 겉모습에만 가슴이 벌렁거리고, 돈 되는 일에만 군침을 삼키며, 더 많은 돈과 지위를 욕망하는 몸가짐을 배꼽처럼 똑같이 갖고 있다. 원시시대에 많은 사람들이 주술사나 사냥꾼을 욕망하였듯 사람들은 그 시대와 사회가 욕망하라는 것을 욕망한다.

나의 실패를 징벌하려는 욕망

오늘날 사회가 욕망하는 것은 무엇인가? 잘 나가는 거다. 돈도 잘 벌고 놀 때도 화끈하게 놀기를 사회는 욕망한다. 이런 모습이 바람직하다고 제시되어 있고, 우리는 거기에 순응한다. 정신분석가 지그문트 프로이트Sigmund Freud가 말한 '자아 이상'이다. 자아 이상은 어떻게 되어야 한다는 바람직한 모습이다. 자아 이상 덕분에 나는 욕망에만 휘둘리는 한갓 야수가 아니라 타자를 위하고 배려할 줄 아는 인간이 된다. 그러나 자아 이상은 나를 얽매는 금지령이다. 내 안엔 욕망들이 펄펄 끓는다. 묵직한 뚜껑을 덮어 두면 얼마 동안은 버틸지 몰라도 끝내 냄비가 터지듯 자아 이상으로 자신을 짓누르기만 하면 인간은 자신도 모르게 '이상한 짓'을 하게 된다. 그래서 인류 사회는 특정한 기간 '뚜껑'을 열어놓는 축제를 마련하고, 그동안 금욕하면서 억누르던 욕망을 뿜어내도록 한다.

> 온갖 억제와 제한을 받고 있는 자아가 주기적으로 금지령을 어기는 것은 정한 이치다. 축제 제도는 사실상 이것을 여실히 보여 준다. 축제는 본디 법률로 규정된 합법적 방종에 불과하며, 축제가 유쾌한 까닭은 그것이 해방을 가져다주기 때문이다. 고대 로마인들의 사르투누스 축제와 오늘날의 카니발은 이 본질적인 특징에서 원시 부족의 축제와 일치한다. 원시 부족은 축제가 막판에 이르면 대개 온갖 방탕한 짓을 저지르고, 평소에는 가장 신성시하던 계율을 태연히 어긴다. 자아 이상은 자아가 순종해야 하는 온갖 제약의 집약이고, 따라서 자아 이상을 폐기하는 것은 자아에는 필연적으로 멋진 축제가 될 것이다.
>
> 지그문트 프로이트, 『문명 속의 불만』

우리는 쉴 때 느긋하니 호젓하게 보낼 수 없다. 한 주 내내 억제되어 살아왔기 때문이다. 평소에 나는 어떻게 살고 어떤 모습이어야 한다는 '자아 이상'에 순종하면서 지낸다. 원치 않아도 성실하고 착하게 굴어야 한다. 그러다 금요일 밤이면 금지령이 열어진다. '위반이 허락되는 시공간'이 열린다. 금요일 밤이 뜨거울 수밖에 없는 이유다.

그렇지만 자아 이상에 따르지 않고 욕망을 뿜어내다 일상으로 돌아오면 뭔가 켕긴다. 자아 이상에 맞지 않게 말하고 행동했던 내 모습들은 고스란히 남아 내 마음속 도마에 올라가고, '초자아'가 도마질을 한다. 넌 이것밖에 안 되는 인간이라고 야멸차게 자아를 몰아세우고 위협한다.

초자아는 내키는 대로 행동하지 못하도록 규제하는 '내 안의 아버지'다. 초자아가 하지 말라고 명령하기 때문에 인간은 도덕을 지키고 법도를 어기지 않는다고 프로이트는 생각했다. 초자아 덕분에 인간은 도덕규범에 길들여지면서 사회에 적응하게 된다. 그렇지만 초자아 때문에 나는 곤욕스럽다. 초자아의 명령은 너무 가혹하여 '자아'가 다 성취할 수 없다. 초자아를 만족시킬 수 없기에 나는 자신에게 실망하는 걸 넘어서 죄의식이나 수치심을 느끼기까지 한다. 초자아는 점령군처럼 내 안에 들어와 자아에게 지나친 이상을 요구하고 나의 실패를 공격하면서 징벌하려 한다. 초자아는 나의 무능을 욕망하기에 초자아가 막강하면 나는 쇠약해지게 된다. 그래서 프로이트는 정신분석 치료의 목표 가운데 하나가 초자아의 강도를 줄이는 것이라고 얘기한다.

할 수 있는 것에 최선을 다하되, 이룰 수 없는 것은 깨끗하게 접을 줄도 알아야 한다. 헛된 이상에 붙들리면 자신의 열정과 욕구를 덧없이 쏟으면서 허무와 불만을 얻을 뿐이다. 따라서 내 욕망을 짓뭉개지 않고 살리

무의식을 통해 나의 주인은 내가 아님을, '나'라는 자아가
손님임을 프로이트가 밝혀내자 사람들은 프로이트의
이론에 불쾌감을 느꼈다. 그래서 프로이트는 자신이
인류에게 모욕을 가한 세 번째 발견을 했다고 말한다.

는 쪽으로, 내가 진정 바라는 목표들을 향해 내 열정을 쏟는 태도로 인생을 변화시켜야 한다. 자기 자신이 어떤 존재인지 이해하고 화해하여야 한다.

영국의 철학자 버트런드 러셀Bertrand Russell은 자신에 대한 집착을 줄이면서 삶을 즐기게 되었다고 이야기했다. '초자아의 닦달'에서 버트런드 러셀은 해방된 것이다. 비록 자신에게 못마땅하고 모자란 점이 있다고 하더라도 스스로 쪼고 들볶기보다는 '귀여운 약점'으로 봐주면서 기꺼이 품을 수 있을 때, 인간은 자신과 화해하면서 불행에서 탈출하게 된다.

물론 초자아로부터 자유로워지는 건 만만치 않은 일이다. 지금 나는 자신을 사랑스러워하며 인정하기보다는 잡아먹지 못해 안달이다. 오늘날 자기 계발이란 초자아가 나에게 작동하면서 나를 억세고 모질게 다그친다. 게으름을 피우려는 나에게 자기 계발에 대한 강박은 때때로 자극이 된다. 허나 나를 계발하려는 건 좀 더 자유롭고 행복한 내가 되기 위함인데, 목적과 수단이 뒤집혀서 이제는 자기 계발에 목숨을 거는 지경이다. 자기 계발의 종류와 방향도 자기 자신이 정말 너그러워지고 큰 그릇이 되는 방향이 아니라 세상에서 인정받아 더 많은 돈과 권력을 얻는 쪽으로만 치닫는다. 그러니 아무리 자기 계발을 해도 나 자신이 마뜩찮다. 모든 걸 돈으로 계산하면서 사람을 만나 정을 주고받는 자잘한 즐거움은 누리지 못한다. 돈벌이의 꽁무니만 뒤쫓아 다니면서 자신이 불행하다고 볼멘소리하는 것은 자신이 초자아에게 채찍질 당하고 있다는 비명 소리인 것이다.

불금을 즐겨라

요새 금요일은 '불타는 금요일'의 줄임말인 '불금'으로 불린다. 나는 약속을 미리 잡아 두고, 온갖 쾌락과 향락을 위해 자신을 내던진다. 도심의 금요일 밤이 후끈 달아오르고, 동이 틀 때까지 사람들은 잠들지 않는다. 금요일 밤부터 일요일 오후까지 나는 달리고 달린다. 그런데 갈수록 야릇한 곤경으로 빠져든다. 금요일 밤은 쾌락의 시간으로서 주어졌는데, 그 즐거움은 권리가 아니라 의무에 가까워졌기 때문이다. 쾌락은 특정한 형태로 강제된다. 상사의 지시처럼 금요일 밤을 불태우라는 명령이 내려진다. 땅거미가 지면 나는 어김없이 집 밖으로 뛰쳐나가 하달받은 명령을 수행하게 된다. 나는 반드시 쾌락을 얻어야만 하는 지경에 이른 것이다.

현대를 살아가는 사람들은 예전처럼 어떤 지배자에게 굴복하진 않지만, 다른 형태의 명령을 받고 있다. 모든 수단을 강구하여 자신의 능력을 펼쳐 내면서 즐기라는 명령 말이다. 자신의 잠재력을 실현하고, 자신의 신체를 즐기고, 온갖 성과를 얻어 내면서 주어지는 쾌락을 누리는 것이 세상이 내린 명령이고, 나는 충실하게 이 명령을 자기 목표로 삼아서 내달린다. 아무것도 정해져 있지 않고 무엇이든 이룰 수 있는 세상에서 쾌락만은 정해져 있다. 나는 쾌락을 위해서 살아가게 된다. 초자아가 나에게 쾌락을 명령한다.

프로이트의 정신분석학을 신선하게 발전시킨 프랑스의 정신분석가 자크 라캉Jacques Lacan은 '초자아'를 새롭게 해석한다. 『세미나 XX』에서 "초자아를 제외하고는 아무도 누군가에게 즐기라고 강요할 수 없다. 초자아는 향락의 정언명령, '즐겨라'다"라고 자크 라캉은 얘기한다. 자크 라캉의 말마따나 현대에 초자아는 '즐기라는 명령'으로 작동한다. 이제 현대인은 즐겁게 즐기는 게 아니라 괴로울 정도로 즐겨야 한다. 금요일에 내 시간을 '불태우지' 않으면 내 양심이 '불태워'지고, 밤을 까맣게 태워 버리지 않으면 내 속이 까맣게 타 버린다. 세상은 달궈져 있고, 이미 내 몸도 데워져 있다. 즐거움을 누리지 않으면 뭔가 불행하고 못난이가 되어 버리는 상황이다. 내 향락을 가로막는 업무나 누군가가 있다면 분노가 치민다. 약속이 없어 금요일 밤의 쾌락에 참여하지 않으면 심지어 죄책감까지 느껴진다. 이래저래 괴롭다. 평소엔 하고 싶지 않은 일 때문에 시달리다가 금요일 밤부터 즐거워야만 한다는 초자아가 나를 닦달하니까.

현시대는 욕망이 인간을 지배하고 쾌락이 삶의 목적이 되었다. 후기 자본주의 시대는 어느 정도 '해방의 성격'이 있다. 인간은 마냥 쉬고 실컷 놀 줄도 알아야 하기 때문이다. 더 놀고 더 즐기는 것은 더 참고 더 괴로운 것보다는 훨씬 좋게 느껴진다. 그러나 즐겨야 한다는 게 강박이 되어 버렸다. 즐기지 못하면 갑자기 우울해지고 찜찜함이 습격한다. 남들만큼 삶을 향유하지 못한다는 불안함이 사나운 짐승처럼 나를 물어뜯는다.

'초자아'는 단순히 즐기라는 명령을 넘어선다. 이제 자아-완성을 향한 강박으로 치닫는다. 라캉의 정신분석학을 쓸모 있게 활용한 슬로베니아의 사상가 슬라보예 지젝Slavoj zizek은 라캉의 "즐겨라"를 자주 인용하면서 현대 세계를 분석한다. 슬라보예 지젝에 따르면 오늘날 자본주의는 "강력한 성적 쾌락에서 사회적 성공과 영적인 자기-완성에 이르기까지 모든 수단을 동원하여" 인간의 욕망을 충족시키려 한다고 주장한다.

그들에 따르면 이 세계는 어떤 확고한 결정도, 어떤 이항적 심급도, 어떤 (니체적 의미에서) 가치 확정도 필요 없는, 오직 다양한 성적 실천들만으로 어우러진 세계이다. 이런 주인-기표의 기능 정지는 오직 '명명할 수 없는' 향락의 심연만을 유일한 이데올로기적 호명을 남겨 둔다. '탈근대성' 속에서 우리의 삶을 규제하는 최종 명령은 "즐겨라!"이다. 강력한 성적 쾌락에서 사회적 성공과 영적인 자기-완성에 이르기까지 모든 수단을 동원하여 너의 잠재성을 실현하라.

슬라보예 지젝, 『잃어버린 대의를 옹호하며』

내가 한편으론 쾌락을 좇으면서 한편으론 자기 계발에 몰두하는 까닭도 시대의 초자아가 강제하기 때문이다. 우린 수많은 자기 계발 담론들에 솔깃할 수밖에 없다. 하루를 어떻게 보내라는 시시콜콜한 지침부터 영성 수련까지 "진정한 너를 찾으라"는 압박이 온 사회에 들끓는다. 그 과정에서 좀 더 나를 알아가고 자유로운 삶을 살 수 있다면 좋겠지만, 대부분은 불안과 우울이 들이닥친다. 나를 찾는다는 말은 막연할뿐더러 나를 찾았다는 느낌조차 자의식 과잉과 자기만족으로 이어지기 십상이다.

초자아의 명령을 좇아서 행복하다면 앞으로도 그렇게 살면 된다. 하지만 그렇지 못하다는 데서 문제가 생긴다. 강제되는 욕망을 욕망하는 데 행복하다면 그게 더 정신분석을 요구하는 일이다. 꼭두각시는 결코 행복할 수 없다. 어릿광대가 아무리 귀에까지 입꼬리를 걸고 웃어도 웃는 게 아니듯 자신의 욕망을 되짚지 않으면 욕망의 바다에서 아무리 자맥질을 잘해도 세상의 욕망이란 거친 물살에 난파당하고 침몰하게 된다. 통제할 수 없이 나를 덮치는 욕망, 미친 메뚜기 떼처럼 우르르 몰려와 까맣게 나를 덮어 버리는 욕망, 그리고 한순간에 사라져 버리면서 허탈과 허무만 남겨 주는 욕망,

그렇지만 다시 저 멀리서 먹구름처럼 몰려드는 욕망…….

가만가만 내 안을 들여다보면 당연했던 욕망이 낯설게 느껴진다. 내 욕망은 나의 '타자'다. 자크 라캉의 정신분석학을 공부하여 미국에 소개한 정신분석가 브루스 핑크Bruce Fink는 자신의 욕망을 모른 채 타자의 욕망을 욕망하면서 살아가다가 뒤늦게 후회하고 개탄하는 수많은 환자들을 만났다. 그는 이전까지 욕망하던 것들이 알고 보면 타자의 침략이자 폭력이었으며 나의 욕망이 내 것이 아님을 밝혀냈다.

앞서 나온 르네 지라르의 주장이나 브루스 핑크의 얘기처럼 인간의 욕망은 대개 타자가 있어야만 생겨난다. 그래서 욕망을 좇아 욕망을 이루고 나면 덧없음에 사로잡힌다. 내 욕망은 내 것이 아니었기 때문이다. 욕망에 대한 집착은 '나'란 주체가 타자의 욕망에 종속된 노예임을 까발린다.

나는 하고자 한다

인간은 욕망에 종속되어 있다. 욕망의 실체를 알수록 우울해지기까지 한다. 하지만 과거처럼 욕망을 억제하고 억압해서는 안 된다. 오히려 나는 앞으로 나아가야 한다. 그래서 니체는 『인간적인 너무나 인간적인』에서 용기를 강조한다. "우리는 동요하고 있다. 그러나 그것 때문에 불안해하거나 새로 얻은 것을 포기할 필요는 없다. 게다가 우리는 오래된 것으로 되돌아갈 수도 없다. 우리는 이미 배를 불태워 버리고 말았다. 용감해져야 하는 수밖에 없다." 우리는 욕망의 주인이 되어야 하지, 욕망을 두려워하는 노예가 되어선 안 된다. 자신이 주인이 되어 욕망을 다스리는 일과 손수 자신의 등허리에 채찍질을 휘두르면서 욕망을 참는 일은 아예 다른 일이다. 우리는 헛된 욕망에서 벗어나 삶을 생생하게 일구는 욕망을 욕망해야 한다. 그런데 거의 모든 종교들은 욕망을 저주하고 욕망을 짓이기고 짓누르려고 안간힘을 쓴다. 종교는 인간을 복종하게 만들고 노예가 되게 한다. 종교를 가져서 욕망이 줄어들고 사라지는가? 종교를 믿는 사람들이 한결같이 선한가? 종교인들의 활발한 범죄는 프로이트의 놀라운 통찰을 생각하게 한다. 억압된 것은 반드시 돌아오게 마련이다.

종교가 욕망의 억제를 통한 해탈과 해방을 가르치는 데 비해 니체는 전혀 다른 '용감한 길'을 간다. 욕망은 나쁘고 통제해야 하는 것이 아니라 오히려 욕망이 '나'이므로 욕망 속에서 삶을 실현할 수 있다고 니체는 주장한다. 반면 종교나 쇼펜하우어Arthur Schopenhauer 같은 철학자들은 욕망을 무시하고 부정한다. 니체가 보기에 이런 금욕주의는 욕망으로부터 자유를 가르쳐주는 게 아니라 욕망에 고통받고 있음을 알려줄 뿐이다. 금욕을 떠드는 자, 그는 고통에서 벗어나려는 '아픈 사람'이다.

> "한 철학자가 금욕주의적 이상을 신봉한다면, 이것은 무엇을 의미하는 것인가?"라는 우리의 최초의 물음으로 되돌아간다면, 우리는 여기에서 적어도 하나의 힌트를 얻게 된다: 그 철학자는 고통에서 벗어나려고 한다는 것이다. (…) 지상에 철학자가 있다면, 그리고 철학자들이 있었던 곳에서는 어디서나 관능에 대한 철학자 특유의 과민함과 악감정이 있다는 것은 논쟁의 여지가 없다.
>
> 프리드리히 니체, 『선악의 저편. 도덕의 계보』

관능과 욕망에 대해 안 좋게 생각하고 깎아내리는 사람들은 욕망에 시달리지만 해소할 수 없기에 악감정을 품었다고 니체는 생각한다. 종교의 신에게 자신을 맡기거나 어떤 초월의 경지를 바라는 사람들 또한 자신의 몸에서 일어나는 욕망을 풀어내지 못해 고통받고 있다고 자신도 모르게 털어놓는 것이나 마찬가지다. 욕망에 고통스럽지 않다면 욕망을 부정하고 욕망으로부터 해방되려고 애를 쓸 턱이 없기 때문이다. 따라서 금욕주의는 우리가 갈 길이 아니라고, 우리는 욕망을 긍정해야 한다고 니체는 부르짖는다. 물론 니체의 긍정은 그 차고 넘치는 모든 욕망들을 긍정하라는 말은 아닐 것이다. 진짜로 내 삶을 새롭게 변이시키고 생생하게 살게 하는 욕망마저 부정하는 어리석음을 저지르지 말라는 도움말이다.

인간은 욕망의 존재다. 살아 있다는 건 무엇인가 욕망하고 있다는 뜻이다. 그 대상이 먹거리든 사람과의 만남이든 사랑이든 우정이든 삶의 의미이든 나는 욕망하면서 살아간다. 그런데 지금까지 나의 욕망은 나의 것이 아니다. 욕망은 '타자'다. 뭘 해야 하고, 뭘 가져야 하고, 어디를 들어가야 하는지를 가리킨다. 넌 지금 그렇게 있으면 안 된다고, 유흥을 즐기라고 타자로서 욕망은 압박한다. 바깥에서 들어와 내게 결핍감을 일으키면서 날 조종한다. 그래서 니체는 진짜 욕망을 얘기한다. 수동의 존재가 되어 명령받은 걸 따르지 말고 능동의 존재가 되어 자신이 하고자 하는 걸 하라고 독려하는 것이다. 얌전한 노예가 아니라 뛰어난 전사처럼 세상과 맞서 싸우면서도 삶을 사랑하며 자신의 욕망과 희망을 펼치라고 그는 소리친다. 니체는 『차라투스트라는 이렇게 말했다』에서 "삶에 대한 너희들의 사랑이 최고의 희망에 대한 사랑이 되게 하라. 그리고 너희들의 최고의 희망이 삶에 있어서 최고의 사상이 되도록 하라!"고 부르짖는다.

삶에 염증을 느끼며 살아서 뭐하느냐며 구시렁거리는 염세주의자들이나 하루하루가 괴로워 어서 빨리 '하늘나라'로 가서 안식하길 염원하는 종교인들에게 니체는 그렇게 원한다면 자신들의 소원대로 얼른 가라고 꾸짖는다. 그들과 반대로 니체는 삶이 얼마나 즐겁고 좋은지 알아야 한다면서 삶에 대한 사랑을 퍼뜨린다. 니체의 말처럼 우리는 자신의 바람에 따라 살아가는 삶을 우리의 희망으로 삼아야 한다.

니체는 이전까지 믿어 의심치 않았던 '나', 지금까지 옳다고 여겨온 '나'를 몰락시키라고 가르친다. 왜 그렇게 진정한 자신이 아닌 가짜 '나'에 사로잡혀 무겁고 칙칙하게 살아가느냐고, '나'를 몰락시키라고, 끝없이 생겨나는 생성의 세계를 욕망하라고, 욕망을 긍정하면서 가볍고 즐거운 존재가 되자고 니체는 주장한다.

내가 진짜로 원하는 것이 무엇인지 진지하게 고민하면서 명랑하게 추구하는 삶, 욕망과 신체를 긍정하며 하루하루 달라지는 변화들을 즐기는 삶, 우리가 살고 싶은 삶의 모습이다. 하지만 우리는 생각과 달리 그런 삶을 살지 않는다. 실제로 자신이 바라는 삶을 살려는 욕망과 용기가 적기 때문이다. 여전히 우리에게는 지금 자신에게서 벗어나는 '변화의 용기'가 절실히 필요하다.

니체의 자식들

요즘 큰 인기를 얻은 현대 프랑스 철학자들은 '니체의 자식'들이라고 해도 지나친 말이 아니다. 프랑스 철학계는 니체에게 큰 영향을 받아 신선하게 사유를 펼쳐 내고 있다. 이런 점에서 니체를 '탈근대 철학의 선구자'로 볼 수 있다. 니체의 후계자로서 역사의 계보를 새롭게 쓴 프랑스의 역사철학자 미셸 푸코는 "언젠가는 들뢰즈의 세기"가 될 거라고 조금은 농담조로 또 조금은 친구 사이의 덕담으로 들뢰즈를 치켜세웠다. 질 들뢰즈^{Gille Deleuze}는 노마드와 유목주의가 사람들 입에 자주 오르내리게 한 인물로서, 니체의 또 다른 후예라 할 수 있다.

질 들뢰즈는 다른 철학자들을 자기만의 방식으로 읽어 내면서 싱싱하고 상큼한 사유를 퍼뜨리는 기막힌 특기를 지녔다. 질 들뢰즈는 스피노자, 베르그송, 라이프니츠, 칸트 등등과 연결되면서 색다른 사유를 열어 내었다. 그런 들뢰즈가 니체를 놓칠 리 없었다. 그에 따르면 니체는 우리가 힘들 때마다 "의식의 불행"으로 몰고 가면서 마치 우리가 사색하며 발전한 것처럼 착각하게 만드는 "부정의 거짓 특권들"을 거부한다. "부정의 거짓 특권들"은 신이라든지 내세라든지 우리의 삶을 넘어선 초월의 가치들을 가리킨다. 우리를 약하고 우울하게 만드는 "모든 신비화"들을 니체와 들뢰즈 같은 철학자들은 견딜 수 없었다. 그래서 니체는 "신은 죽었다"는 명제를 내놓는다. 그는 인간의 상상으로 만든 신을 믿으면서 지금의 고통을 견디려는 '노예의 자세'를 버리고, 오히려 끝없이 변화하는 세상을 긍정하고 우연과 차이를 받아들이는 '주인의 자세'를 익히자고 우리를 일으켜 세운다.

들뢰즈는 니체의 사상을 충실히 따르면서도 좀 더 전문화된 언어로 글을 쓴다. 들뢰즈는 자신의 책 『차이와 반복』에서 세상은 차이와 반복이라는 원리로 돌아간다고 주장한다. 저 멀리에서 우리를 지배하는 신이나 원칙이 있는 게 아니라 세상을 이끌어 가는 힘이 안에 있다는 논리이다. 이런 주장을

니체가 보기에 인간은 노예나 낙타처럼 산다. 저 무거운 짐을 지긋지긋해하면서 오늘도 짐을 산더미처럼 등에 지고 모래밖에 없는 황무지를 걷는다. 지금까지 그렇게 살아왔고 누군가 휘두르는 채찍이 무섭기 때문이다. 더 이상 이렇게 살고 싶지 않다고 솔직하게 표현하기보다 낙타는 '정신 승리'를 선택한다. 명령과 강제에 어쩔 수 없이 하면서도 마치 자신이 원해서 하는 거라고, 난 성실한 삶을 살고 있다고 자위한다.

펼 수 있는 까닭도 들뢰즈가 니체의 가르침에 따라 차이와 반복을 긍정하면서 차이와 반복에서 비롯되는 생성을 세상의 원리로 보았기 때문이다. 그런데 들뢰즈가 대단한 사상가가 될 수 있었던 까닭은 행동하는 정신분석가 펠릭스 가타리를 만났기 때문이다. 혹자는 대학에서 연구하던 들뢰즈의 지성을 길거리에서 배회하던 가타리가 흐트러뜨렸다고 생각하기도 한다. 한 가지 확실한 것은 들뢰즈가 가타리와 만나면서 엄청난 충격을 받았다는 점이다. 그는 이로 인해 한층 더 강렬해진 사유들을 열어 내었다. 들뢰즈는 아예 가타리와 혼융되어 '공저'를 써 내려갔고, 자신은 가타리라는 '번개를 받는 피뢰침'일 뿐이라고 얘기하기도 했다.

가타리도 욕망을 긍정한다. 욕망은 "죽음, 부정을 알지 못하"는데, 언제나 권력과 제도가 우리의 욕망을 통제하고 억압하면서 삐뚤어지고 뒤틀린다고 주장한다. 욕망은 삶의 "흐름이고 강렬도"이다. 강렬함으로서 존재하던 욕망들이 뭔가를 가지라는 세상의 유혹과 언어 체계, 권력에 얽매이면서 자본주의와 권력 체제에 종속되게 된다고 들뢰즈와 가타리는 얘기한다. 물처럼 자유롭게 흐르는 기운이 잔에 담기는 순간 특정한 모양으로 형성되듯 본디 욕망은 강렬한 흐름인데 특정한 꼴로 만들어진다. 그래서 들뢰즈와 가타리는 욕망의 해방을 이뤄야 한다고 주장한다. 우리는 지금 세상에서 빚어 놓은 잔에 담긴 물이 아니라 폭포가 될 수도, 소나기가 될 수도, 바다가 될 수도 있다. 그래서 들뢰즈와 가타리가 보기에 적은 저 멀리 악질 자본가나 독재자만이 아니다. 외려 그런 적만 상정하고 그런 적들만 물리치면 세상이 좋아진다면서 일상의 즐거움을 억압하고 자신의 권력을 강화하려는 사람들도 '적'이다.

어느덧 파시즘은 거대하지 않다. 파시즘은 미시화되었고 소형화되었다.

민주화가 이뤄지고 군사 독재 정권이 물러나 좀 더 살기 좋아졌다고 하지만 우리가 일상 곳곳에서 부조리와 억압을 경험하는 이유도 이 때문이다. 이제 우리가 싸워야 하는 적은 저 바깥에만 있지 않고 내 안에까지 들어와 있다.

> 20세기의 경제적, 정치적, 도덕적 질서는 모든 곳에서 균열되어 있다. 그리고 오늘날 권력을 쥔 자들은 어느 쪽으로 가야 할지 알지 못한다. 적은 가끔 파악할 수 없으며, 바로 당신 옆에서 소리내는 어떤 것이며, 그것은 당신의 아들, 아내, 심지어 기존 질서의 수호자로서 당신의 임무를 폭로하는 당신 자신의 욕망이다!
>
> 펠릭스 가타리, 『분자혁명』

펠릭스 가타리는 자본주의나 공산주의 같은 이념이나 국가나 관료, 재벌이나 군대 같은 거대한 조직을 다루는 '거시정치'로는 인간이 결코 자유로워질 수 없다고 생각했다. 그는 우리 하나하나가 거짓된 욕망에서 벗어나 자신의 욕망을 펼쳐 내야만 진정한 해방이 이뤄진다고 주장했다. 이른바 '분자혁명'이다.

분자혁명은 권력의 입김대로 욕망하면서 억압되었던 자신의 진정한 욕망을 해방시키는 과정이다. 여태까지 수많은 혁명과 운동이 일어났지만 막상 세상이 별로 달라지지 않은 까닭은 우리의 욕망이 자유로워지지 않았기 때문이다. 내 욕망 자체가 권력의 지배 수단이 되었고, 세상은 '거대 정신병원'처럼 우리의 욕망을 지배한다. 그래서 들뢰즈와 가타리는 '탈주선'을 얘기한다. 우리는 이것이 정상이라고, 이것만이 옳다고, 다수가 되라고 이야기하는 욕망의 통제에서 탈주해야 한다. 탈주는 자신만의 욕망이 터져 나오는 새로운 길로서 지금 자신이 알지 못하는 사유와 인생으로 이어진다.

세상의 변화는 이제 권력 제도나 경제 구조의 형태를 변혁하는 것만으로 이뤄지는 것이 아니다. 세상이 민주화되었는데 일상에서 겪는 인간관계와 나의 내면이 민주화되지 않았다면 당최 민주화는 누구를 위한 민주화였단 말인가? 나는 진정한 해방을 상상하고 실현시킬 방법들을 찾아야 한다.

이것이 더 나은 삶과 사회를 꿈꾸는 사람들이 들뢰즈와 가타리에게 눈독을 들이는 이유다. 그 두 사람은 욕망들을 해방하자고, 덩어리로 뭉치지 말고 저마다 분자처럼 자신의 욕망을 뿜어내라고, 그런 세상이 좋은 사회라고 우리에게 귀띔한다. 내 욕망을 긍정하고 기존의 질서로부터 탈주해서 노래할 때, 세상은 움직이고 춤을 추며 변화한다.

네 번째 충격

욕망과 중독의 끝, '한계'

욕망이라는 용암의 분출로 만들어진 현무암

힘들고 괴로운 인생살이에서 가끔 따뜻하고 포근한 위로가 필요하지만 뻔한 말에 넌더리가 날 때, 도리어 정신 차리라고 정수리에 떨어지는 죽비 같은 쓴소리가 간절해진다. 사람들이 염세 철학자 아르투르 쇼펜하우어를 찾는 이유다. 쇼펜하우어의 독설에 불쾌해져서 얼굴이 붉어지기도 하지만 시원하게 가슴 막힌 데가 뻥 뚫어지기도 한다.

우리는 인간이 합리성으로 살아가는 이성의 존재라고 믿지만, 실제 인간의 삶은 전혀 그렇지 않다고, 욕망에 흔들리고 충동에 휩쓸린다고 쇼펜하우어는 주장한다. 쇼펜하우어는 모든 만물의 근원이자 세상의 본질을 '의지'라고 부른다. 모든 건 의지에 따른 결과이다. 꽃은 자기 씨앗을 퍼뜨리려는 식물의 의지로서 아름답게 피어나고, 살쾡이는 자신의 신체를 보존하려는 의지로 다른 생명을 해친다.

인간도 마찬가지다. 나는 나의 유전자를 대물림하려는 의지로 결혼하여 아이를 낳고, 목숨을 이어가려는 의지에 따라 오늘도 일을 하고 돈을 벌고 있다. 쇼펜하우어가 보기에 인간의 의식과 이성은 의지를 충족시키려는 도구에 불과하다. 나는 내 안의 의지로부터 명령받고 영향받는 존재다. 그래서 의지가 잘 이뤄지지 않을 때 "고통"을 겪고, 의지가 잘 이뤄질 때 "만족감이자 쾌감"을 얻는다.

쇼펜하우어에게 인간은 의지의 도구이자 의지를 실현시키려는 "무수히 많은 욕망의 덩어리"다. 결핍과 궁핍이라는 확실성 속에서 나는 나의 욕구를 채울 수 있는 불확실한 시도들을 하면서 살아가고 있다. 내가 한평생 온갖 번민과 걱정을 하는 이유도 나의 욕구와 욕망이 너무나 크기 때문이다.

> 인간은 철두철미 구체적인 의욕이자 욕구이며, 무수히 많은 욕망의 덩어리인 것이다. 인간은 이러한 욕망들을 품고, 다만 자신의 결핍과 궁핍을 제외한 모든 것을 불확실하게 자기 자신에게 맡긴 채, 지구상에서 살아가고 있다. 그에 따라 매일 새로이 생기는 요구들에 시달리며 자신의 생존을 유지하기 위해 대개 일평생 걱정하며 살아가는 것이다.
>
> 아르투르 쇼펜하우어, 『의지와 표상으로서의 세계』

우리는 얼마나 본능에 얽매여 있는지를 깨닫고 있기 때문인지 본능에 대해선 별로 생각하지 않으려 한다. 하지만 쇼펜하우어는 본능을 본격적으로 사유한다. 그리고 인간은 다른 생명체들과 별로 다를 바 없이 생존하려는 의지의 존재일 뿐이라고 꿰뚫어본다. 쇼펜하우어의 '의지'는 프로이트의 무의식으로 연결된다. 프로이트는 쇼펜하우어를 인간이 제어하지 못하는 충동과 욕망을 연구한 선구자라고 높게 평가하면서 자신의 생각들을 한층 더 발전시킨다. 프로이트가 처음 무의식에 대한 논문을 써낼 때 사람들은 반신

반의했으나 이제는 인간이 의식으로만 생각하지 않는다는 사실이 널리 알려져 있다. 나는 무의식에 영향을 받으며 살아간다. 내 삶은 내 다짐과 의식만으로 통제가 되지 않는다.

꿈만 해도 내 꿈이지만 내 뜻대로 꾸지 못한다. 꿈에서 펼쳐지는 내용에 나는 예속되어 있다. 마치 주는 음식을 그대로 먹어야 하는 하숙생처럼 나는 꿔지는 꿈을 그냥 꿔야 한다. 알랭 레네Alain Resnais 감독의 영화 「히로시마 내 사랑」의 주인공은 자신이 살았던 곳이 꿈에서 자주 나오지만 동시에 가장 생각하기 싫은 기억이라고 말한다. 이처럼 내가 원치 않더라도 꿈은 나를 어딘가로 끌고 가고 무언가와 마주하게 한다. 내 안엔 내가 어찌할 수 없는 암흑과 심연이 존재한다. 그렇지만 나는 내 안의 무의식을 잘 모른다.

무의식을 통해 나의 주인은 내가 아님을, '나'라는 자아가 손님임을 프로이트가 밝혀내자 사람들은 프로이트의 이론에 불쾌감을 느꼈다. 그래서 프로이트는 자신이 인류에게 모욕을 가한 세 번째 발견을 했다고 말한다. 첫 번째는 지구가 우주의 중심이며 우주는 지구를 중심으로 돌아간다는 믿음이 코페르니쿠스나 갈릴레이 같은 사람들의 노력으로 지구가 우주의 아주 작은 곁가지일 뿐이라는 사실을 알게 되면서 겪었던 모욕이다. 두 번째는 인간이 신의 사랑을 듬뿍 받고 신을 닮은 존재라는 믿음이 다윈의 연구로 말미암아 인간은 그저 동물의 하나임을 알게 되면서 생겨난 모욕이다.

세 번째로, 인간이 지닌 과대망상증은 현재 진행 중인 심리학적 연구에 의해서 가장 민감한 모욕을 당한 것입니다. 심리학적 연구는 자아가 자신의 집안에서도 더 이상 주인일 수 없으며, 자신의 정신생활 안에서 무의식적으로 진행되

이제 '나'는 나의 주인이 아니라고 밝혀지면서 인간은 크나큰 모욕을 당
했다. 나는 나로서 살지만 '자아'는 내 삶의 주인이 아니다. 인간은 무의식과
충동에 따라 살아가고, 자아는 무의식이 불어넣는 욕망들을 이루려고 애
쓸 뿐이다. 인간의 삶에 '의식'보다 '무의식'이 훨씬 크게 영향을 미친다는 사
실을 프로이트는 정신분석을 통해 주장한다.

내 삶이 내 뜻대로 돌아가는 사람이 과연 얼마나 될까? 인간의 삶을 들
여다보면 이성이 얼마나 나약하고 허약한지 인정하지 않을 수 없다. 지금의
나는 욕망이라는 용암의 분출로 만들어진 현무암 같은 존재인지도 모른다.
어릴 적 분출한 용암이 굳으면서 내가 되었기 때문에 인간은 좀처럼 변하지
않는다.

좋은 사람이라는 환상

우리는 자유롭게 인생과 인격을 계획하고 실행하지 못한다. 우리는 이
미 부모라는 타자의 손아귀에 주물러지면서 만들어진다. 우리는 어릴 때
부터 부모의 욕망을 되뇌고는 마치 내 꿈이라고 믿는다. 삶의 목표나 욕
망뿐만이 아니다. 내 기질과 정치 성향까지 부모에게서 영향을 받는다. 다

그런 건 아니겠지만 부모가 엄격하고 권위와 질서를 중요하게 여기는 사람이었다면 나는 보수주의자가 되기 쉽다. 부모가 자애롭게 자식을 대하면서 아버지와 어머니 사이에 위계가 없었다면 나는 진보주의자가 될 가능성이 크다.

　미국의 인지언어학자 조지 레이코프George Lakoff는 우리의 성향이 부모에 따라서 달라진다는 사실을 밝혀냈다. 인간은 저마다 겪은 부모가 다르다. 그래서 바람직하다고 믿고 추구하는 인간형이 달라지는데, 이 차이에서 자신의 정치 성향이 좌우된다. 내가 보수로서 살거나 진보를 지향하는 건 자유롭게 정할 수 있는 게 아니다.

　　보수주의자는 엄격한 아버지 모형을 가지고 있지만, 진보주의자는 자애로운 부모 모형을 가지고 있다. 이 모형에서는 아버지와 어머니가 책임을 똑같이 지거나, 아버지나 어머니 어느 한쪽이 책임을 지며 성에 따른 제약이 전혀 없다. 부모의 역할은 자녀를 자애롭게 길러 그들이 다른 사람의 자애로운 양육자가 되도록 하는 것이다. 자애로움은 감정이입과, 자신은 물론 타인에 대한 책임, 이러한 책임을 수행할 수 있는 강인함이다.

　　　　　　　　　　　　　　　　　조지 레이코프, 『폴리티컬 마인드』

　나는 자유롭게 정치 성향을 정할 수 없다. 내 정치 성향도 나의 기질과 자라난 환경에 따라 어느 정도 결정되어 있다. 자신이 선택하고 결정할 수 있는 영역은 생각보다 많지 않다. 대략이나마 삶의 굵직한 방향들이 정해진 가운데 우리는 살아간다. 그렇다면 우리는 물음을 던져야 한다. 이처럼 성향이나 가치관이 자신의 의사와 상관없이 거의 결정되는데 왜 인간이 달라질 수 있다는 믿고 있는가?

인간 안에는 수많은 욕망들이 들끓고 있고, 때에 따라 인간은 얼마든지 여러 행동을 할 수 있지만, 그럼에도 우리는 인간이 착하다고, 가끔 나쁜 짓을 하지만 얼마든지 좋은 인간이 될 수 있다고 믿는다. 하지만 착함이 꼭 옳음이라기보다는 어리석음으로 다가올 때가 있듯, 모든 인간이 선해질 수 있다는 신념은 자신의 착한 마음씨를 내비칠 뿐이지 인간 본성에 대한 증명은 아니다.

인간이 착하다는 신념 자체가 종교로부터 비롯된 환상인지 모른다. 인간은 끝없이 변하는 존재이므로 단정 지을 순 없겠으나, 그렇다고 기질과 성향이 순해지리라 낙관하는 건 인간을 직시하지 못하는 나약함이다. '착한' 사람들은 남들도 다 자신과 비슷하리라 생각하지만, 세상에서 다른 사람들과 마주치면서 많은 사람들로부터 충격을 받는다. 이런 사람들은 자신의 터무니없는 신념 때문에 끊임없이 상처를 받다가 인간에 대한 혐오를 품기보다 인간이 선하다는 신념 자체를 도마 위에 올려 보는 것이 자신의 삶에 훨씬 유익할 것이다.

좋은 사람이 되느냐 아니냐는 운에 달렸다는 것이 프로이트가 연구한 내용의 핵심이었다. 프로이트는 어린 시절에 겪은 우연한 사건들에 따라 어떤 사람이라도 친절할 수도 잔인할 수도 있으며, 정의 관념을 가질 수도 결여할 수도 있다고 설명했다. 우리 모두 이것이 진실임을 알고 있지만, 이는 사실 우리가 믿는다고 '말하는' 내용과는 상반된다. 우리는 누구라도 선함을 성취할 수 있다고 믿는 척하기를 포기할 수 없다. 그것을 포기한다면, 아름다움이나 지성처럼 선함도 운이 좋아야 얻는 것임을 인정해야 한다. 일상의 삶에서 '의지의 자유'가 환상에 불과하다는 사실을 받아들여야 한다. 우리가 부인해 왔던 생각, 즉 선함은 행운에 불과하다는 생각을 인정해야 한다.

존 그레이, 『하찮은 인간, 호모 라피엔스』

누군가에게는 지성이나 아름다움이 타고나지만 어떤 이들에겐 아무리 노력해도 좀처럼 얻어질 수 없듯 선함 또한 '운'이라고 영국의 철학자 존 그레이John Gray는 주장한다. 일찍이 생존경쟁 속에 치이고 학대받으며 성장한 이들이 상냥하게 타인을 배려하면 좋겠지만 그건 우리의 기대일 뿐이다. 현실은 결코 그렇지 않다. 어려서 상처와 공포를 겪었다면 한평생 남들에게도 상처와 공포를 일으키며 성난 야수처럼 살아가기 일쑤다. 인생의 변화를 겪은 사람들이 주목을 받는 건 그만큼 과거와 단절하면서 삶을 바꾸는 일이 몹시 어렵기 때문이다.

영화 「악마를 보았다」의 주인공(최민식)을 과연 선하게 만들 수 있을까? 인간은 선하리라는 믿음으로 영화 「몬스터」의 주인공(이민기)을 붙잡고 교화하면 그는 과연 착한 사람이 될까? 폴 토마스 앤더슨Paul Thomas Anderson 감독이 영화 「마스터」에서 그려내듯 전쟁에서 트라우마를 당해 마음이 망가진 사람을 과연 '우리'처럼 만들 수 있을까? 악을 없애려고 하는 건 앤소니 버제스Anthony Burgess가 쓰고 스탠리 큐브릭Stanley Kubrick이 영화로 만든 「시계태엽 오렌지」에서 보여 주듯 더 큰 악을 만들지나 않을까?

지박령처럼 과거에 붙박인 채 인간성이 비틀린 이들만 판단할 일은 아니다. 우리들 스스로도 자신을 변화시키려고 무지하게 아등바등하지만 지금의 나는 과거의 나와 얼마나 달라졌는가? 지금의 나를 보면서 기분 좋게 고개를 끄덕이기는 힘들다. 나는 과거의 경험과 '나'라는 자의식으로부터 쉽사리 탈출할 수 없다. 친절하고 겸손하고 정의롭게 살아야 한다는 생각이 들더라도 대부분의 내 인생은 지질하고 허접하고 유치하게 그냥저냥 흘러간다. 웬만해선 돌이키기 못한 채 지금과 별 다를 바 없이 살아간다.

나는 지금까지 얼마나 많은 다짐과 결심을 했던가. 작심삼일로 끝났던 많은 계획들은 나를 참담한 기분에 빠지게 하지만, 단지 내가 못났기 때문에 수많은 좌절을 경험한 건 아니다. 내 마음은 자아의 의지대로 결정되기보다는 무의식에 깔린 회로대로 작동되기 때문이다. 마음의 선로를 바꾸기란 어려운 일이고, 우린 어제처럼 살아가게 된다. 자신을 지긋지긋하게 여기면서.

충동을 이겨 낼 만큼 강하지 않은 나

인간은 약하다. 악하지 않고 약하다. 인간은 약하기에 자기 안에서 일어나는 두려움을 감추고자 센 척한다. 하지만 아무리 단단한 갑옷을 입더라도 갑옷이 내가 아니듯 실제의 나는 약하기만 하다. 나는 쉽게 흔들리고 쉬이 무너진다. 그래서 '나'로서 살아가는 일은 매우 괴롭다. 나는 어떻게든 '나'를 잊으려고 애를 쓴다.

인간은 무언가에 기대고 싶거나 자신을 파괴하고 싶어 한다. 이때 온갖 것들이 우리 앞에서 황홀하게 유혹한다. 지금 고통에서 해방시켜 줄 거라고, 환상의 체험을 맛보라고 우리를 이끈다. 꼭 성분으로서 마약이 아니더라도 마약과 비슷한 성질의 단체나 행위들이 우리 앞에 나타난다. 나는 술을 마시고 섹스를 하고 춤을 추고 도박을 한다. 그렇게 중독되어 버린다.

오늘날 온갖 중독 현상이 넘실거리고 있다. 섹스, 초콜릿, 커피, 야동, 연예인, 스포츠, 폭력, 투기 등등 우리의 시간을 잠식하고 내 기운을 빨아먹는 것들은 쎄고 쎘다. 그 흔한 스마트폰부터 쇼핑까지, 얼핏 보면 좋아 보이는 운동부터 일까지, 중독은 어지간히 흔해졌다. 술과 담배는 말할 것도 없고, 어떤 사람이나 사상에 대한 집착 또한 중독이라 할 수 있다. 온라인 게임이나 채팅도 중독이다. 스펙 쌓기도, 인간관계 관리도 중독이다. 이처럼 수많은 것들 가운데 한두 가지 정도엔 중독되었거나 조금이나마 엉클어지는 경험을 하게 된다. 중독이 되어도 중독이 되었다는 자각도 없이 우리는 살아간다.

내가 얼마나 약한지는 기술 문명과 나의 관계를 들여다봐도 알 수 있다. 나는 텔레비전에 중독되어 있고 인터넷에 종속되어 있다. 기술 문명이 나를 길들였다. 나는 길들여진 대로 욕망하고 반응한다. 기술 문명이 분비하며 자극하는 충동들을 나는 다스릴 수 없다. 자기 삶을 고갈시키더라도 연결에 대한 갈망을 멈추지 못하고 나는 SNS를 하고 있다. 일찍이 미국의 IT 연구가 셰리 터클Sherry Turkle은 우리의 취약한 신경 체계를 언급한 바 있다.

내가 그리 강하지도 않은 존재임을, 어딘가에 비빌 언덕을 찾으려고 안달하는 의존의 존재인지 안다는 건 쓰라리면서도 쓰디쓴 일이다. 그러나 인생을 마음대로 빚어낼 수 있다는 '환상'으로부터 벗어나는 일이 좀 더 삶을 '잘' 살게 해 줄지도 모른다. 자신에게 들어와 나에게 엄청난 영향을 미치는 '조건과 여건'들을 헤아리지 않은 채 뭐든 할 수 있다고 다짐하는 건 아직 풋풋한 아이의 꿈일 때가 수두룩하다. 꿈만으론 현실을 제대로 헤쳐 나갈 수 없기에 인간의 조건을 부정하지 않고 '인정'하면서 거기서부터 나아가야 한다.

인간은 중독에 아주 취약하다. 자신은 겉보기엔 통제할 수 있다고 떠벌이지만, 지나친 자신감은 그만큼 자신이 이겨 낼 수 없을 거라는 두려움을 숨기려는 안간힘인지 모른다. 인간은 뚝심 좋게 자신의 의지를 지켜가는 똑똑한 존재가 아니다. 그래서 가장 냉철한 태도는 '그것들이' 엄청나게 나를 빨아들이고 있음을 인정하는 태도이다.

자신은 인정하고 싶지 않더라도 여러 가지에 나는 종속되어 있다. 그렇다고 혼자서 그것을 물리치고 해방되기는 쉽지 않다. 그래서 중독에서 벗어나는 길 가운데 하나가 다른 사람들을 만나 자신이 중독되었으며 중독에 맞서 싸울 만큼 강하지 않다는 걸 인정하는 일이다. 자조 모임이 크게 도움이 된다. 이를 통해 나와 비슷한 처지의 사람들을 만나면서 나만 중독되지 않았음을, 중독에서 빠져나가는 길이 호락호락하지 않음을 깨달을 수 있다.

> 이런 그룹들의 장점 중 하나는 개인의 자기지배나 자기 통제가 제한적이라는 사실을 인정한다는 것이다. 이들 그룹의 전제는 개인은 그가 싸우는 특정한 '중독'에 대해 무력하다는 것이다. 다른 말로, 12단계의 틀에서 작동하는 자아는 전적으로 합리적인 수행자로서의 자아가 아니라, 오히려 비이성적인 행위를 하고 '중독'이라는 의학적 범주로 요약되는 '유혹'에 이끌리는 자아인 것이다. 이 그룹들에서 제시되는 자아는 전능하지 않으며 오히려 개인의 삶을 형성하는 데 더 강한 힘이 존재한다는 사실을 인정한다.
>
> 미키 맥기,『자기계발의 덫』

그동안 엄청난 의지와 뛰어난 이성이 인간에게 있으니 어떤 시련이든 이겨 낼 수 있다는 황당한 믿음이 우리를 지배해 왔다. 그렇지만 인간은 이성으로 무장한 존재이기보다는 틈이 많고 엉성하며 나약한 존재다. 우리가 걸 핏하면 흔들리고 툭하면 주저앉는 이유다. 그래서 가장 용기 있는 태도는 내 안에 내가 이겨 낼 수 없는 '비인간성'을 인정하는 일이다. 내 안에 괴물 이 틈만 나면 나를 집어삼키려고 요동치고 있음을 인정해야만 괴물을 다스 리는 방법을 찾게 된다.

중독이 알려 주는 불편한 진실

내 안의 괴물은 내가 온갖 것들에 중독되도록 몰아간다. 마약보다 더 중 독성이 강한 것들이 사회에 넘쳐나고, 우리는 그것들에 취한 채 까부라지고 있다.

중독이 인생을 망하게 한다는 걸 알면서도 왜 중독되는지 안쓰럽지만, 그 때문에 하는 것이라면 얘기가 달라진다. 어쩌면 적지 않은 인간이 자신 을 견딜 수가 없기에 중독된다. 맨 정신으로 똑바로 자기 삶을 직면하기 힘 들기에 이성의 끈을 놓고 흐트러지고 싶은 것이다. 나를 망가뜨리고 나를 잊고 싶은 심정에 한번 맛들인 것들에 빠져들고, 그렇게 중독된다. 중독을 이겨 낼 만큼 강한 인간이었다면 유혹에 홀라당 넘어갈 리가 없기에 중독 자의 미래는 암담하고 참혹하다.

우리는 왜 이토록 쉽사리 중독되는 걸까? '쾌락'을 원하기 때문이다. 우리 는 당연하게도 고통을 멀리하고 쾌락을 찾는데, 우리를 중독시키는 것들은 우리에게 크나큰 쾌락을 준다. 나중에 쾌락보다 불쾌가 더 커지더라도 이미 중독이 되어서 그만둘 수 없을 때까진 그것들은 나에게 지독한 즐거움과 가혹한 기쁨을 안겨 준다. 삶이 팍팍하고 고달픈 우리로선 그것들에 중독되지 않고는 못 배긴다.

그렇다면 우리는 여기서 께름칙한 진실을 얻을 수 있다. 인간은 일상에 만족하고 행복을 느끼기 힘든 존재라고, 나에게서 도망치고 나의 생활에서 벗어나길 원한다고, 그래서 누구나 은밀히 일탈을 꿈꾸고 색다른 뭔가를 찾게 된다고. 그렇게 우리는 중독에 빠지게 된다.

수많은 중독 현상들은 우리들이 얼마나 불행한지를 드러낸다. 우리는 안녕하지 못하고 행복하지도 못하다. 어렵사리 '민주화'를 이루고 온갖 과학 기술이 발달하여 '진보'했다고 하지만 우리의 표정은 퀭하고 칙칙하다. 행복하고 싶다고 다들 중얼거리지만 결국 모두 불행하게 살아가는 세상이다. 불행을 묵묵히 견뎌 내기란 버겁기에 우리들은 속절없이 쾌락을 뒤쫓고, 서슴없이 쾌락에 중독된다. 존 그레이의 말처럼 어쩌면 온갖 중독은 우리가 결코 행복해질 수 없음을 일러 주는지 모른다.

> 마약 복용은 금지된 진실을 암묵적으로 인정한다. 대부분의 사람들에게 행복은 닿을 수 없는 곳에 있다는 진실 말이다. 성취감과 충족감은 일상에서 찾을 수 있는 것이 아니라 일상을 벗어나는 데서 찾을 수 있다. 행복은 얻을 수 없는 것이기 때문에 많은 사람들은 그 대신 쾌락을 추구한다.
>
> 존 그레이, 『하찮은 인간, 호모 라피엔스』

아무리 '예능'을 보면서 웃고 '힐링' 서적을 읽으면서 잠깐 위로를 받을지라도 결코 행복해질 수 없다. 행복은 행복해야 한다는 강박에서 자유로워질 때만 찾아오는 상태이기 때문이다. 지금 나를 둘러싼 온갖 압박과 굴레를 '사유'할 수 있는 힘을 키우지 않고선, 사회 구조를 이해하면서 자신의 욕망을 되짚지 않고선, 영영 행복이란 신기루를 쫓으며 쾌락에 나부끼는 불행한 인생을 살게 된다.

우리가 일상을 참고 견디더라도, 내 안에선 부글부글 욕망의 용암이 들끓고 있다. 이 용암은 언젠가 터지기 마련이다. 겉으론 잘 지내는 것처럼 보일지라도 아무도 모르게 나는 이상하게 중독되어 간다. 그렇다면 중독은 어쩌면 우리의 일상을 견디게 하는 기능을 하는지 모른다. 중독이 심해져 일상 자체를 헝클어뜨리기 전까진 우리는 중독이 중독인지도 모른다.

인간이라는 동물

우리 안의 괴물은 다스리기가 쉽지 않다. 이 괴물은 타자에 대한 공격성과 혐오로 나온다. 지역주의나 성차별주의 그리고 인종주의 문제가 터질 때마다 사람들은 한목소리로 꾸짖지만, 인종주의나 성차별주의나 지역주의의 끔찍함보다 더 끔찍한 사실은 우리들의 뒤틀린 인식이 잘 바뀌지 않는다는 점이다. 목이 쉬도록 통합을 하자고, 여성을 차별하지 말자고, 인종 간의 증오를 없애자고 왁자지껄할수록 그만큼 세상은 지역주의와 성차별주의와 인종주의로 범벅되었음을 들통 낼 뿐이다.

교육과 독서가 중요하지만 책을 읽고 교실에 앉아 뭔가를 배운다고 해서 특정 집단에 대한 혐오와 분노가 사그라지지는 않는다. 대중매체와 대중 교육에서 특정 집단을 얕잡아 보는 생각이나 깔아뭉개는 행동을 해서는 안 된다고 더욱 알려야 하지만, 이런 노력만으로는 특정 집단에 대한 차별과 경멸이 깡그리 없어지지는 않는다. 누군가를 미워하는 행동은 잘못된 지식에 따른 안타까운 결과가 아니라 그 사람의 조건 자체, 다시 말해 '사고양식'이기 때문이다.

> 인종주의는 사고양식이다. 그것은 말을 사물들에 매달아주는 방식뿐 아니라, 더 깊이 보자면 개념들을 만들어 내기 위해 말을 이미지들과 이야기들에 매달아주는 방식까지 말한다. 집단적인 경험 속에서나 개인적인 경험 속에서 인종주의를 극복하는 것이 단순히 (필요하다면 과학과 과학자들의 도움을 받아) 현실에 눈뜨게 만드는 것일 수 없는 것은 이 때문이다. 훨씬 더 어렵고 아마도 결코 완성되지 않겠지만, 이것은 사고양식을 바꾸는 문제인 것이다.
>
> 에티엔 발리바르, 『대중들의 공포』

프랑스의 철학자 에티엔 발리바르Étienne Balibar의 말마따나 '잘못된 인식'은 정보나 지식의 문제가 아니다. 그래서 잘못되었다고 알려줘도 바뀌지 않는다. 비유를 들자면, 이들은 잘못된 안경을 끼고 세상을 바라본다기보다는 안구 자체가 한쪽으로 비뚤어져 있는 셈이다. 그래서 지식과 교양만으로는 특정 집단에 대한 배제와 증오를 줄이지 못한다. 오히려 자신의 위선을 교묘히 감추는 가면처럼 지식과 교양을 써먹기 일쑤다. 지식이 안경이라면 사고양식은 안구다. 내 안구를 적출해서 다른 안구로 바꾸기가 어렵듯 나는 나의 편견과 오만을 깨닫지 못한 채 타자와 세상을 바라보게 된다.

경상도 사람이 전라도에 대한 자신의 생각이 권력이 조장한 편견임을 깨닮고 모든 인간은 비슷하다고 생각하게 될까? 남자들이 사회 생활을 하면서 여성이라는 이유만으로 여성을 우려하거나 차별하지 않을 수 있을까? 아직 한국에서는 인종주의 문제가 크게 불거지지는 않았지만 이주 노동자와 이주 결혼에 따른 아이들의 성장으로 말미암아 이 문제는 이미 끓어오르기 시작한 화산이다. 피부색에 따른 차별이 우리의 사고양식이기 때문에 차별과 배제가 당연하게 이뤄질 테고, 인종 문제는 폭발할 수밖에 없다. 한데 그에 따른 해결책이 마련되어 있지는 않다. 지역주의와 성차별주의 문제로 오랜 세월 고통을 겪었음에도 여전히 시름시름 앓으며 각혈을 내뱉듯 인종주의 또한 풀어질 수 없는 문제로서 이 사회의 '아토피'가 될 것이다.

인종주의는 지역주의나 성차별주의보다 더 큰 파괴력을 지녔다. 지역주의나 성차별주의는 그럼에도 '한민족', '한 국가'라는 깃발 아래 때때로 갈등을 감출 수 있었지만, 인종주의는 '상상의 공동체 한국'이라는 보자기를 아예 찢어발긴다. 그래도 같은 나라 사람이라면서 지역과 성별에 따른 혐오와 차별을 누그러뜨릴 수 있었다면, 나와 다른 피부색의 '한국인'은 그동안 믿어왔던 '같은 민족'이 환상일 뿐임을 보여 주며 내 안에 꼼지락대는 공격성과 야만성을 자극한다.

우리는 우리와 다른 피부색을 꺼림칙해한다. 인간들 사이에 차별과 배제가 일상화된 세상에서 그래도 '같은 민족'이라는 허울로 사회문제들을 누르며 나름 질서를 지켜 갈 수 있었는데, 인종주의는 차별과 배제가 이 사회에 떡하니 있다는 걸 드러내면서 이 사회의 허접함을 까발린다. 피부색이 다른 '한국인'을 한국 사회가 거북해하는 까닭은 단지 익숙하지 않아서가 아니라 우리의 관용과 교양이 얼마나 얄팍하고 엉성한지를, 우리들이 사람들의 등급을 매기고 있음을 자각시키기 때문이다. 피부색이 다른 사람을 '동

우리 안의 괴물은 다스리기가 쉽지 않다. 이 괴물은 타자에 대한 공격성과
혐오로 나온다. 지역주의나 성차별주의 그리고 인종주의 문제가 터질 때마다
사람들은 한목소리로 꾸짖지만, 인종주의나 성차별주의나 지역주의의 끔찍함보다
더 끔찍한 사실은 우리들의 뒤틀린 인식이 잘 바뀌지 않는다는 점이다.

물'처럼 무시하면서 자신이 한낱 '동물'임을 보여 주는 것이다. 지역주의나 성차별주의, 인종주의는 인간이 공격성과 편견으로 가득 찬 동물임을 알려 준다.

내 안의 동물은 차이를 싫어하고 동일함을 좋아한다. 나는 나에게 익숙한 바를 좋아하고 비슷한 걸 쫓으면서 살게 된다. 우물 안 개구리처럼 나는 친숙한 세계에 갇히면서 자기의 가두리를 지키고자 안간힘을 쓰게 된다. 차이를 견디지 못할 때, 다름과 부대끼면서 경험을 풍성하게 키우는 일에 지쳤을 때, 그냥 살던 대로 살고자 할 때, 우리는 자기와 비슷한 사람들 안에서 자신들만의 성채를 쌓아 놓게 된다.

자기와 비슷한 사람이 편안할 수밖에 없고 얘기도 더 잘 통하는 건 어쩔 수 없다고 하나 자기의 세계를 좋아하고 취향이 비슷한 사람에게만 끌리는 건 정신의 탯줄을 잘라 내지 못한 미성숙함이다. 정말 너와 나는 다르다는 타자성을 느끼면서 차이를 생성하는 만남을 하는 것이 아니라 나와 비슷한 너만을 만나면서 성관계의 의미가 아닌 일상관계의 의미에서 '근친상간'하는 셈이다.

근친상간은 태내의 따스함과 안전을 상징하고, 성숙한 인간의 독립성과는 상반된 탯줄에의 의존성을 상징한다. 타인의 진정한 마음을 알고 관계를 시작할 수 있을 때에만 스스로를 인간으로서 경험할 수 있고, 자기 자신을 인간 개체로서 경험할 때에만 사람은 "이방인"을 사랑할 수 있다. 제한된 좁은 의미에서의 "근친상간"의 단어를 우리는 가족 일원들 간의 성적 관계라는 의미에서는 극복했지만, 우리 모두는 아직도—성적인 의미가 아닌 성격학적 의미에서의—근친상간을 범하고 있다. "이방인", 즉 다른 피부 색깔이나 상이한 사회적 배경을 가진 사람을 사랑할 수 없기 때문이다. 인종 차별적이고 국수주의적인 편견은 우리 현문화의 근친상간적인 요인들의 증후다.

에리히 프롬, 『여성과 남성은 왜 서로 투쟁하는가』

사회심리학자 에리히 프롬Erich Fromm의 말처럼 인종차별과 국수주의는 타자를 받아들이지 못하고 '근친상간'을 할 때 생겨나는 현상들이다. 그래서 에리히 프롬은 근친상간의 사랑은 타자를 "사랑할 수 없는 무능력"이라고 꼬집는다. 인류는 아직 타자와 더불어 살아갈 아량과 지혜를 적절하게 키우지 못했기 때문에 여전히 세상은 동물의 왕국처럼 돌아간다.

좀 더 '인간'에 대해 잘 알기

오랜 세월 진화가 되어 왔어도 인간의 정신에는 암흑지대가 남아 있으며, 이것을 인정할 뿐 아니라 소상히 알고 있어야 인간을 옳게 사랑할 수 있다.

김곰치, 『빛』

인간은 인간에 대해 지나친 환상과 터무니없는 기대를 갖고 산다. 특히 '착한 지식인'일수록 인간의 실상을 바라보려고 하기보다는 자신의 성품대로 세상이 되어야 한다고 '믿는다.' 그래서 그동안 더 나은 세상을 꿈꾸던 사람들은 이분법으로 사고하는 경향이 있었다. 민중들과 서민들은 착하고 의로운 반면 권력자나 지배층은 악하고 못되었다고 생각하면서 권력층을 거꾸러뜨리면 새로운 세상이 열릴 줄 알았다.

물론 이런 이분법은 곧잘 들어맞는다. 아무래도 힘이 강한 존재들일수록 자신들의 힘을 연장 삼아 나쁜 짓을 저지르기 때문이다. 여전히 세상에선 힘이 센 이들이 자기들 편의대로 불법과 위법을 저지르면서 떵떵거린다. 그래서 저 나쁜 놈들을 몰아내면 세상이 좋아지리라는 믿음이 아직도 퍼져 있다. 그렇지만 정말 저 배불뚝이들을 내쫓으면 세상이 확 변하는 건지는 좀 의심스럽다. 지금 이런 세상을 욕망하고 지탱하는 건 기득권 세력만이 아니라 서민이자 민중인 '우리'이기 때문이다. 자본주의 체제는 기득권 세력이 만들어 놓은 뒤 우리만 피해 받으면서 사는 것으로 볼 수 없다. 자본주의든 뭐든 권력 체제는 우리가 참여하지 않으면 '재생산'할 수 없다. 따라서 진정으로 세상의 변화를 원한다면 기득권 세력의 탐욕과 부패에 대해서 비판과 질타를 아끼지 않으면서도 '우리'에 대한 냉정한 성찰과 날카로운 진단을 해야만 한다.

사회문제에 눈을 뜨더라도 우리는 예전의 상태로 되돌아가기 일쑤다. 세상에서 장려하지 않는 걸 아는 건 두려운 일이기 때문이다. 미국의 인문학자 얼 쇼리스Earl Shorris는 빈민층을 상대로 오랫동안 인문학 교육을 하면서 인간의 존엄을 일깨우고 자존감을 회복시켰는데 인문학을 공부한 수많은 사람들이 자유로워지면서도 두려움에 빠지는 걸 경험했다. 그에 따르면 인간은 "새로 발견한 자유가 두려울 수 있다."

원래의 습관으로 되돌아가는 것은 위안을 가져다준다. 대개는 새로 발견한 자유가 두려울 수 있다. '정전正典' 또는 '이미 죽고 없는 유럽 백인 남성들의 저작'이라는 문제에도 불구하고, 인문학은 대부분 사고뭉치들과 예술적, 지적 이

단아들인 동시에 비평도 하고 창작도 하는 사람들이 창출한 작품들로 이뤄진다. 인문학 공부를 통해 '지배체제'로 인식해온 세계를 포함한 현 세계 질서가 인간의 정신이 만들어낸 변화무쌍한 산물이라는 사실을 이해하게 될 때, 학생들은 새롭고도 예기치 않은 두려움 때문에 마음고생을 겪게 된다. 내 생각엔, 이것은 새롭게 해방된 자들이 필연적으로 겪게 되는 두려움인 것 같다.

얼 쇼리스, 『희망의 인문학』

새로이 알게 되는 자유로움이 동반하는 두려움 때문에 적지 않은 사람들이 앎의 자유를 포기하려 한다. "원래의 습관으로 되돌아가는 것은 위안을 가져다"준다. 인문학을 통해 새로이 인식의 눈을 뜨고 지배 체제에서 해방되는 과정엔 "필연적으로 겪게 되는 두려움"이 있다. 그래서 잘못된 사실을 알리고 부조리한 체제를 고발하면 정의가 세워지고 사회가 나아지리라는 낙관은 터무니없다. 인문학을 공부하고 진보 언론을 접한다고 해도 꽉 막혀 있던 우리는 좀처럼 변하지 않는다.

지금까지 더 나은 세상을 위해 헌신하던 사람들은 인간에 대한 지나친 믿음을 갖고 있다가 뒤늦게 인간의 어둠을 만나면서 상처받고 변화를 포기하곤 했다. 안타까운 후회를 반복하지 않기 위해서라도 인간은 좀 더 '인간'에 대해서 고민해야 한다.

인간은 좁은 길을 가고 싶어 하지 않는다. 남들이 다 가는 넓은 길을 가고자 한다. 소수의 길은 어렵다. 차별받을 뿐만 아니라 때로는 생존에 위기도 맞는다. 그래서 인간은 안전하게 남들처럼 보이려고 애를 쓴다. 인간은 눈치가 빠르다. 어디가 대세이고 주류인지 잽싸게 알아차린다. 인간은 살아남기를 원하고, 더 강한 쪽에 붙으려 하고, 자신의 힘도 더 많아지기를 열망한다. 인간은 '다수'가 되기를 원하는 동물이다.

왜 인류의 조상들이 동물로 자신의 부족을 상징화하면서 동물 흉내를 냈을까? 동물로 변신하면서 자신들을 증식시키기 위함이라고 문학가이자 사상가였던 엘리아스 카네티^{Elias Canetti}는 분석한다. 숫자가 적어지면서 소수파가 되는 건 위험하다. 더 많아지고 다수파가 되기 위해선 인간은 얼마든지 다른 동물로도 변신한다.

> 이래서 증식과 변신 사이 연계의 강도는 아무리 과대평가해도 지나치지 않을 것이며, 이 둘은 항상 손을 잡고 다닌다. 변신이 일단 확정되면 그 형태는 고스란히 전통으로 간직된다. 변신은 그 속에서 하나가 된, 나눌 수 없는 두 피조물 모두의 증식을 보증하게 된다. 물론 두 피조물 중 하나는 언제나 인간이다. 토템 하나하나마다 인간은 또 다른 동물의 증식을 확보하는 것이 된다. 여러 개의 토템을 가진 부족은 그 토템들에 상응하는 여러 가지 동물의 증식을 자기 소관하에 두는 셈이다.
>
> 엘리아스 카네티, 『군중과 권력』

과거의 원시부족이나 지금의 우리나 다수가 되고 싶어 한다. 다수의 편에 서고 자기 집단의 힘이 세지기를 원한다. 물론 좀 구질구질해질 수 있다. 주류가 잘못을 저지를 때 나는 침묵해야 하기 때문이다. 더러운 꼴을 못 본 척해야 한다. 때로는 손수 너절한 짓을 저지르면서도 다수의 편에 남아야 한다. 주류와 다수가 늘어놓는 주장들을 따르게 되고 곧이곧대로 믿으면서 어느새 괴물이 되기도 한다.

그렇지만 괴물이 되지 않기 위해서라도 소수가 되고자 하는 열망이 인간에겐 크지 않다. 인간의 밑바닥엔 정의롭고 평화로운 사회를 향한 용기보다 안전한 다수가 되려는 비겁함이 훨씬 강하게 뿌리내려져 있다. 내가 마주치는 수많은 속물과 괴물들은 이 사회의 일그러짐을 드러내는 징후이지만, 한 편으론 인간이 얼마나 나약한지를 드러내는 징표이기도 하다.

변화를 꺼려하는 나

인간의 어둠을 알아갈 때 미국의 철학자 에릭 호퍼Eric Hoffer가 나타난다. 에릭 호퍼는 그야말로 '길 위의 철학자'다. 그는 평생을 떠돌면서 별의별 일을 다 했던 노동자로서 돈이 어느 정도 모이면 도서관에 틀어박혀 책들을 독파한 '괴짜'였다. 그가 책에 집착한 까닭은 어릴 적에 장님이었기 때문이다. 사고로 앞을 볼 수 없어서 학교도 다니지 못했다. 그러다 열다섯 살에 심봉사가 눈을 뜨듯이 기적처럼 시력을 되찾게 되었는데, 다시 암흑이 자신을 덮칠 수도 있다는 불안감에 그는 닥치는 대로 책을 읽게 되었다.

이곳저곳을 돌아다니면서 갖가지 사람들과 마주치고 겪은 데다 책에서 얻은 지혜가 섞이면서 그는 여느 학자들과는 다른 사유를 펼치게 된다. 제도권에서 정규 교육을 하나도 받지 않았기에 오히려 더 번뜩이고 강렬한 사유를 했다. 에릭 호퍼는 민중, 서민, 노동자들이 사회 구조의 피해자이자 세상을 바꾸는 주체라고 믿어 의심치 않았던 진보 지식인들의 생각에 딴 목소리를 냈다. 자기가 보고 듣고 겪었던 '우리'는 진보 지식인들이 그려 놓은 모습과 딴판이었기 때문이다.

우리는 먹고살기 빡빡하고 일상이 시궁창 같아도, 그다지 변화를 생각하지 않는다. 우리는 지금의 생활에 불만을 느끼고 욕설을 내뱉으며 이렇게 살기 싫다고 푸념하더라도 막상 변화할 기회가 오면 두려움을 느낀다. 우리는 익숙한 것에 머무르는 경향이 있다. 변화로부터 생겨나는 불안을 감수하기보다는 지금의 비참함을 견디려고 한다.

주위 환경에 두려움을 느끼는 사람들은 아무리 비참한 처지에도 변화를 생각하지 않는다. 생활양식이 너무나 위태로워서 삶의 환경을 제어할 수 없다는 생각이 굳어지면 우리는 검증된 것, 익숙한 것을 고수하는 경향을 보인다. 우리는 정해진 삶을 따름으로써 내면 깊숙한 불안감을 중화시킨다. 우리는 이 방법으로 예측할 수 없는 상황을 길들였다는 환상을 얻는다. (…) 이들은 모두 변화를 두려워한다. 그들은 세계를 전권을 가진 배심원 대하듯 바라본다. 비참하게 가난한 사람들도 자기를 둘러싼 세계를 두려워하여 변화에 호의적이지 않다. 추위와 굶주림이 뒤따를 때 우리네 인생은 위험하다. 따라서 빈민층의 보수성은 특권층의 보수성만큼이나 뿌리 깊으며, 전자는 후자만큼이나 사회 질서에 영속하는 하나의 요인으로 작용한다.

에릭 호퍼, 『맹신자들』

우리는 "모두 변화를 두려워한다"고 에릭 호퍼는 꿰뚫어본다. 가난하고 없이 살아가지만 나는 자신의 삶을 "고수"하려고 한다. 사회가 불평등하고 사람들 사이에 버젓이 존재하는 차별과 위계로 말미암아 내가 피해를 받아도, 이를 뜯어고치고 바꾸려는 시도를 못한다. 새로운 시도가 유발하는 불안이 두려워 아예 엄두도 안 내게 된다. 비록 불만족스럽더라도 불만족에 익숙해진다.

이로써 왜 선거철만 되면 서민층이 기득권 세력을 지지하는지 설명된다. 에릭 호퍼의 말마따나 "빈민층의 보수성은 특권층의 보수성만큼이나 뿌리" 깊기 때문이다. 지배층은 당연히 지금의 사회체제와 우리의 일상이 똑같이 이어지는 게 좋다. 그래야 자신의 특권이 유지되기 때문이다. 이에 반해 빈민층은 변화가 있어야 좀 더 자신에게 유리하다. 그냥 이대로 사회가 지속되면 쭉 가난하고 무시받지만 변화가 일어나면 조금이라도 다른 대우를 받을 가능성이 생기기 때문이다. 하지만 모든 변화가 꼭 가난한 이들에게 좋게 돌아가지 않는 데다 가난한 사람이라도 지켜야 할 게 있다면 하층계급도 보수성을 지니게 된다.

하층계급은 생각보다 가진 게 많다. 한 가정의 아버지나 어머니로서의 권위, 조금이나마 있는 은행 잔고나 부동산, 버겁지만 먹고살게 해 주는 직업이나 위치는 사회 중하층도 사회 질서를 영속하게 하는 기둥이 되게 만든다. 변화가 일어나면 내가 갖고 있는 것들이 어떻게 될지 모르기 때문에 불안해지고, 불안이 싫기에 변화에 등 돌리게 된다. 그래서 여태껏 우리를 위해 수많은 운동들이 일어났지만 막상 우리는 변화에 떨떠름한 반응을 보이곤 했다. 나는 생각보다 지킬 게 많이 있기에 나의 일상은 잘 변하지 않는다.

변화는 기운과도 연관된다. 무언가를 바꾼다는 건 몹시 힘이 들고 기운을 쏟아야 하는 일이다. 나에게 기운이 있어야 새로움을 받아들일 수 있다. 청춘들이 진보와 친근한 까닭도 청년들의 신체가 더 짱짱하고 팔팔하기 때문이다. 그런데 우리는 너무나 빡빡하게 살면서 이래저래 기운을 뺏기고 있다. 나의 일상을 바꾸고 삶의 변화를 꾀할 기운이 남아 있질 않는다. 미래는 나의 상태에 따라 그려지는 것이기에 미래를 밝게 바라보고 싶다고 해서 밝은 미래를 그려 낼 수 있는 것이 아니다. 그럴 힘이 없기 때문이다. 삶에 지쳐 버린 나는 미래를 어둡게 바라보면서 변화를 두려워하며 그대로 살게 된다. 가진 게 정말 없더라도 "미래에 대한 믿음"이 없다면 "변화를 꾀한다는 건 사서 고생하는 꼴"처럼 여겨진다. 우리는 이렇게 노약자가 되었다.

> 노약자들의 보수성 또한 미래에 대한 두려움에서 온다. 그들은 쇠락의 조짐을 찾는 사람들이며, 변화라면 어떤 것이 되었건 좋은 쪽보다는 나쁜 쪽으로 받아들인다. 비참한 빈곤층도 미래에 대한 믿음이 없는 사람들이다. 그들에게 미래는 앞으로 가게 될 길에 파묻힌 지뢰처럼 느껴진다. 아주 조심해서 걷지 않으면 안 된다. 그들에게 변화를 꾀한다는 것은 사서 고생하는 꼴이다.
>
> 에릭 호퍼, 『맹신자들』,

"구관이 명관이다"라는 속담처럼 어차피 새로운 걸 시도해 봤자 괜한 번거로움과 쓸데없는 소란만 일어날 뿐 막상 일상이 나아지는 걸 경험하지 못한 우리는 날로 보수화되고 그냥저냥 자신의 삶에 안주하게 된다. 지금 갖고 있는 것마저 잃어버리면 더 손해라 생각하면서 변화를 외치는 사람들을 "파묻힌 지뢰처럼" 흘겨보게 된다. 그래서 에릭 호퍼는 "부유층과 빈곤층, 강자와 약자, 모두가 많이 가졌건 가진 것이 없건 미래에 대해서는 두려움을 품을 수 있다"고 이야기한다.

에릭 호퍼의 싸늘한 분석에 암울함이 느껴지지만, 되레 여기서 변화의 해답을 찾을 수 있다. 막연하지 않고 확실한 목표가 있을 때, 우리는 지금보다 더 나은 걸 얻을 수 있다는 '전망'이 보일 때, 변화를 수용하게 된다. 변화를 통해 '더 나아졌다'는 체험이 이뤄진다면 우리는 변화를 희망하며 움직이게 된다.

좀 더 자유롭고 행복한 일상을 원하고, 사회도 더 나아지길 바란다면 에릭 호퍼의 냉철한 진단을 잊지 말아야 한다. 세상은 저절로 나아지지 않으며, 우리는 생각보다 무척 보수성이 강한 존재라는 사실을 기억할 필요가 있다.

자신의 나르시시즘을 극복하라

인간을 성찰할 때, 순자의 성악설을 한번 살펴볼 필요가 있다. 순자의 성악설은 인간이 타고날 때부터 나쁘고 악하다는 주장이 아니라 인간은 거칠게 태어나기 때문에 사회에서 인간다움을 가르치면서 선하게 만들어야 한다는 주장이다. 본성보다는 '교육의 중요성'을 강조하는 사상이고, 인간이 착하다고 뜬구름 잡는 대신에 현실에서 인간들이 어질게 살려면 어때야 하는지 냉정히 고민한 결과가 '성악설'이다.

순자의 성악설은 자기밖에 모르던 어린 시절을 떠올리면 잘 와 닿는다. 우리가 어려서부터 착함과 도덕을 교육받는 까닭은 인간이 얼마든지 도덕성을 갖출 수 있는 존재이기도 하지만 그냥 내버려 두면 도덕 따위엔 콧방귀를 뀌는 괴물이 될 수도 있기 때문이다. 인간은 태어나면서부터 타자를

존 위터하우스, 「에코와 나르키소스」. 우리는 거의 나르시시즘에 갇혀 사는데, 자아도취와
자기애를 헷갈려 한다. 자기에게 오만하게 마비되었으면서 자기에 대한 긍정이라고
착각하는 것이다. 따라서 우리의 나르시시즘을 냉정하게 이해할 필요가 있다. 프롬은
자아도취는 공허감에서 비롯된 탐욕이고, 자기애는 자신에 대한 긍정의 태도라고 구분한다.

포용하지 못한다. 그래서 인류의 모든 사회는 더불어 살아갈 수 있도록 자기밖에 모르는 인간을 교육한다. 인간은 인간으로 태어나지만 인간으로 만들어져야 한다.

우리의 본성은 악한 건 아니지만 착하기만 한 것도 아니다. 착한 행동을 한다고 해서 순수하게 착한 인간이라고 할 수는 없다. 인간은 '순수하게' 타인을 위하지 못한다. 내 욕망이나 행동이 스스로 생각해서 이루어지기보다는 휩쓸릴 때가 잦듯 타인을 위한 행동도 교육받은 결과이자 사회로부터 받은 영향이다. 자선을 봐도 그렇다. 정말 누군가를 돕고 싶다면 요모조모를 살피면서 돈과 시간을 쏟을 텐데, 우리는 사람들이 좋다고 하는 데에 돈과 시간을 들이붓는다. 시간이 흘러 다른 게 좋다고 하면 거기에 정력을 들인다. 기부도 유행을 탄다.

> 자선이 타인의 어려움을 해결해 주려는 이타적 본능에 의한 것이라면, 우리는 어떤 자선이 더 비용 효율적인지, 어떤 자선이 즉각적이며 가시적인 성과를 이끌어낼 확률이 높은지를 연구하는 데 더 많은 시간을 투자해야 한다. 그렇게 하면 기부금이 더 폭넓게 사용되고, 예방가능한 비극을 막는데 큰 도움이 된다. 하지만 대부분의 기부자들은 자신들의 기부행위를 꼼꼼히 따지는 데 비디오대여점에서 비디오를 고르는 시간만큼도 투자하지 않는다. 그 결과 자선에 유행주기가 생기고, 그래서 이번 시즌의 가장 폼 나는 대의명분에 기부금이 몰리게 된다.
>
> 제프리 밀러, 『연애』

미국의 진화심리학자 제프리 밀러^{Geoffrey Miller}는 자선이 이타성을 보여 주는 행위가 아니라고 잘라 말한다. 인간이 이타성의 존재이면 가장 어렵고 힘든 영역을 찾아서 남들이 알아주든 말든 도와야 할 텐데, 나는 어떤 유명인사가 홍보대사로 있는 큼직한 사회 단체나 남들이 알아줄 때에만 지갑을 열어서 자선을 베풀게 된다. 그래서 제프리 밀러는 "기부행위도 구애행위"라 볼 수 있다고 얘기한다. 기부행위는 "타인의 인정과 기억이 요구되는 신호"이기 때문에 인간은 "이름 없지만 가치 있는 명분보다 돈이 넘쳐나는 유명한 명분에 기부"하면서 자신의 명성을 높이거나 사람들에게 인정받고 사랑받길 원한다. "우리 대부분에게 자선행위는 화장품"인 것이다. 이를 통해 우리는 욕망을 감쪽같이 감추고 나를 돋보이게 꾸민다.

물론 기부라는 화장품은 자신을 빛내는 훌륭한 화장품이다. 이런 화장품이라면 보다 많은 사람들이 발라도 괜찮다. 기부가 하나의 사회문화로서 자리 잡아가고, 자신만을 위해서 아득바득 돈을 그러모으는 좀팽이보다는 타자를 위해 기부하고 봉사하는 사람들이 늘어나는 것이 훨씬 바람직하다. 그렇다고 화장품을 바른 내 모습에 취해 나의 맨얼굴을 잊어서는 안 된다. 내 안엔 예쁨과 착함만 있는 것이 아니다. 남들에게 인정받으려는 욕구, 타인을 이기고 싶은 경쟁심, 남들보다 낫다는 허영이 들끓는다. 여기에 더해 가까운 사람들로부터 받은 상처, 나만 불행하다는 피해의식, 내 허물을 보지 않고 정당화하는 오만, 원하는 만큼 애정을 받지 못해 생겨난 수그러들지 않는 분노, 나 자신이 착하고 괜찮다는 자만, 거기다 온갖 편견과 선입견이 뒤범벅되어 있다.

얼핏 보면 내 안은 오물로 가득 찬 시궁창인지 모른다. 그렇다고 슬퍼할 일도 아니다. 내 안의 오물들과 마주치고 인정하면 나는 이 오물들을 치우고자 노력할 수 있기 때문이다. 자신이 괴물이 된 다음에 왜 이렇게 되었는지 한탄해서는 안 된다. 얼마든지 나는 괴물이 될 수 있음을 깨닫고 조심해야만 인간으로서 살 수 있다.

인간의 진화가 극복하지 못한 어둠에 물들어 있음을, 온갖 욕망이 내 안에서 들끓고 있음을 자각해야만, 자유롭고 자비로운 성인군자까지는 아니더라도 겉으론 인간인 척하면서 속으론 별짓을 다하는 괴물이 되지 않을 수 있다. 나는 '나'라는 감옥, 자신은 괜찮은 인간이라는 나르시시즘에서 벗어나야 한다. 그래서 에리히 프롬은 "자신의 나르시시즘을 극복하라는 것"이 모든 선각자의 가르침이라고 얘기한다.

> 나르시시즘은 인간의 성장에 중요한 문제이다. 모든 선각자의 가르침을 요약하면, 불교, 개신교, 가톨릭, 혹은 인본주의적인 가르침은 자신의 나르시시즘을 극복하라는 것으로 요약해 볼 수 있다. 나르시스한 사람은 타인에 대해 거리를 두게 되므로 자신의 나르시시즘을 극복하는 것에서부터 모든 사랑과 형제애가 시작될 수 있다.
>
> 에리히 프롬, 『정신분석과 듣기 예술』

우리는 거의 나르시시즘에 갇혀 사는데, 자아도취와 자기애를 헷갈려 한다. 자신에게 오만하게 마비되었으면서 자신에 대한 긍정이라고 착각하는 것이다. 따라서 우리의 나르시시즘을 냉정하게 이해할 필요가 있다. 에리히 프롬은 자아도취는 공허감에서 비롯된 탐욕이고, 자기애는 자신에 대한 긍정의 태도라고 구분한다. 나와 건강한 관계를 맺고 있다면 남에게도 너그러울 수 있지만, 나와 병든 관계를 맺고 있다면 남에게도 집착하고 경멸하고 분노하게 된다. 결국 인간이 성장한다는 건 자아도취에서 벗어나 타인에게 마음을 너그럽게 여는 자기애로의 변화일 것이다.

　나 자신이 어떻게 생겨 먹은 존재인지 속속들이 알아야 한다. 내 안에 내가 모르거나 감추고 있던 수많은 '나', 엉성하고 어수룩하며 허술하고 토라져 있고 울고 있으며 화가 나 있는 '나'를 인정하고 끌어안으면서 어우러질 때, 내게 뜨거운 평화가 찾아온다. 그때 비로소 나는 세상 속에서 남들과 잘 어울리게 된다.

다섯 번째 충격

당신이라는
이름의 맹목,
'사랑'

나는 너를 왜 좋아하는가

　사랑만큼 낯익지만 낯선 감정도 없다. 우리는 사랑을 가볍게 입에 올리고 애인 사진을 보여 주며 어깨를 으쓱해하지만 정작 사랑에 대해서는 깊게 생각하질 않는다. 그저 누군가와 만나면, 내 감정을 쏟으면, 만나서 재미나게 놀면, 서로의 몸을 쓰다듬으면, 사랑이라고 믿는다. 사랑할 때도 사랑이 뭔지 잘 알 수 없었듯 사랑이 끝나서도 사랑은 막막하다. 사랑은 봄바람처럼 스리슬쩍 다가와 겨울바람처럼 쓰라리게 사라진다. 사랑의 시작은 낙원같이 기쁨과 설렘으로 가득하지만 사랑의 끝은 지옥같이 미움과 후회로 얼룩진다.

　인간의 삶에서 사랑은 뜻밖의 사태이다. 자율과 독립을 추구하던 인간이 사랑에 빠지면 그 사람과 이어지기를, 저 사람이 내게 허락되기를, 제발 그 사람의 마음을 얻기를 지독히 바라게 된다. 사랑만 이뤄진다면 어떤 고통도 마다하지 않겠다며, 심지어는 당신과 함께라면 세상 끝까지도 따라가겠다며 발그레한 뺨으로 누군가를 그리워하게 된다. 남의 간섭을 원치 않아 하고 삶의 자유와 여유를 추구하던 내가 누군가를 생각하면서 구속하려 든다. 상대에 대한 뜨거운 감정이 당연하고, 그에 따른 행동이나 집착도 자연스럽게 느껴진다.

하지만 내 감정을 더듬어 차분히 따라가다 보면 어리둥절하게도 나는 왜 상대를 좋아하는지 잘 알 수 없다는 막다른 길에 이르게 된다. 그대가 좋은 이유로 수만 가지를 꼽을 수 있지만 그럼에도 반드시 그것 때문에 그대를 좋아하는 건 아니다. 그 사람이 예쁘고 잘생겼다고 해도 그 사람보다 더 예쁘고 잘생긴 사람은 얼마든지 있다. 나는 너를 왜 좋아하는가? 알 수 없다. 누군가를 좋아하는 건 나에게 영원한 수수께끼이다. 그래서 사랑을 한다는 건 이 수수께끼의 답을 찾아 나서는 탐험가가 되는 일이다.

> 그리하여 "나는 너를 좋아한다"라는 것은 일반적으로, 혹은 습관적으로 하나의 수수께끼에게, 즉 타자에게 말을 건다. 다른 육체, 다른 성에게 말이다. 나는 너를 좋아한다. 나는 누구인지, 왜인지 잘 알지 못한다. 내가 좋아한다는 것은 심연 속으로 자연스럽게 흘러들어 휩쓸리고, 잠기고, 타오르고, 길을 잃는다. '나는 좋아한다'의 반복을 기다려야 할 것이다. 때로는 오랫동안, 때로는 항상 말이다.
>
> 루스 이리가라이, 『하나이지 않은 성』

여성학자 루스 이리가라이Luce Irigaray는 "나는 너를 좋아한다"라는 말이 타자라는 수수께끼에게 말을 거는 행위라고 얘기한다. 내가 끌리는 그 사람도 수수께끼이고 그 사람을 왜 좋아하는지 잘 모르겠다는 사실도 알쏭달쏭하다. 그래서 누군가를 좋아한다는 건 길을 잃는 일과 비슷하다. 이전까

지 당연하고 자연스러웠던 내 모습과 삶의 행로가 흔들리고 바뀌면서 모든
게 낯설어지기 때문이다. 나는 그 사람을 왜 좋아하는지, 어떻게 사랑에 빠
지는지 잘 모른다. 도대체 사랑이란 무엇인가?

우리는 이상형의 상대가 운명처럼 나타나 나를 사로잡으리란 기대를 갖
고 살아간다. 사랑이 호젓하게 캄캄한 내 가슴에 별똥별처럼 찾아오리란 희
망을 갖고 있는 셈이다. 그렇지만 정직하게 기억을 더듬어 보면, 우리는 여태
까지 수많은 사람들에게 끌리고 첫눈에 반해 왔으나 불길처럼 일어난 감정
은 깜부기불처럼 꺼져 버리곤 했다. 지금까지 조금이라도 끌렸던 수많은 사
람들을 꼽다 보면 안쓰럽게도 나란 존재가 얼마나 환상 속에서 허우적거리
는지를 알 수 있다.

우리는 헤아릴 수 없는 사람들에게 끌렸으나 그 많은 상대들을 지금까지
사랑하는 것은 아니다. 왜냐하면 사랑이 이뤄지기 위해선 반드시 '반복'이
필요하기 때문이다. 사랑은 단박에 찾아오는 감정이 아니라 수행성에 따라
형태를 갖춰 가는 관계이다. 다시 말해 사랑은 누군가에게 반하는 감정이라
기보다는 반복되는 행동이 낳는 효과이다.

만날 날짜를 정하고 뭔가를 같이하기로 약속하고 함께 지켜 내는 '과정'
에서 사랑의 효과가 나타난다. 처음부터 두 사람의 감정이 찐득할 수는 없
다. 아직 조심스러움과 망설임이 있는 서먹서먹한 사이임에도 호감을 바탕
으로 꾸준히 만나면서 달콤한 말을 속삭이고 함께하다 보면, 여지없이 사
랑에 빠지게 된다.

나는 가끔 술자리에서 조는 듯한 시늉을 해 보았다. 술을 그만 마시기 위해
서였지. 그런데 그렇게 하고 있노라면 진짜로 잠이 드는 것이 아닌가. 나는 사랑

하는 시늉만 하는 사람을 보고 비웃은 적이 있었는데, 나중에 보면 새를 잡으려고 자기가 놓은 덫에 스스로가 빠지는 꼴이 되어 버리는 일도 있었다. 사랑은 습관을 통해서 마음속을 찾아들고, 그만두는 것도 습관으로 가능하다. 마음이 들뜨지 않았다고 가장할 수 있는 사람은 실제로 들뜨지 않는다.

오비디우스, 「사랑의 기교」

로마 시대의 유명한 시인이었던 오비디우스Publius Ovidius는 뭔가를 시늉하다 보면 정말 그렇게 된다고 얘기한다. 사랑도 비슷하다. 상대를 유혹하기 위해서 사랑을 흉내 내더라도 우리는 어느새 사랑에 빠지게 된다. 누군가를 만나다 보면, 정말로 그 사람을 사랑하게 된다. 우린 누군가를 만날 때 호감을 갖더라도 처음엔 어느 정도 거리를 둔다. 하지만 차츰차츰 만나다 보면 마음의 울타리는 붕괴된다. 문득문득 떠오르던 사람이 만나고 있지 않을 때도 자꾸 생각나고 보고 싶어진다. 만남이 반복되는 가운데 사랑의 효과는 더 강해진다.

이처럼 사랑은 특정한 상대와 만나야만 벌어지는 '사건'이라기보다는 사람과 사람이 만나 어우러지면 어김없이 발생하는 '사태'라고 할 수 있다. 인간은 같이 있게 되면 속절없이 서로에게 빠져들게 된다.

부자유하고 부조리한 사랑

사랑이 뭔지 잘 알 수 없더라도 우린 사랑을 한다. 사랑은 '지식'의 차원이 아니라 '육체'의 차원에서 작동하는 현상이기 때문이다. 그래서 우리의 연애는 사랑의 속살을 과감히 드러내 보여 준다.

우리는 나중에 애인이 생기면 하고 싶은 것들을 생각해 놓았다가 하게 된다. 놀이공원에 가고 정성껏 준비한 선물을 주고 함께 밤을 보낸다. 이 계획들은 애초에 누구한테 할지 정해진 게 아니지만 가슴 한편에 고이 간직하고 있다가 실행되는데, 마치 너만을 위해 준비된 것처럼 이뤄진다. 반드시 너여야 할 이유는 없지만 꼭 너에게만 하는 것처럼 말을 하고 행동하게 된다. 그러니까 사랑은 반드시 '그 사람'이 있어야만 벌어지는 놀라운 사건이 아니라 '누구라도' 같이 있다 보면 만들어지는 감정의 폭풍이다. 우리가 사랑을 고백하는 상대가 곧잘 바뀌고, 첫인상에 따른 호감과 정작 연애하는 상대가 달라지듯 꼭 '그 사람'이 아니더라도 나는 얼마든지 '이런 기분'과 '이런 행위'들을 할 수 있다.

다른 누구도 아닌 '너이기 때문에' 나는 너를 사랑하고 선물하고 이벤트를 준비한다고 믿지만, 그것은 스스로를 속이는 일이다. '특별한 너'라면서 사랑을 고백하지만 '너'라는 옷은 얼마든지 다른 사람이 입을 수 있다. 너밖에 없다면서 목매고 목메던 이들이 얼마 안 가 또 다른 사람에게 너밖에 없다고 하는 이유다. 내가 살면서 어떤 사람들을 만나 어떤 감정을 느낄지 모름에도 자신의 마음을 어떻게 전할지 고민하며 머리를 굴리는 까닭은 스스로 알기 때문이다. 같이 지내다 보면 자신은 누군가에게 하릴없이 끌릴 수밖에 없고, 그에 따라 선물을 주고 함께하게 되리라는 것을. 사랑은 조건만 맞으면 어김없이 발생하는데, 내 뜻대로 되지는 않는다.

수많은 노래들이 사랑을 주체할 수 없다고 노래한다. 혼성 그룹 '가을방학'의 노래 가운데 「취미는 사랑」을 보면, 상대와 자신이 취미가 같으면 좋겠다는 바람을 밝히지만 이것은 사랑에 빠지는 조건이 아니다. 취미가 같지 않더라도 얼마든지 사랑에 빠질 수 있으며 취미가 같더라도 사랑에 빠지지 않을 수도 있다. 그러니까 취미가 '사랑'이라고 하더라도 사랑이라는 취미 활동은 내 마음대로 되지 않는다는 얘기다. 사랑은 의식을 넘어서서 불어오는 내 신체의 폭풍이기 때문이다. 자신이 빠지기 싫다고 해서 안 빠지는 것도 아니고 빠지고 싶다고 해서 빠지는 것도 아니다. 내 몸으로 내가 누군가를 만나 사랑을 한다고 말하지만 사랑이라는 것은 이상야릇하게도 내 뜻대로 되지 않고 때때로 내가 원치 않아도 빨려 들어가게 된다. 그래서 노래 가사처럼 "사랑에 빠지게 된다면 취미가 같으면 좋겠"다고 나지막이 작은 바람을 꺼내 놓을 수 있을 따름이다.

사랑은 아리송하다. 인류 역사가 시작된 이래 수많은 사람들이 잠 못 이룬 이유다. 지금도 헤아릴 수 없는 이들의 가슴을 설레게 하다가 아프게 만드는 이 사랑이라는 녀석은 놀랍게도 '자유롭게' 이뤄지지 않는다. 누군가를 강제로 사랑하라고 한다면 그 누가 사랑을 하겠는가? 그렇다고 사랑을 해 보라고 기회가 주어져도 자유롭게 사랑에 빠지는 사람도 없다. 사랑은 인간관계의 가장 내밀한 부분으로 누구를 사랑하라고 명령을 받는다고 해서 사랑하고, 누구를 사랑하지 않으려 해서 사랑하지 않을 수 있는 것이 아니다.

내가 연인을 선택하는 건 부정할 수 없는 사실이다. 사랑의 선택은 누가 강제로 시키는 게 아니라 '내'가 하는 것이다. 하지만 자유롭지 않다. 이 순간 사랑을 하고 싶다고 해서 사랑의 감정을 선택할 수는 없다. 사랑은 '뒤늦게' 인식된다. 내 신체의 결정을 내 의식은 나중에 통보받는 셈이다. 그래서 지금 "사랑에 빠진다"라고 말하지 못하고 언제나 뒤늦게 돌아봤을 때 "사랑에 빠졌어"라고 탄식하게 된다.

나는 사랑이 '필연'이기를 바라고 그 사람이 '나의 운명'이라고 늘어놓곤 한다. 노사연의 노래 「만남」의 가사처럼 연인들은 "우리 만남은 우연이 아니"라고 속삭인다. 그렇지만 우리의 사랑이 우연일 수도 있음을 알기 때문에 어떻게든 우연이 아니라고 되뇌는 건 아닐까? 다른 사람을 만날 수도 있다는 생각이 들고 이 만남도 하나의 선택이라는 생각이 드는 순간 철석같던 사랑이 한여름에 내다놓은 얼음과자처럼 녹아내린다. 그래서 사랑에 빠진 나는 이 만남이 '선택'이 아닌 '운명'이라 믿으며, 이 사람에게만 특별한 의미를 부여하게 된다. 이것이 사랑의 역설이다. 평소엔 자유롭다고 믿는 존재들이 자신들의 행위와 관계가 자유롭지 않다고 고백한다.

사랑에 빠지는 일은 내 의지나 의사와는 딴판으로 이뤄진다. 우리가 사랑을 할 때 자유로운 선택을 하는 듯 비칠지라도 '자유롭지 않은 결정'에 붙잡혀 있기 일쑤다. 사랑의 선택에는 자신이 어찌하지 못하는 강제성이 있다.

내 삶을 강제하는 수많은 환영이 나에게 어른거린다. 그런데도 나는 자유롭다고 착각하고 있다. 자유롭다는 믿음은 부자유한 내 모습을 알려 주는 결과들을 만날 때마다 거북해하면서 거부하게 만든다. 나는 자신이 자유롭다는 환상에 균열이 생기지 않기를 원한다. 스스로 자유롭다는 환영에 틀어박혀 있으면 영영 환영을 통해 사랑하면서 상처받게 될 뿐이지만, 나는 환상을 횡단하려고 하기보다는 그 속에서 나풀거리면서 내 환상을 믿어 의심치 않는다. 그렇게 나는 오늘도 환상 속에서 사랑을 하고 사람들과 관계한다.

연애 CEO의 어장 관리

우리의 사랑이 갈수록 부자유하게 되는 데에는 자본주의가 한몫 톡톡히한다. 지금 사회는 '경제화'되었고 시장 논리에 따라 우리는 인간관계에서도이익만을 보려 하지 손해를 보려고 하지 않는다. 내가 누군가에게 끌리는까닭은 그 사람을 통해 이득을 얻을 수 있기 때문이고, 내가 누군가를 무시하는 건 저 사람 주변을 어슬렁거려 봤자 국물도 없기 때문이다. 매한가지로 내가 누군가에게 인기가 있다면 쓸모가 있고 효용성이 큰 덕분이고, 푸대접을 받고 있다면 타인들에게 손해를 끼치는 탓이다.

우리는 시장에서 거래되는 상품들처럼 저마다 '몸값'을 갖고 있고, 몸값대로 인간관계를 형성하며, 연애도 몸값에 따라 거래를 한다. 성격과 인품, 마음씨와 태도도 중요하지만 요즘엔 경제 형편과 출신 계층이 연애를 쥐락펴락한다. 연인들을 보면서 누가 더 아깝다고 얘기하는 까닭도 사랑이 시장논리에 좌우되고 있음을 일러 준다. 우리는 좀 더 교환가치가 높은 존재가되어 두둑하게 몸값을 받으며 팔리고자 자기 계발에 목숨을 걸고 있다. 요즘 젊은이들이 연애를 잘하지 못하는 까닭도 연애하는 데에는 돈이 많이들어가기 때문이거니와 연애를 하기 위해 갖춰야 하는 조건이 몹시 많아졌기 때문이다. 내려올 줄 모르는 청년 실업률과 비정규직에 골골대면서 젊은이들은 안정이 되면 사랑을 하겠다고 다짐하지만, 안정은 영영 찾아오지 않는다.

그 결과 연애를 잘하는 사람은 언제나 연애하는 반면에 연애하지 못하는사람은 쭉 못한다. 종족이 다른 것처럼 애인이 늘 있는 사람과 애인이 늘 없는 사람으로 나뉘는 것이다. 모든 게 양극화되는 세상에서 애정도 양극화된 셈이다. 애정의 양극화가 부의 양극화와 포개지면서 생각보다 촘촘히 이 사회에 박혀 있다. 계급과 연애가 서로를 강화시키는 방향으로 맞물려 돌아간다.

부유한 집안에서 자란 아이는 돈만 많은 게 아니라 외모도 뛰어나다. 잘 꾸미는 데다 부모들의 외모 또한 대물림되기 때문이다. 더구나 좋은 음식을 먹고 교육을 잘 받은 부모 밑에서 자라 마음의 구김살도 없이 건강한 데다 똑똑하기까지 하다. 연애는 날로 계급에 따라 결정되며 고착된다. 우리는 알고 있다. 있는 집과 없는 집은 '때깔'이 다르다는 것을.

> 미인과 부자가 사랑의 결실을 맺는 경우 아이들은 '더 좋은' 부모들을 갖게 될 뿐만 아니라 엄마로부터 아름다움까지도 물려받는다. 따라서 1979년 독일에서 15~16세 청소년들을 대상으로 실시한 연구에서 밝혀진 대로 부잣집 아이들은 가난한 집 아이들보다 더 예쁜 외모를 지니는 이중의 혜택을 입고 있었다. 글렌 앨더도 일반적으로 못사는 계층의 소녀들은 잘사는 가정의 소녀들보다 미모가 떨어진다고 연구에서 밝혔다. 또한 아름다운 사람은 부자가 될 기회를 많이 만나게 되고 이러한 사실은 모든 학교 운동장에서 확인할 수 있다.
>
> 울리히 렌츠, 『아름다움의 과학』

순수한 사랑은 거의 불가능해졌다. '순수한'이란 형용사와 '사랑'이라는 명사를 붙여 쓴다는 것 자체가 우스꽝스러운 일인지 모르나 사랑을 알록달록 꾸미고픈 우리에게 사랑이 서로 잇속을 챙기는 흥정이자 계급과 자식을 재생산하는 도구라는 얘기만큼 께름칙한 것은 없다. 그렇기 때문에 아직도 우리는 사랑의 환상에 취하고자 애쓴다. 하지만 겉으로 '사랑'을 내세울지라도 속으론 자신도 모르게 '조건'을 셈한다. 말로는 사랑을 중얼거리더라도 이미 내 몸과 머릿속은 상대를 재고 따지면서 나의 몸값에 걸맞은 상대인지 끝없이 저울질하게 된다. 원치 않더라도. 이미 조건을 따지는 습속이 사회에 당연하다는 듯이 퍼져 있기 때문에 연애는 흥정처럼 변해 간다. 우리는 연애의 장사꾼들이 되었다.

경제의 영향은 생각보다 무지막지하다. 연애 자체가 시장 논리를 따른다. 달걀을 한 바구니에 담지 말라는 경제학의 교훈에 따라, 우리는 위험을 분산시키려 한다. 그래서 누군가에게 호감을 품더라도 자신의 전부를 드러내지 못한다. 이젠 모든 걸 거는 사랑을 두려워하게 되었다. 한 사람에게 자신의 시간과 감정을 쏟았을 때 잘되면 좋겠지만, 실패한다면 너무나 큰 타격과 상처를 받게 되기 때문이다. 그래서 이른바 '어장 관리'가 탄생한다.

요새 '어장 관리'를 하지 않는 사람이 있을까? 우리는 여러 사람들을 간보면서도 선뜻 가까운 관계가 되지는 못한다. 우리는 사랑이 실패할까 봐 두려운 나머지 애정을 조금씩 '분산 투자'하면서 '리스크'를 관리한다. 그 사람이 자신의 어장 밖으로 사라져 버리면 안 되기에 적당히 적절한 때에 떡밥을 뿌리면서 관리한다. 삼키긴 싫고 뱉기엔 아까운 음식처럼 내 입엔 물고만 있는 '물고기'들이 한가득하다.

이 모든 과정이 애정의 끈을 밀고 당기는 '밀당'일 수 있다. 서로가 '밀당'할 때 즐겁고 설렌다. 다가가다가 돌아서고 멀어졌다가 이내 가까워지는 과정을 거치면서 나의 애간장은 녹아나고 동동 발을 구르게 된다. 그렇지만 밀당이 익숙하고 진부한 통과의례처럼 되어 간다면 씁쓸할 수밖에 없다. 미

　　순수한 사랑은 거의 불가능해졌다. '순수한'이란 형용사와 '사랑'이라는 명사를 붙여 쓴다는 것 자체가 우스꽝스러운 일인지 모르나 사랑을 알록달록 꾸미고픈 우리에게 사랑이 서로 잇속 챙기는 흥정이자 계급과 자식을 재생산하는 도구라는 얘기만큼 께름칙한 것은 없다. 그렇기 때문에 아직도 우리는 "사랑의 환상"에 취하고자 애쓴다.

끼를 잔뜩 뿌려 놓고 하나만 걸리라는 식으로 서로가 서로를 물고기 취급하기 때문이다.

이제 밀당은 한 사람하고만 이뤄지지 않는다. 어장 관리 대상이 지나치게 많다 보니, 나는 언제나 충실하게 타자를 대하지 못한다. 우리는 통속극의 배우가 되어 사랑을 연기하고 연애 CEO가 되어 위험을 관리한다. 오늘날 우리의 연애가 초라하고 불쾌해지는 이유다.

물론 어장 관리를 할 수밖에 없는 시대 배경이 있다. 요즘 연애는 스스로 선택해야 한다. 예전처럼 만날 사람을 집안에서 결정해 줬다면 어찌하지도 못했겠지만, 아직 만나지 못한 사람까지도 애인 후보로 고려해야만 하는 현대엔 애인 후보들이 거의 무한에 가까울 만치 바글바글하다. 따라서 누군가에게 끌리더라도 선뜻 연애를 할 수 없다. 이보다 더 나은 조건의 사람이 나타날 가능성이 마음을 열지 못하도록 가로막으면서 나를 주춤하게 한다.

너무 많은 선택의 자유는 혼란을 안겨 준다. 수많은 사람들과 알고 지내면서 그 누구와도 연애할 수 있다는 가능성은 결국 아무하고도 깊게 사랑을 나눌 수 없는 상황을 초래하기도 한다. 그래서 우린 타인과의 이별에 그다지 슬프지 않다. 깊게 유대를 맺지 않은 채 스쳐 지나가는 인연들로만 삶이 채워져 있기 때문이다. 따라서 꼭 그 사람이 아니더라도 다른 사람을 그 자리에 놔두면 된다. 우리는 누군가와 끈끈하고 쫀득쫀득해지는 관계를 잃어버리고 '쿨'하게 '차가운 인간관계'를 즐기고 있다.

결혼의 장점이자 단점이라면

모든 게 상품이 되고 인간조차 상품 취급을 받는 세상이다. 그래서 나이가 들수록 유통기한이 간당간당해지니 어서 빨리 '팔려야' 한다는 압박에 시달린다. 유통기한은 한평생이라고 주장하고 싶을지라도 자신보다 젊고 파릇파릇한 상품이 해마다 출시되는 데다 만날 수 있는 상대의 폭이 좁아지는 걸 겪으면서 불안은 영혼을 야금야금 집어삼킨다. 돈에 팔리든 시간에 떠밀리든 하나 둘씩 떠나가는 사람들을 보면 조바심이 난다. 나중에 마지못해 울며 겨자 먹기로 '땡처리'되기보다는 선택권이 넓을 때 거래해야 더 유리하다는 생각에 이르면 쫓기는 기분이 된다. 품절되었다가 도로 반품이 될지언정 얼른 거래를 마무리 지어야 한다.

다 컸지만 결혼을 할 엄두도 못 내거나 연애도 못한 채 하릴없이 나이만 먹어 가는 자식들을 보면 부모들은 울화가 치민다. 오늘날 혼인은 부모의 재산이 어느 정도이냐에 따라 그 시기가 거의 정해지기 때문에 부모들은 속상해하면서 미안해한다. 그렇다고 자식들이 알아서 할 거라고 내버려 두기엔 번듯하게 결혼시켜야 부모 노릇 다 한 거라는 전통의 관념이 가시면류관처럼 부모들의 머리에 씌어져 있어서 '연대책임'을 지게 만든다. 공을 들여 시장에 내놓은 상품에 파리만 날리는 걸 보는 상인처럼, 혹시나 자신이 자식을 잘못 '생산'한 건 아닌가 하는 불안에 휘둘린 나머지 부모들은 자식들보다 더 조바심내면서 시름에 잠긴 채 눈치를 보다가 자식들 속을 뒤집는 얘기들을 툭툭 내뱉게 된다.

사실 부모들만 편잔할 순 없다. 우리가 그토록 목매는 결혼은 우리가 얼마나 인습의 굴레에 단단히 갇혀 있는지를 알려 준다. 우리는 마치 그래야 하는 것처럼 으레 결혼을 한다. 얼추 나이가 어느 정도 이르면 그때 만나는 사람이나 조건이 맞는 상대와 결혼식을 올린다. 세상엔 결혼에 대한 환상이 넘실거리고 우린 그 환상 안에서 결혼한다. 그래서 행복하면 다행이지만 홍수처럼 쏟아지는 이혼은 인생에 중대사인 결혼조차도 얼마나 '별생각 없이' 치르고 있는지를 일러 준다. 나는 결혼하지 않을 수도 있다거나 결혼을 왜 해야 하는지를 고민하기보다 그저 '결혼'이란 주어진 과제를 하는 데에만 전념한다. 내가 하는 행동들의 이유조차 인식하지 못할 정도로 별 고민 없이 세상에서 하라는 걸 하면서 살아가는 것이다.

> 결혼의 장점이자 단점이라면 더 이상 인생의 의미나 목표 따위로 고민할 필요가 없어진다는 게 아닐까 싶어요. 그동안 수많은 부부들이 선택한 세트메뉴가 자동으로 주문되더군요. 재테크, 내 집 마련, 출산과 육아, 교육, 노후 설계를 기본 구성으로 공동 취미, 성생활, 자아실현 등은 옵션. 행복이란 자신이 행복하지 않은 이유를 생각할 틈을 주지 않는 상태라고 정의한다면, 너무 냉소적인가요?
>
> 최제훈, 『일곱 개의 고양이 눈』

용기가 있는 건지 어리석은 건지 우리는 결혼에 대해서 별로 생각하질 않은 채 나이가 차고 남들이 결혼했다는 소식이 들리면 부랴부랴 결혼으로 몸을 내던진다. 운 좋게도 결혼이 고즈넉한 텃밭이 되어 도란도란 일구어 갈 수도 있겠으나, 대부분은 고난의 지뢰밭이 되어 툭하면 터지는 지뢰들에 몸과 마음은 만신창이가 되어 울부짖게 된다. 그러다 보니 이제는 결혼하면 쑥대밭 되는 게 당연한 일처럼 비치기도 한다. 헤프게 사랑에 빠지고 쉬이 결혼하다 보면 인생은 수렁에 빠지고, 마치 그래야 하는 것처럼 불행의 역사를 반복하게 된다.

이런 것을 보면 인간 안의 파괴 본능이 결혼을 통해 실현되는 게 아닌가 싶기도 하다. 그동안 괜찮았던 남녀가 결혼만 하면 서로에게 악랄해지고 매몰차지는 모습을 보면, 인간이 얼마나 어리석고 불쌍한 존재인지 새삼 느끼게 해 준다. 우린 타자에 대해 잘 알지 못하고 자신에 대해서도 충분히 알지 못한 채 함께한다는 것이 뭔지도 모르고 결혼해 버린다. 이미 앞서 수많은 사람들이 빠졌던 후회의 늪으로 나마저 발을 내딛는다.

결혼할 때 불행해질 거라고 생각하는 사람은 아무도 없다. 신랑 신부 모두 잘 살겠다고, 진짜로 행복하리라 다짐하고 또 다짐한다. 아기자기하게 오순도순 살아가는 일이 '선언'한다고 이룩된다면 100번이고, 1000번이고 외칠 수 있다. 허나 정의구현을 외친다고 해서 사회에 정의가 세워지는 게 아니고 공산당 선언을 한다고 해서 공산 사회가 이뤄지는 게 아닌 것처럼 결혼 또한 선서나 맹세만으로는 안 된다.

앞 세대의 불행한 결혼들은 결코 그들의 의지가 약했기 때문에 벌어진 일이 아니다. 결혼하면 어떻게든 되겠지라는 생각과 서로 조금 더 참고 양보하면 괜찮으리라는 천진함이 문제라면 어쩌겠는가? 결혼 전까지 못마땅하고 모났던 내 모습이 결혼하면 달라질 거라는 희망 자체가 환상이라면? 환상이 안개처럼 자욱하게 나를 에워싸고 있다는 사실을 깨달을 필요가 있다. 그래서 니체는 물음을 던진다. 과연 우리가 결혼하고 아이를 낳고자 할 때 "자격이 있는" 사람인지, 우리가 자신의 자유와 사랑으로 아이를 낳는지 아니면 "네 안에 짐승과 절박한 욕구라는 것"에 휘둘려 "그 같은 갈망"을 갖고 있는지.

너는 젊다. 그리하여 아이를 원하고 혼인을 원한다. 그러나 묻노니, 너는 한 아이를 원할 자격이 있는 그런 사람인가? 너는 승승장구하는 자, 자신을 제압한 자, 관능의 지배자, 네 자신의 덕의 주인인가? 그것을 나는 네게 묻노라. 그것이 아니라면 네 안에 짐승과 절박한 욕구라는 것이 있어 그 같은 갈망을 갖도록 하는 것인가? 아니면 외로움, 그것도 아니라면 네 자신과의 불화 때문인가? 너의 승리와 너의 자유가 아이를 갈망하기를 나는 바란다.

프리드리히 니체, 『차라투스트라는 이렇게 말했다』

불행한 세상에서 가능한 사랑은 없다

오늘날 사랑은 흔해졌다. 그만큼 더더욱 어려워졌다. 깜짝 행사도 벌이고 기념일도 챙기며 선물도 준비하고 친구들을 불러 애인 자랑도 하며 모임도 갖지만, 아침에 해가 뜨더라도 저녁이면 서산으로 넘어가듯 사랑의 관계는 여지없이 저물곤 한다. 그렇다면 100일이나 1주년을 기념하고, 촛불 이벤트를 하고, 돈을 모아 선물하는 것도 이 사랑이 금세 바스라질 수도 있다는 두려움을 감추려는 안간힘이 아닐까?

1년 전에 뭘 먹었는지 기억하지 못하듯 사랑한다고 하지만 이 관계가 끝나면 서로를 싹 잊어버릴 거라는 두려움이 현대인들을 옥죈다. 어떻게든 이곳저곳을 돌아다니며 사진을 찍고 뭔가 이벤트를 벌이는 것도 독일의 사회학자 울리히 벡Ulrich Beck의 지적대로 "모든 것이 상실되고 잊힐지도 모른다는 성가신 두려움에 저항하려는 노력"이다. 지금 사랑하더라도 이 사랑이 오래가지 못한다는 불안에 우리는 휩싸여 있다. 그래서 두 사람이 만나 새롭게 피어나는 나날을 일구기보다는 어떻게든 추억을 남기라는 세상의 각본대로 움직이게 된다.

우리는 연애의 형태를 강제하는 '파인 홈'을 따라서만 연애한다. 연애의 홈을 따라 흘러가면서 나름 즐겁고 행복할 수도 있겠지만, 홈의 끝은 대개 하수구다. 사랑이 뭔지 고민하고 공부하여 파인 홈이 아닌 참신한 물줄기를 열어 내면서 사랑의 바다로 나가야 한다. 새로운 흐름을 열어 가지 않는다면 대부분의 관계는 시궁창으로 굴러 떨어지게 되어 있다. 사랑을 함께 고민하지 않으면 24시간 내내 같이 있고 싶었던 그 사람이 길에서 마주치기라도 하면 욕지기가 일어나고 가위로 오려내듯 기억 속에서 싹둑 잘라 내고 싶은 사람이 되어 버린다.

대개의 사랑은 대단한 사건이라기보다는 유전자를 물려주려는 생명체의 현상이다. 유전자를 더 잘 물려줄 수 있는 능력 있는 수컷이나 아이를 잘 낳고 기를 암컷을 바라는 욕망은 나름 자연스럽다고까지 할 수 있다. 그렇게 떨려 하며 설레던 상대가 지겹고 따분하게 느껴지는 일들이 설명되는 대목이기도 하다. '자신의 목적'이 끝났으니까. 영화「봄날은 간다」에서 "사랑이 어떻게 변하니?"라며 중얼거리던 주인공(유지태)이 짠하지만 우리는 사랑이 변한다는 걸 잘 알고 있다. 너만을 영원히 사랑하겠다던 맹세들은 시간의 파도 앞에 모래성처럼 부서지기 일쑤다.

사랑이란 없다면서 얄기죽거리거나 차가운 웃음을 짓자는 얘기가 아니다. 인간이라는 존재를 다시 돌아보며 자신의 지평 자체를 되짚어 제대로 알 때, 유전자를 대물림하려는 몸부림이 아니라 인생을 변화시키는 사랑을 할 '가능성'이 조금이나마 생긴다. 지금 외로우니까, 누군가 필요하니까, 온기가 그리우니까, 조건이 맞으니까 생겨나는 감정이 아니라 나의 존재를 거듭나도록 이끄는 '관계'가 필요하다.

요즘 우리는 짧은 만남을 기념한다. 이 정도 만난 것도 기념해야 할 정도로 사람들 사이가 엉성하고 앙상하기 때문이다. 금세 관계가 틀어지고 깨진다. 자신과 다른 타자를 받아 주고 서로 보듬는 깜냥이 줄어들었기 때문이다. 그렇다면 기념일을 어떻게 보낼지 고민하기보다 왜 이렇게 사랑이 짧아졌는지, 왜 내 사랑이 비루해졌는지 고민해야 하지 않을까?

> 포옹이 풀리는 새벽은 혁명 없는 혁명가들이 죽는 새벽과 같다. 둘이 갖는 고립은 모든 이의 고립에 저항하지 못한다. 쾌락은 너무 일찍 깨어지고 연인들은 벌거벗은 채 세상에 처하게 된다. 그들의 행위는 갑자기 우습고 힘이 없는 것이 된다. 불행한 세상에서 가능한 사랑은 없다.
>
> 사랑의 보트는 흐르는 삶에 부딪쳐 부서진다. 당신은 당신의 욕망이 결코 부서지지 않도록 낡은 세상의 암초를 부서뜨릴 준비가 되어 있는가?
>
> 라울 바네겜, 『일상생활의 혁명』

사랑을 나누며 밤을 함께 보낸다고 하더라도 "포옹이 풀리는 새벽"엔 우리들의 "행위는 갑자기 우습고 힘이 없는 것"이 되어 버린다고 벨기에의 사상가 바네겜Raoul Vaneigem은 탄식한다. "불행한 세상에서 가능한 사랑은 없"기에 우리들의 "쾌락은 너무 일찍 깨어지고" 우리의 사랑은 쉽사리 저물어 버린다. 그러므로 우리의 사랑을 부서뜨리는 "낡은 세상의 암초를 부서뜨릴 준비"를 해야만 사랑을 지킬 수 있다. 사랑하기 위해서라도 세상과 싸우면서 사랑을 고민해야 한다. 지금 사랑을 하고 싶어 하는 만치 사랑을 하지 못하고 있다면 그건 그만큼 세상과 치열하게 싸우지 않기 때문인지도 모른다.

사랑을 재발명하라

오늘날 모든 것이 액체처럼 변하고 있다. 자본주의는 더 많은 자본 증식을 위해 국경을 넘어 지구를 손아귀에 넣고 쥐어짜고 있다. 그 과정에서 그동안 안정되었다고 믿었던 것들이 액체처럼 변했다. 가족, 친구, 전통, 사회, 문화, 직업, 일상, 감정 등등 그 모든 게 유동하기 시작한다. 어떤 것도 오래가지 않는다. 단단하고 중요한 가치들마저 흐르고 흩어진다.

영국의 사회학자 지그문트 바우만Zygmunt Bauman은 '액체'라는 화두를 붙잡고 오랜 세월 연구했다. 바우만에 따르면 근대화에 따라 세상은 액체화되었다. 이득이 있다면 함께할 수 있지만 이익이 되지 않는 인간관계라면 언제든지 끊어 낼 수 있는 '액체' 사회가 된 것이다. 이런 현상을 지그문트 바우만은 "결혼에서 동거로 옮겨가는 과정"이라고 얘기한다.

오늘날의 '액화되고' '흐르고' 분산되어 흩어져 있으며 규정에서 풀려난 근대의 형식이 이혼이나 의사소통의 최종적 단절을 의미하는 것은 아니라 하더라도, 결속 끊기와 자본과 노동의 연계가 헐거워진 것으로 특징지어지는 가벼운, 자유롭게 떠다니는 자본주의의 도래를 예견케 하고 있음은 분명하다. 이 운명적 출발을 칭하여 결혼에서 '동거'로 옮겨가는 과정이라 할 만도 한데, 이 과정

에 자연이 뒤따르는 태도와 전략적 파생물은 일시적 동거라는, 즉 동거의 필요
나 욕구가 고갈되면 이 결합이 언제 어떤 이유로도 깨질 수 있다는 가능성을 전
제한다. 함께 지낸다는 것이 서로 득이 되는 합의와 상호 의존의 문제였다면, 결
속 끊기는 일방의 문제이다.

지그문트 바우만, 『액체근대』

결혼을 하려면 안정이 되어야 하고 갖춰야 할 게 많다. 그리고 평생 함께
해야 한다. 이것은 오늘날의 자본주의 흐름과 맞지 않는다. 자본주의는 더
많은 이익과 더 많은 쾌락, 더 많은 자본을 위해 그동안 우리를 붙잡아 주던
지평들을 부숴 버린다. 그래서 우리는 자본주의의 흐름에 따라 깊고 오랜
연애 대신 짧고 얕은 연애, 결혼 대신 동거를 하게 된다.

이제 그 누구도 사랑을 믿지 않는다. 지금은 곁에 있더라도 언제 우리의
관계가 액체화되어 흘러가 버릴지 알 수 없기 때문이다. 그래서 누가 사랑
이 영원하다고 얘기하면 손발이 오그라든다. 그렇지만 그 때문에 내 삶은
보잘것없어진다. 사랑이 덧없어지는 배후에 자본이 있음을 모른 채 사랑을
비웃기 때문에, 손해를 보지 않으려는 인간관계만 맺기 때문에, 상처를 피
하려는 안전한 관계만 바라기 때문에, 내 삶의 변화를 두려워하기 때문에,
연애에 대한 대중문화들은 소비하면서도 스스로 사랑을 생산하지 않기 때
문에, 내 삶은 더 외로워진다. 지금 우리에게 드리워진 짙은 외로움은 말없
이 나의 맨얼굴을 드러낸다.

사랑을 같잖게 여기고 하찮게 바라보는 현상에 맞서 싸워야 한다. 프랑
스의 철학자 알랭 바디우Alain Badiou는 사랑이 지금 위협받고 있다면서 사
랑을 보호해야 한다고 주장한다. 알랭 바디우는 사랑을 보호하는 것이 "단

순히 보존하기 위한 방어적인 태도"와 다르다면서, 오히려 보호는 "혁신"이라고 얘기한다. 오늘날 우리가 안전과 안락에 빠지면서 사랑을 잃고 있으니 이에 대항하여 "위험과 모험"을 다시 창안해야 한다고 부르짖는다. 위험을 감수하면서 모험을 해야만 사랑을 할 수 있다는 얘기다.

> 다른 것들도 많겠지만, 개중에 사랑을 보호하는 것도 철학의 임무일 것입니다. 이 말은 시인 아트튀르 랭보가 지적했듯이, 사랑을 재발명해야 한다는 사실을 전제합니다. 이것은 무언가를 단순히 보존하기 위해 방어적인 태도를 취한다는 것과는 매우 다른 것입니다. 세계는 사실 새로운 것들로 가득 차 있으며, 사랑도 마찬가지로 이러한 혁신 속에서 취해져야만 할 것입니다. 안전과 안락에 대항하여 위험과 모험을 다시 창안해야만 합니다.
>
> 알랭 바디우, 『사랑예찬』

온통 사랑이 들끓지만 당최 사랑이 무엇인지 모르겠고 사랑이 어디에 있는지 찾기도 힘든 시대다. 아무도 사랑을 믿지 않는 오늘날에 사랑을 믿고 사랑을 하겠다고 나서는 사람이 더 어리석게 보일지도 모른다. "사랑? 웃기네, 다 욕망이고 호르몬이야. 너무 복잡하게 굴지 말고 그냥 대충대충 즐겨!"라는 타박이 날아오기도 한다. 그래서 우리는 애인이 있더라도 내내 외로울 수밖에 없다. 연인이 있더라도, 날마다 붙어 다니고 쉴 새 없이 연락하고 사랑하는 사람을 안더라도 외롭다는 사실은 우리를 당혹하게 만든다. 애인만 생기면 사라지리라 믿었던 외로움이 여전히 내 안에 똬리를 틀고 있기 때문이다. 손을 잡으며 함께 있어 달라고 속삭이더라도, 상대가 내 눈을 바라보며 정성껏 애무하더라도, 뒤돌아서는 순간 안개 같던 외로움이 물보라 치며 나를 덮친다.

그렇다면 나의 외로움은 만나는 사람이 없거나 애인이 못나서가 아니라 내가 사랑을 잘못 알고 있기 때문은 아닐까? 세상엔 사랑이 넘쳐나고 어디를 가도 다들 사랑 타령이지만 막상 사랑이 뭔지 물으면 선뜻 대답을 할 수 없어서 멋쩍은 미소만 짓게 된다. 사랑에 대해 빠삭한 척하더라도 우린 사랑 앞에서 늘 뒤통수를 맞는다. 사랑에 대해 수런대기만 했지 진지하게 그것을 공부해 본 적이 없기 때문이다. 사랑에 대해 무지한 탓에 우리의 사랑 풍경은 스산하다.

우리는 자신을 속인다. 남들에게 자랑하고자 세상이 욕망하는 사람을 애인으로 삼고, 남들이 좋아하는 조건을 갖춘 뒤 거래 같은 연애를 하면서도 사랑을 잘하고 있다며 자신을 속이려 든다. 그래서 더 외로워진다. 외로움을 피하고자 누군가를 허겁지겁 만나고 연말을 혼자 보내기 싫어 별로 내키지 않는 만남들을 헐레벌떡 쫓아다닌다. 그래서 더욱 쓸쓸해진다.

우린 외롭다. 이토록 사랑에 대해서 미주알고주알 살피고 사유하는 까닭은 우리가 외롭기 때문이다. 그렇지만 외로움이 슬픔은 아니다. 외로움은 우리의 스승이다. 우리가 혼자서만 살 수 없음을, 누군가와 함께해야 함을, 타인의 소중함을 외로움은 가르쳐 준다. 이와 동시에 외로움은 진정한 소통을 하지 않으면 그 누구를 만나더라도 쓸쓸할 수밖에 없음을 알려 준다.

그렇다면 우리는 외로움을 품으면서 외로움과 더불어 사랑의 관계를 재발명해야 하지 않을까? 지금까지 '발명'되어 행해지던 사랑의 방식이 우리를 자유롭고 행복하게 하지 못한다면 우리는 사랑을 '재발명'해야 한다. 자신을 통해, 자신을 넘어서, 다시 사랑을 창조할 시간이다.

몰락을 사랑하다

우리는 사랑이 영원하기를 바라고, 환상을 꿈꾸며 미래를 약속한다. 내 안전과 편의와 먹고사는 문제에만 급급하던 존재가 한순간에 미래를 꿈꾸고 영원을 품으면서 달라진다. 그래서 고귀하고 놀라운 사건으로서 사랑은 미천하고 유한한 우리를 변화시킨다. 사랑에 빠지면 숨겨져 있던 무한한 잠재성이 솟아나오면서 인간이 바뀐다. 그래서 프리드리히 니체는 『선악의 저편』에서 "사랑은 사랑하는 사람의 고귀하면서 숨어 있는 성질을 ─그가 지닌 희귀한 것, 예외적인 것을 밖으로 드러낸다"고 적었다.

우리가 나이가 들면서 과거의 사랑을 그리워하는 까닭도 지금과 달리 당시엔 믿기지 않을 만큼 대담하고 거침이 없었기 때문이다. 사랑은 사람을 용기 있게 만든다. 플라톤의 『향연』에 담겨 있듯 애인이 바라볼 때 비겁한 모습을 보이고 싶지 않은 게 사람인지라 우리는 사랑하는 사람이 생기면 이전보다 강해진다. 용기 있는 고귀한 사람을 어찌 사랑하지 않을 수 있겠는가? 우리는 서로의 고귀함에 반해 서로를 그리워하고 좋아하고 탐낸다. 사랑은 이토록 짧은 순간이지만 고귀한 힘들이 어우러지는 아름다움이다.

하지만 아쉽게도 고귀함과 대범함이 쭉 이어지진 않는다. "사랑은 그가 일반적으로 지니고 있는 것에 대해 쉽게 잘못 생각하게 한다"고 니체는 슬며시 '주의'를 덧붙여 적어 놓는다. 고귀한 힘은 우리가 "일반적으로 지니고 있는 것"이 아니다. 사랑은 우리가 경험하듯 우리 안에 고귀한 힘들을 분출시키지만 그 힘들이 나 자체가 되지는 않는다. 우리에겐 고귀한 힘들만 있는 것이 아니라 비겁하고 약아빠진 힘들도 있다. 여러 힘들이 내 안에서 싸우면서 인생을 만들어 가는데 안타깝게도 고귀한 힘이 압도하기보다는 오히려 천박한 힘이 나를 유혹해서 승리하곤 한다. 우리의 일반성은 대개 약하고 게으른데, 우리는 사랑할 때 고귀한 힘이 나온 상대를 보면서 그 사람 자체가 고귀하다고 '오해'하게 된다.

따라서 상대의 고귀함에 반해 시작된 사랑은 그 자체로 종말을 예고한다. 푸름으로 만발하던 여름도 낙엽이 지는 가을이 되고 세찬 추위가 들이닥치는 겨울이 되듯 이글거리는 사랑은 시작부터 끝을 잉태하고 있다. 고귀한 순간보다는 남루한 일상이 두 사람 사이를 파고들면서 상대가 처음 같지 않다는 걸 느끼게 되고, 나 또한 예전 같지 않다는 걸 알게 된다. 불꽃처럼 피어올랐던 우리의 사랑은 그렇게 저물어 간다. 독일의 사회학자 니클라스 루만Niklas Luhmann은 사랑이 한계를 모르는 과도함을 뿜어내지만 그렇기 때문에 사랑은 한계를 맞을 수밖에 없다고 얘기한다. 사랑의 "과도함이 바로 그 종말의 근거"이다.

한계가 없을 것처럼 헌신하며 서로를 탐닉하던 사랑은 자신의 과도함으로 말미암아 종말로 치닫게 된다. 그 속도의 차이가 있을지언정 "열정으로서의 사랑"은 식어 갈 수밖에 없다. 열정은 언제나 한계를 모를 듯 뿜어져 나오지만 그렇기 때문에 역설적으로 한계를 지닌다. 세월 앞에는 장사가 없기 때문이다.

태풍이 할퀴고 지나간 자리엔 덩그러니 폐허만이 남듯 상처와 허무만을 남기고 사라지는 사랑을 겪다 보면 우리는 시작하기도 전에 사랑을 두려워하게 된다. 어차피 사랑이 끝날 거라면서 사랑의 상처와 허무마저 기꺼이 받아들이지 못하게 된다. 우리는 사랑이란 사건을 포기해 버리면서, 들불처럼 번지기에 앞서 어렵사리 솟아난 마음의 불씨를 지그시 꺼뜨린다. 잘 안

될 거라면서, 상처는 받기 싫다면서, 사랑 뭐 별것 있느냐면서 우리는 영리한 척 군다. 그렇게 사랑을 물리친 자신을 옹호한다. 하지만 사랑에 대한 거부는 영리함이 아니라 미욱함이 아닐까? 오히려 우린 사랑의 끝을 알기에 사랑의 순간순간을 소중히 여기며 사랑할 수 있지 않을까?

무언가가 영원하고 불멸한다면 그것을 사랑할 수 있을까? 우리가 무언가를 고이 여기고 살뜰히 아끼는 까닭은 그 무언가가 스러지고 사라지기 때문이다. 눈에서 멀어지기에, 손에서 빠져나가기에, 세월의 바람에 흩날리기에 우리는 누군가를 이 순간 진심으로 사랑할 수 있다. 사랑이 애틋하고 아름다운 이유다.

프랑스의 철학자 자크 데리다Jacques Derrida는 법과 정의를 분석하고 해체하는 책에서 '사랑'에 대한 이야기를 꺼낸다. 자크 데리다의 글을 통해 우리의 사랑이 언젠가 끝날 것이기에 이토록 아름다울 수 있다는 걸 깨달을 수 있다.

사실 우리가 이것 외에 다른 무엇을 사랑하겠는가? 그것들의 취약함에 대한 무상한 경험이 아니라면 우리는 어떤 기념물, 건축물, 제도를 사랑할 수 없다. 그것은 항상 거기 있었던 것이 아니며, 그것은 항상 거기 있지도 않을 것이다. 그것은 유한한 것이다. 그리고 바로 이러한 이유에서 우리는 그것을 죽을 수밖에 없는 것으로서, 그것의 탄생에서부터 죽음에 이르기까지, 그것의 몰락의, 나 자신의 몰락의―따라서 전자는 바로 자신의 몰락이거나 나 자신의 몰락을 미리 보여 주는 것이다―환영이나 그림자를 통해 사랑한다. 이러한 유한성이 아니라면 우리가 널리 어떻게 사랑할 수 있겠는가?

자크 데리다, 『법의 힘』

우리가 유한의 존재이며 언젠가 죽을 운명이고 제한된 인식으로 세상을 살아가는 인간임을 깨달을 때, 덧없음과 헛헛함에 나뒹굴기보다는 도리어 지금의 인연을 소중하게 여기며 순간순간을 '영원토록' 사랑하게 된다. 시간 앞에서 천천히, 하지만 완강하게 이뤄질 나의 몰락이 안타까운 만큼 그대도 몰락하고 있으며 우리의 시간과 인연도 몰락하고 있음을 절절히 느끼기 때문이다.

놀랍게도 몰락은 사랑을 부정하기보다는 사랑을 더 이글거리게 해 주는 조건이 된다. 사랑의 과도함이 사랑의 종말을 부르지만, 바로 그 때문에 우린 '순간의 영원'을 꿈꾸며 열정과 믿음으로 사랑의 세계를 건설할 수 있게 된다.

여섯 번째 충격

지루함의 끝에서
다시 찾아오는 것,
'고통'

흔들어 주세요

2011년 무한도전 가요제에서 싸이와 노홍철이 부른 「흔들어 주세요」는 처음엔 나지막하면서도 조금은 쓸쓸하게 읊조리다가 갑자기 "흔들어 주세요"를 외치는 노래다. 방송에서 싸이가 얘기했듯 강한 인상을 주고자 처음엔 낮게 깔다가 '꽉' 하고 격한 가락과 빠른 박자로 바꾼 셈인데, 그 '꽉' 바뀔 때 되풀이되는 '흔들어 주세요'에 어떤 진실이 담겨 있지는 않을까?

곰곰이 따지면 노랫말 중에 "사랑하는 사람 떠나고 새로운 만남은 뻔하고 이제는 혼자가 편하고 외로울 뿐"과 "흔들어 주세요" 사이엔 인과관계가 없다. 누군가와 헤어지고 그 슬픔에서 아직 헤어 나오지 못해 새로운 사람과 만나는 일이 시큰둥해졌다고 하여도 반드시 흔들어야 하는 건 아니다. 그런데도 '꽉' 하고 충격을 주듯 "흔들어 주세요"를 되뇌는 까닭은 흔들리고 싶기 때문이 아니라 진작부터 내가 흔들리고 있기 때문은 아닐까? 흔들리는데 누가 흔들어 주면 자신의 흔들림이 숨겨지기에 흔들어 주라고 노래하는 게 아닐까? 마치 너 때문에 내가 흔들리는 듯.

누군가와 작별하였거나 홀로 외로우면 누가 흔들지 않더라도 흔들리기 마련이다. 사람들이 술을 마셔대는 까닭도 술 자체가 좋다기보다는 술기운에 기대 삶의 고통을 잠깐이나마 누그러뜨리고 싶기 때문이다. 그래서 술을 마신 이들 가운데 눈물을 쏟거나 벗들을 불러 모아 놓고 넋두리를 하는 경우가 드물지 않다. 그만큼 자신의 삶이 어마어마하게 흔들리고 있다는 뜻이다. 술은 나의 흔들림을 멈추게 하지는 못하지만 흔들리는 걸 알림으로써 흔들리다 나자빠지는 걸 막아 주는 셈이다. 인간은 속으로 조용히 울면서 자신이 흔들린다는 사실도 모른 채 살다가 뒤늦게 깨닫는 갈대 같은 존재다.

인간은 흔들리는 존재다. 댄스곡에 "흔들어", "shake"라는 말들이 흔하디흔하게 쓰이긴 하지만 노홍철과 싸이의 노래에서 흔드는 까닭은 그 흔듦을 통해 '지금의 외로움'을 잊기 위함이 아닌가? 물론 아무리 혼자 흔든다고 외로움이 풀어지는 것은 아니다. 누군가가 있어야 한다. 그렇기 때문에 혼자 춤추지 않고 무도회장에 가서 춤을 추고, 싸이와 노홍철은 "흔들어요"가 아니라 흔들어 "주세요"라고 하지 않았을까? 흔들어 주라는 건 노래를 부르는 이들이 듣는 이들에게 같이 춤춰 달라는 뜻이기보다는 이 노래를 흥얼거리는 이들이 자신도 모르게 그 누군가를 부르는 간절한 외침이 아닐까?

신나고 즐겁기 때문에 그 즐거움을 북돋고자 흔들기도 하지만 사람들은 곧잘 외로움을 숨기고자 흔든다. 그런 의미에서 클럽은 어쩌면 춤을 추며 몸을 흔드는 곳이라기보다는 일상의 흔들림을 감추는 곳인지도 모른다. 클럽이니까 춤추고 술을 먹고 흔든다고 생각하게끔 클럽은 현실의 흔들림을 가리는 것이다. 무도회장이 있기 때문에 흔드는 게 아니라 흔들리기 때문에 무도회장에 간다. 무도회장에 가고 싶다는 판단이 먼저가 아니다. 흔들림이 먼저다. 이성은 내 안의 흔들림에 따라 무도회장이라는 '선택'을 하게 된다. 그래서 "흔들어 주세요"엔 이런 노랫말이 있다. "미치고 싶은! 미칠 것 같은! 그런 사람들!"

아무리 애를 쓰고 발을 동동 구르고, 한다고 하는 데도 "님이 님이 님이 님이 사랑하는 님이 남이 남이 남이 돼 버리고", "사랑이란 알다가도 모르겠다 에라 에라 에라 에라 모르겠다"는 기분에 빠지곤 한다. 그러다 보면 제풀에 "흔들어 주세요"라고 투정 부리게 된다. 사랑은 모르겠고 님이 남이 되어 버리는 현실이지만 그럼에도 또다시 외로움과 괴로움에 흔들리는 나를 흔들어 "주"는 사람이 나타나길 바라게 된다. 그래서 밤마다 "콩콩콩 다시 가슴이 뛰"고 "동동동 오늘도 달리"는 것이다. 그러므로 "흔들어 주세요"는 이성이라는 화장발만으로는 도저히 어찌할 수 없는, "미칠 것 같은" 인간의 민낯을 털어놓은 것이라 할 수 있다.

흔들림이 인생이다. 흔들리면서 인간은 살아간다. 유명한 수학자였던 파스칼Blaise Pascal은 인간의 삶에 슬픔을 느끼고 신을 사유하는 철학자가 되었다. 파스칼이 인간을 '생각하는 갈대'라고 쓴 까닭도 자신이 갈대처럼 흔들렸기 때문이다. 우리는 '갈대'를 눈여겨봐야 한다. 갈대처럼 흔들리지 않으면 우리는 사유를 하지 않는다.

파스칼은 올바르게 사유하자고, 그것이 도덕의 원리라고 주장한다. 인간은 너무나도 가볍게 죽지만 자신이 죽는다는 걸 아는 존재, 사유를 하는 존재이기에 존엄하다고 파스칼은 얘기한다. 나 스스로 높이며 자존감을 갖는 건 사유에서 비롯된다. 삶의 존엄을 위해서라도 나는 내 안의 흔들림을 사유해야 한다.

나는 불행하다, 이런 것이 아니었다

다들 행복해지고 싶어 한다. 그래서 서로들 행복하라고 인사한다. 그렇지만 여기서 묘한 역설을 만난다. 행복하려는 눈물거운 노력은 결국 내가 얼마나 행복하지 않은지를 일러 준다. 걸핏하면 읊조리는 "행복하고 싶다"는 얄궂게도 자신의 불행을 털어놓는 입버릇인 셈이다. 행복이란 말이 여기저기에서 떠돌고 다들 자기 삶의 목표가 행복이라는 현대는 그만큼 불행한 시대인지 모르고, 우리의 삶은 불행을 감추고 잊으려는 몸부림인지도 모른다.

어제 저녁을 어떻게 보냈는지 조금 가물가물하지만 기억을 더듬어 일상을 돌이켜 보면 우리의 저녁은 엇비슷하다. 유흥가에 가 술에 기대거나 아니면 집에 들어와 텔레비전을 보게 된다. 술을 마시고 텔레비전을 보면서 낮의 스트레스를 풀어내려 한다. 술을 마시며 시시덕거리고 텔레비전을 보면서 깔깔대는 일도 삶의 즐거움이다. 그러나 술과 텔레비전에 취해 잠깐 웃을 수는 있으나 내 안의 헛헛함이 사그라지지는 않는다. 그런 즐거움들은 내 삶이 정말 즐거워서 절로 우러나는 즐거움이라기보다는 괴로운 삶을 달래고자 바깥에서 들이붓는 '마약'에 가깝기 때문이다. 삶이 괴로울수록 나는 이런 마약들에 삶을 내맡기게 된다.

'가짜' 즐거움이 있는 곳엔 감춰지지 않는 '진짜' 고통이 드러난다. 위글위글한 유흥가와 와글와글한 텔레비전은 도리어 우리네 인생의 외로움과 스산함을 알려 준다. 삶이 흥겹고 아늑하다면 굳이 유흥가로 발길을 돌리거나 텔레비전 채널을 만지작거리지도 않을 것이다. 우리는 허전함을 느끼지 않기 위해서 일과가 끝난 저녁이면 일부러라도 약속을 잡거나 하염없이 텔레비전을 본다. 불행한 느낌들은 유령처럼 한낮에도 떠돌고 있으나 못 느끼다가 이슥한 시간이 되면 내 가슴속 으슥한 구석에서 살그머니 기어 나와 으스스하게 속삭인다. "뭔가 이상하지 않니?"

시인 기형도도 이 감정을 절절하게 느꼈다. 우리는 이상하다는 느낌으로부터 도망가려고 하는데 반해 예술가들은 자신의 감정을 들여다보고 그것을 표현한다. 어렴풋한 감정들을 꺼내서 직면해야만 무엇이 얼마나 잘못되었는지 좀 더 명확하게 알게 되고 변화를 모색할 수 있다. 예술이 변화의 촉매가 되는 이유다. 기형도는 귓갓길에 허무하고 덧없는 느낌을 그의 시 「진눈깨비」에서 "갑자기 눈물이 흐른다, 나는 불행하다/이런 것이 아니었다"는 울부짖음으로 표현하기도 했다.

아무리 부지런히 살더라도, 정직하게 나와 마주치는 저녁 시간이 찾아오면, 우리는 이상하게 가슴 한쪽이 미어진다. 내 생명력을 갉아먹는 일을 하면서 원치 않은 모습으로 늙어 가고 있는 자기 모습을 감출 수 없기 때문이다. 나는 안다. 내가 지금 어떤지.

인간은 진화하면서 자신을 인식하고 지구를 지배할 만치 똑똑해졌지만 다른 동물들이라면 전혀 느끼지 않을 불안에 시달리면서 자신의 유한성을 자각해야 했다. 이성이 발달하는 만큼 자신의 한계를 깨닫게 되면서 인간은 괴로워졌다. 다른 동물이라면 그냥 살았을 삶이 고뇌로 가득 차게 된다. 그래서 미국의 생물학자 에드워드 윌슨Edward Wilson은 인간이 다른 종들보다 유리한 고지를 점했지만 그에 따른 대가를 치르고 있다고 설명한다.

내가 그토록 텔레비전과 술과 섹스와 영화와 쇼핑과 도박과 마약에 의존하는 이유는 나로부터 도망가고 싶기 때문이다. '나'를 느끼면서 사는 건 버거운 일이다. 나는 나로부터 탈출하고 싶다. 그래서 몸을 흔들고 춤을 추게 된다. 나의 개인적 존재의 유한성을 느끼고 싶지 않기 때문에. 그래서 종교에 의지하게 된다. 나는 내가 괴롭다!

고통과 지루함 사이에

정말로 우리는 밝게 웃고 타인들에게 다정하게 대하고 세상을 깊게 바라보는 등의 일을 잘하지 못한다. 인생을 돌이켜 보면, 즐거움보다는 괴로움이, 기쁨보다는 슬픔이, 설렘보다는 후회가 더 크다. 나는 오늘도 외로이 우울하게 답답해하며 살아간다. 그런데 왜 이렇게 살아가는지 잘 모른다. 삶을 살면서도 막상 삶에 대해서는 별로 생각하질 않는다. 삶은 평생 나를 보살펴 줄 부모라도 되는 것처럼 당연하게 나를 감싼 채 이어지기 때문이다. 그래서 삶의 소중함이나 의미에 대해서 평소에 그리 진지하게 생각하질 않게 된다.

오늘 아침을 떠올려 보면 내가 삶을 어떻게 대하고 있는지가 드러난다. 새날이 밝아 눈이 번쩍 뜨이면서 기분이 좋았나? 아니다. 조금만 더 누워 있고 싶었다. 하지만 출근 시간이고 해야 할 일이 있기 때문에 마지못해 이불을 박차고 일어나 부스스한 모습으로 화장실에 들어가 고양이 세수를 한 뒤 주섬주섬 옷을 입고 허둥지둥 출근을 준비했다.

내가 이토록 아침에 눈 뜨는 일이 힘든 까닭은 우선 잠이 모자라기 때문이다. 나는 해야 할 게 많고 밤늦게까지 돌아다니다 보니 충분히 수면을 취하지 못한다. 잠이 고파 나는 고달프다. 피로는 쌓여 가고 눈 밑의 어스름한 그늘이 갈수록 짙어진다. 주말이 되면 해가 중천이 되도록 죽은 듯 잠을 자게 된다.

그러나 나의 아침이 괴로운 까닭은 단지 피로 때문만은 아니다. 별로 피곤하지 않아도 아침에 눈 뜨는 일이 곤욕스럽고, 때론 고통이기까지 하다. 내 일상이 신나고 설레지 않기 때문이다. 잠을 자면 별생각 없이 편한데, 깨어 있는 생활은 이런저런 골치 썩는 일이 널렸고, 사람들에게 이래저래 치이는 데다 그날이 그날처럼 돌아간다. 이것이 내가 아침에 깨었을 때 빙그레 웃기보다는 찡그리게 되는 이유이다.

> 아무런 의욕이라곤 없어 차마 맞이하고 싶지 않은 날들이 많았는데, 그런 날이면 하루를 보내기가 무척 어려울 거라는 것을 미리 알 수 있었다. 그런 날에는 눈을 뜨는 순간부터 망연자실해졌고, 일어나 하루를 보낼 생각만 해도 피로가 몰려와 다시 누웠다가 한참 후에야 일어날 수 있었다.
>
> 정영문, 『어떤 작위의 세계』

우리는 별다른 의욕이 안 나는 삶을 살고 있다. 냉정하게 일상을 살펴보면, 지질하기 그지없고 좀스럽기 짝이 없다. 목을 죄는 넥타이처럼, 허리를 조르는 거들처럼, 나날은 팍팍하고 넌더리가 난다. 그래서 일상에 숨 막혀 하며 여행을 떠나려 하고, 갑갑함을 해소하고자 일탈을 꿈꾸기도 한다. 일상을 잊고 싶으니까.

삶은 괴롭다. 돈이 부족해서, 미래가 불투명해서, 일이 안 풀려서, 인간관계가 꼬여서 힘들다. 그래서 고통을 줄이려고 열심히 일하고 목표를 이뤄 내려고 애쓰는 가운데 틈만 나면 일탈하며 일상의 괴로움을 잊으려 한다. 하지만 고통이 줄어들면 스멀스멀 허무와 지루함이 기어 나온다. 나이가 지긋해지면서 과거엔 없이 살았어도 그때가 행복했다면서 넋두리하는 까닭도 인간은 결코 현재에 만족하지 못하기 때문이다. 여유 있는 안정과 평온한 일상을 보내더라도 행복을 보장하지는 않는다. 풍요와 평화가 추구해야 할 목표처럼 보이지만 막상 풍요와 평화는 인간에게 만족을 주기는커녕 외려 우울함을 선사하기도 한다.

따분함과 우울함이 들이닥칠까 두려운 나머지 파티를 벌이고 술을 마시고 휴가를 가고 쾌락을 좇는다. 그동안 힘들고 바쁘고 빠듯하게 살았다면 이제 잔잔하고 한가하고 여유롭게 시간을 보낼 수도 있을 텐데, 가만히 있질 못한다. 막상 고요하고 느긋하게 하루를 보내려고 해도 몸이 근질근질하고 답답해진다. 여유는 권태가 되기 일쑤고, 안정은 지루함으로 변질된다. 더 슬픈 건 권태와 지루함도 오래 못 간다는 사실이다. 사라진 줄 알았던 불안이 갑작스레 덮치고, 예기치 않았던 사달이 터진다. 행복은 영영 느낄 수 없을 것만 같다. 나의 삶은 고통에서 지루함으로, 다시 고통으로 악순환한다.

쇼펜하우어는 인생을 고통과 지루함 사이에서 왔다 갔다 하는 과정이라고 잘라 말한다. 아무리 감추고 덮으려 해도 사라지지 않는 삶의 고뇌와 우울함이 인생의 줄거리라고 쇼펜하우어는 주장한다. 고뇌를 추방하고자 돈을 벌고 사람들을 만난다 해도 고뇌는 다른 형태로 돌아온다고, 인생은 '고통'이라고 쇼펜하우어는 잔인하게 속삭인다.

고뇌를 추방하려는 끊임없는 노력은 고뇌의 형태를 바꾸는 것 말고는 아무 것도 할 수 없다. 이러한 고뇌의 행태는 원래 부족과 고난, 삶을 유지하기 위한

쇼펜하우어는 인생을 고통과 지루함 사이에서 왔다 갔다 하는 과정이라고 잘라 말한다. 아무리 감추고 덮으려 해도 사라지지 않는 삶의 고뇌와 우울함이 인생의 줄거리라고 쇼펜하우어는 주장한다. 고뇌를 추방하고자 돈을 벌고 사람들을 만난다 해도 고뇌는 다른 형태로 돌아온다고, 인생은 '고통'이라고 쇼펜하우어는 잔인하게 속삭인다.

걱정이다. 극히 어려운 일이긴 하지만, 이러한 형태를 한 고통을 몰아내는 데 성공한다면, 고통은 연령이나 사정에 따라 교대로, 수많은 다른 모습을 취하며 성욕, 열정적인 사랑, 질투, 부러움, 증오, 불안, 명예욕, 금전욕, 질병 등등으로 나타난다. 고통이 결국 다른 모습을 취할 수 없게 되면 싫증과 지루함이라는 슬픈 회색 옷을 입고 나타나는데, 그러면 사람들은 이것에서 벗어나려고 여러 가지 시도를 하게 된다. 마침내 이러한 것을 쫓아내는 데 성공하면 이전의 여러 고통들 중의 하나에 다시 빠져, 괴로운 춤을 처음부터 다시 추게 될 것이다. 인간의 모든 삶은 고통과 지루함 사이에 이리저리 내던져져 있기 때문이다.

아르투르 쇼펜하우어, 『의지와 표상으로서의 세계』

나름 즐겁고 기뻤던 순간들도 많았으나 잊히지 않는 수많은 고통스러운 기억들이 떠오른다. 때에 따라 달라졌지만 고통은 "성욕, 열정적인 사랑, 질투, 부러움, 증오, 불안, 명예욕, 금전욕, 질병 등등으로" 번갈아 또는 한꺼번에 찾아와 나를 할퀴고 찌르고 물어뜯으며 괴롭혔다. 하나의 수렁에서 빠져나오면 또 다른 늪이 기다리고 있었다. 잠깐 숨 돌릴 새도 없이 고통은 잇달아 몰아닥친다. 그러다 불현듯 정신을 차리면 청춘은 지나간 지 한참이고 여기저기 희끗한 머리에 탈난 몸만 남게 된다.

인간은 수많은 고통을 외로이 겪다가 죽는다. 이 잔혹한 진실로부터 자유로운 사람은 아무도 없다. 종교 단체에 가 보라. 얼마나 많은 사람들이 고통 속에서 울부짖고 있는가! 유흥가에 가 보라. 얼마나 많은 사람들이 지루함에서 도피하고자 아등바등하고 있는가!

삶은 지루하고 고통스럽다. 지루하도록 고통스럽고, 고통스럽게 지루하다. 쇼펜하우어도 인간의 고통과 지루함을 겪었다. 그래서 쇼펜하우어는 끝없이 펼쳐지는 고통의 구렁에서 허우적거리다 지루함의 수렁으로 빠지는 일이 인생이라고 섬뜩하게 말한다. 아직 고통이나 지루함을 별로 겪지 않은 채 살았다면 머지않아 여지없이 고통과 지루함이 찾아올 테고, 지금까지 삶이 지루하고 고통스러웠다면 당신만 그런 것이 아니라고 얘기한다.

삶이 고통스러울 때, 뭔가 일이 안 풀릴 때, 쇼펜하우어는 쓱 나타나서 얘기한다. 너만 힘든 게 아니라고, 인생은 고통이라고. 뭔 헛소리인가 싶지만 알싸하게 기분이 변한다. 대놓고 힘내라고 하는 것보다 지금 들이닥친 인생의 문제들을 새롭게 바라보도록 쇼펜하우어는 도와주는 셈이다.

죽음을 은폐하며 회피하는 태도

쇼펜하우어에 따르면 지금 현재는 "죽어 있는 과거 속으로 끊임없이 쓰러지"고 있다. 살기 위해서 먹고 마시고 자지만 그건 죽음을 미루고 저지하려는 몸부림일 뿐이다. 나는 죽음과 악다구니로 싸우면서 삶을 이어가지만 결국 패배한다. 쇼펜하우어가 이처럼 인간의 삶에 염증을 느끼며 독설을 날리는 걸 비웃기는 어렵다. 나는 죽을 수밖에 없는 존재다. 그래서 그럴까? 나이가 들어 임종을 맞이하는 순간 대다수의 사람들은 자신의 삶을 부질없다고 느끼며 후회한다. 이를두고 쇼펜하우어는 "태어날 때부터 죽음의 손아귀에 들어가 있고, 죽음은 잠시 동안만 자신의 전리품을 가지고 놀다가 집어삼키기 때문이"라고 쓴다. 인간의 삶을 "언젠가는 터질 거라는 것을 알고 있으면서도 되도록 오랫동안 크게 부는 것"이라고 비눗방울에 비유하기도 한다. 인간의 삶에 대한 모독이자 모욕 같다. 하지만 어쩌면 마주치지 않으려는 삶의 진실을 쇼펜하우어가 건드리기 때문에 불쾌함을 느끼는 게 아닐까? 나는 '죽음'을 좀처럼 생각하지 않으려 한다. 나는 죽지만, 마치 영원히 살 것처럼 살아간다. 그러다 가까웠던 사람이 불치병에 걸리거나 불의의 사고로 세상을 떠나면 흠칫 경악하더라도 금세 또 죽음을 잊고 산다. 이러다 보니 현대인들이 유일하게 인생을 직면하고 사유할 수 있는 공간이 장례식장이라는 말이 있을 정도다. 그러나 장례식장에 가서 엄숙하고 진지한 표정을 지으면서 조금이라도 삶과 죽음을 고민하더라도 금방 우리는 일상에 젖어들어 흥청망청 세월을 보내게 된다.

독일의 철학자 마르틴 하이데거Martin Heidegger가 죽음을 끄집어내어 사유한 이유도 인간들이 죽음을 깜빡하고 그날이 그날인 것처럼 일상을 비루하게 흘려보내기 때문이다. 나를 에워싼 일상성은 죽음을 감추고 가린다. 그리고 죽음을 입에 담는 일조차 꺼려하며, 설사 죽음과 마주치더라도 어설프고 어정뜬 위로로 죽음을 회피하려 한다.

나는 "죽어 가는 존재"라는 '본래성'을 회피하려 한다. 그래서 병원에 갔을 때 죽음이 무엇인지 대화하기보다는 괜찮아질 거라고, 병문안 가면 으레 건네야 하는 굳어진 형식의 뻔하디 뻔한 말을 내뱉을 수밖에 없다. 나는 죽어가는 환자 옆에서 마치 죽음이 오지 않을 것처럼 굴다가 다시 죽음과는 상관없는 "잘 배려된 세계의 안정된 일상"으로 되돌아간다. 그래서 하이데거는 내가 아픈 사람에게 건네는 격려들이 환자에 대한 위안이면서 동시에 위로를 건네는 나 자신에 대한 위안이라 얘기한다. 그렇게 '위로'를 하면서 나는 나 자신의 "가장 고유한" 진실을 회피하면서 "죽음에 대한 부단한 안정감"을 갖게 된다.

"죽음을 은폐하며 회피하는 태도"는 일상성을 넘어 사회에도 퍼져 있다. 어디에서도 죽음과 고통에 대한 불안은 나오질 않는다. 대중매체는 걱정하거나 동요하지 말라고, 지금을 웃고 즐기라고 가림막을 설치한다. 텔레비전이나 인터넷 포털 사이트엔 내가 평생 청춘이며, 영원히 연애하고 즐기면서 살 것 같은 이야기들만 늘어놓고, 청춘을 주인공으로 삼는 영상들로 나의 정신을 오도한다.

죽음에 대한 불안은 내 삶과 맞물려 있는 존재의 그림자인데 세상은 죽음을 가끔씩 마주치는 공포 정도로 바꿔 놓는다. 나는 끝없이 불안한데, 불안을 이겨 내라고 꾸짖기까지 한다. 그렇게 죽음에 대한 인식은 점점 마비되어 가지만 죽음은 사라지지 않는다. 죽음을 감추고 회피해도 알 수 없는 불안이 내 안에서 꿈틀댄다. 텔레비전과 대중매체를 보며 웃다가 느닷없이 솜털이 곤두서면서 불안해지는 까닭이다.

비본래성에서 벗어나 본래의 삶, 내가 잊고 있던 존재를 만나게 되는 사건을 고대하던 하이데거는 인간의 한계를 깨닫고 사람들에게 죽음을 상기시키게 하고자 현실에 뛰어들어 변화를 일으키려고 했다. 비록 나치에 가담하면서 한평생 악명에 시달려야 했으나, 하이데거는 죽음을 고민하지 않고는 인간이 변할 수 없음을 알았던 뛰어난 철학자였다.

자신이 죽는다는 사실을 절실히 지각하는 사람만이, 죽을 때 후회하면서 눈감고 싶지 않은 사람만이, 지금 이 순간의 삶을 잘 살고자 열정을 불태운다. 인생이 변화된 사람 가운데 죽음을 고민하지 않은 사람은 하나도 없다. 예나 지금이나 죽음은 인간에게 두렵지만 삶을 변화시키는 과정에서 반드시 마주치게 되는 촉매다. 나는 죽음이라는 촉매를 통해 변하고, 일상도 거듭난다. 진짜 소중한 것들을 깨닫고, 삶에서 중요한 가치들을 지켜 나가게 된다.

죽음을 연구하고 죽어가는 사람들을 상담한 정신의학자 엘리자베스 퀴블러 로스Elizabeth Kubler Ross는 죽음을 선고받은 사람들이 체념과 절망에만 빠지지 않고 남은 삶을 새롭게 산다고 얘기한다. 죽음이란 한계 상황을 통해야만 우리는 삶의 소중함을 새삼 깨닫게 된다.

그런데 우리는 모두 '불치병' 환자가 아닌가? 나는 반드시 죽는 병에 걸려 있지 않은가? 왜 나는 영원히 살 것처럼 오늘을 어영부영 보내고 있을까?

진정한 죽음을 맞닥뜨리기 전까지는 내가 세상에서 분명히 알 수 있는 게 별로 없을지도 모른다. 세상은 혼돈으로 들끓으며 나의 시야를 흐리게 만든다. 그래서 일본의 사상가 모리오카 마사히로도 무통문명에서 벗어나는 여러 가지 방법들을 고민하면서 '죽음'을 끌어들인다. 죽음의 공포를 줄이고 눈가림하고자 무통문명의 오락 기능이 발달했는데, 그렇다면 도리어 죽음과 고통을 염두에 두고 끌어안아야만 정말 내가 원하는 삶, 나다운 내가 되어서 살 수 있기 때문이다.

왜 나는 자살하지 않는가

인간의 삶은 고통스럽다. 인간의 고통은 그 내용이나 방향이 다를지언정 네 살배기부터 아흔아홉 살 노인까지 '평등'하다. 다만 어릴수록 생각이 채 야물지 않아 고통에 대처하는 법이 야무지지 못하긴 하다. 그래서 미성숙한 아이들은 작은 돌부리에도 쉽사리 걸려 넘어진다.

삶에 치여 휘청거릴 때마다 아직 우리의 정신이 성숙하지 못하다면 자살이라는 낭떠러지가 얼핏 엿보이게 된다. 저리로 뛰어내리면 이 모든 고통이 사라질 것만 같은 허깨비가 나를 사로잡는다. 죽음의 유혹은 끈질기게 내게 달라붙고, 죽음의 유령은 악착같이 내 주위를 맴돈다.

자살은 끔찍한 일이고 세상도 쉬쉬하지만, 우리는 하루에도 수십 명씩 자살하는 사회에서 살고 있다. 나도 모르게 자살 충동에 휩싸이는 환경이다. 큰 것을 바라지 않고 하루하루를 성실하게 살아가더라도 허무의 안개와 절망의 밤이 찾아든다. 자살하지 않기 위해서라도 자살에 대해서 생각해 봐야 한다. 니체는 『선악의 저편. 도덕의 계보』에서 "자살을 생각하는 것은 위로의 강력한 수단이다: 이러한 생각으로 사람들은 수많은 괴로운 밤을 잘 넘긴다"고 쓰고 있다.

프랑스의 작가 알베르 카뮈Albert Camus도 자살을 사유한다. 그는 아주 강렬한 문장으로 『시지프 신화』를 시작한다. "참으로 진지한 철학적 문제는 오직 하나뿐이다. 그것은 바로 자살이다. 인생이 살 만한 가치가 있느냐 없느냐를 판단하는 것이야말로 철학의 근본문제에 답하는 것이다." 등허리에 끼얹는 한 바가지의 물처럼 서늘한 자극을 주는 문장이다. 위 문장을 조금 아리게 읽어 내면, 살 만한 가치도 없는 삶을 사는 당신은 왜 자살하지 않느냐는 '도발'처럼 가슴 깊은 곳을 푹 찌른다. 가만가만 생각해 보면, 우리는 삶이 힘들다면서 이따금 죽고 싶다는 하소연만 늘어놓지 정작 삶과 죽음 자체에 대해서는 별생각이 없다. 고통의 피난처로 택하는 죽음이 아니라 삶에 의미가 없어 내 손으로 죽음을 택할 수도 있다는 카뮈의 생각 자체가 나에겐 차단되어 있다. 이렇듯 내가 해 오고 해 왔던 생각은 한정되어 있다.

그래서 자살에 대한 카뮈의 글처럼 진지하게 인생을 생각하게 해 주는 글귀를 만나면 충격을 받게 된다. 나는 카뮈의 도발에 비틀거리지 않을 만큼 "살 만한 가치가 있는" 인생을 살지 않기 때문이다. 삶은 습관처럼 변해 버렸다. 이골이 난 것처럼 그냥 살아간다. 어떤 결과를 바라지 않고 헛일하는 셈치고 살 뿐이다. 외면하고 싶은 일상과 마주하게 되기에 카뮈의 글귀는 파문을 낳는다.

카뮈의 도발은 별 볼일 없는 나날을 들여다보게 만든다. 나의 나날을 차근차근 돌아보면, 요일은 바뀌지만 월화수목금토일, 그날이 그날 같다. 시야를 넓혀 일주일 단위로 생각해 보면 이 주가 저 주 같고, 다음 주 또한 별반 다르지 않은 시간들이 펼쳐진다. 조금 더 눈을 크게 뜨고 일 년 단위로 바라봐도 지난해와 올해는 비슷하고, 이듬해 또한 엇비슷하다. 얼렁뚱땅 나이만 먹을 뿐 뭔가 새로운 변화가 생겨나질 않는다.

나는 시간이 흐름에 따라 삶이 나아지길 바라면서 시간을 떠메고 한편으로 시간에 떠밀려 살아간다. 지금 행복하려 하기보다는 내일이면 행복해지리라는 자기 최면 속에 산다. 이를테면 지금 당장 마음속에 품고 있는 사람을 만나 사랑을 고백하기보다는 나중에 좀 더 안정이 되면 사랑을 하겠다고 사랑의 감정을 뒤로 미룬다. 나는 이 순간을 제대로 살기보다는 미래의 행복을 위해 인내하면서 삶에 끌려간다. 설렘을 잊은 지도 오래다. 하루하루 지긋지긋해하면서도 '죽지 못해' 살면서 인생을 날려 버린다.

그래서 카뮈는 통탄한다. "미래란 결국 죽음에 이르는 것"이기 때문이다. 시간 속에 자리를 잡을 수밖에 없는 나는 결국 죽음이라는 "최악의 적"과 맞닥뜨릴 수밖에 없는 운명이다. 죽음이라는 벼랑이 미래에 도사리고 있는데, 미래를 기대하면서 살고 있으니 얼마나 어처구니없는 일인가? 내 삶은 끝내 죽음으로 끝날 운명이다. 그런데 미래에 희망을 걸면서 지금의 고통을 견디니, 얼마나 모순인가! 카뮈는 인간이 처한 비극의 상황을 부조리라고 일컫고, 부조리를 만날 때 삶이 변한다고 얘기한다.

> 부조리를 만나기 전의 일상적인 인간은 여러 가지 목적들, 미래나 혹은 정당화(누구에 대한 또는 무엇에 대한 정당화냐 하는 것은 문제가 되지 않는다)에 대한 관심 속에서 살아간다. 그는 자기의 운수를 가늠해보며 장래에 대해서, 정년 퇴직 후 또는 자식들이 하는 일에 대해서 기대를 건다. 아직도 그는 자신의 인생 속에서 무엇인가를 뜻대로 이끌어갈 수 있을 거라고 믿고 있다. 실제로 그는 마치 자기가 자유로운 존재이기라도 한 것처럼 행동한다. 어느 모로 보나 이 자유란 것이 매번 부인당하고 있는데도 말이다. 부조리를 만나고 나면 모든 것이 다 흔들려 버린다.
>
> 알베르 카뮈, 『시지프 신화』

아무리 열심히 살더라도 나는 부조리한 삶에 이리저리 채이면서 좌절하고 상처받게 된다. 먹고 싶은 것도 먹지 않고 아끼면서 통장에 적금을 붓고 밤낮으로 일하면서 미래를 기획하더라도 삶은 계획대로 돌아가기는커녕 틀어지고, 우울과 허무가 들이닥친다. 부조리는 여기저기서 예기치 못하게 튀어나오기 마련이다. 부조리는 그동안 단단하게 다져 둔 내 생활을 뒤흔든다. 내가 믿어 왔던 미래는 희망이 아니라 감옥이었기 때문이다. 그래서 부조리를 만나면 여태까지 자유로운 삶이 아니라 미래에 구속된 삶을 살았음을 깨닫게 된다. 그러고는 이전과는 다른 삶을 원하게 된다. 미래에 대한 희망 고문으로 불행하게 살고 있었음을 깨닫고 더 이상 미래의 안정을 구하고자 지금 이 순간을 포기하지 않게 된다.

내 삶이 그동안 얼마나 부자유했는지를 통감할 때, 내 삶을 한 번도 내

아무리 열심히 살더라도 나는 부조리한 삶에 이리저리 채이면서 좌절하고 상처받게 된다. 먹고 싶은 것도 먹지 않고 아끼면서 통장에 적금을 붓고 밤낮으로 일하면서 미래를 기획하더라도 삶은 계획대로 돌아가기는커녕 틀어지고, 우울과 허무가 들이닥친다. 부조리는 여기저기서 예기치 못하게 튀어나오기 마련이다. 부조리는 그동안 단단하게 다져 둔 내 생활을 뒤흔든다. 내가 믿어 왔던 미래는 희망이 아니라 감옥이었기 때문이다.

뜻대로 살지 못했음을 깨달을 때, 내가 하인과 다를 바 없이 살았음을 자각할 때 절규가 터져 나온다. 미래에 저당 잡힌 담보처럼 인생을 살아왔다는 회한은 지금 자신의 인생을 격하게 통째로 흔들어 버린다. 아무리 자본주의가 심어 둔 꼬드김이 나를 달래면서 휴가와 보너스로 유혹하려 해도, 부조리를 느낀 사람은 결코 이전처럼 '행복하게' 웃을 수 없다. 삶의 진실과 만났으니까.

카뮈가 말하는 삶의 진실은, 내가 삶에 대해서 잘 모른 채 막연히 미래를 바라보며 살아가는 모순투성이라는 사실이다. '부조리'가 내 삶의 진실이다. 진실은 언제나 불편하고 아픈 법이다. 하지만 진실을 만나면 그동안 진짜라고 믿었던 거짓과 오류로 그득한 나의 세계를 허물 용기를 얻게 된다. 믿어 의심치 않았던 나의 세계가 붕괴할 때 무척이나 고통스럽고 몹시 충격을 받지만 그래야 내 삶이 바뀐다. 그동안 내가 믿어 왔던 것들은 자신을 억누르는 누름돌이었기 때문이다.

목욕하지 마라, 곧 더러워질 것이다

삶의 변화를 위해서라도 날 짓누르는 누름돌을 치워야 할 텐데, 나는 그대로 어제처럼 산다. 왜? 누름돌을 하도 오랫동안 짊어지고 살다 보니 어느새 누름돌이 있는지도 모르게 된 것이다. 우리가 짊어지고 있는 게 우리를 짓이기는지도 모른 채 혹시라도 누름돌이 깨질까 봐 우리는 되레 그것을 걱정하며 살아간다.

나만 누름돌을 얹고 사는 게 아니다. 많은 사람들이 누름돌을 신주단지처럼 모시고 산다. 게다가 나만 고통스러운 것도 아니다. 많은 사람들이 고통스러워한다. 그렇다면 오히려 다행이지 않은가? 뭔가 잘못되었다는 걸 자각하고 있고 내가 병들어 있다는 것을 느끼고 있으니까.

병에 걸린 줄 모르는 사람은 어제처럼 산다. 내 삶이 잘못되었다고 절절하게 느끼지 못하는 사람은 오늘을 흘려보내게 된다. 병에 걸린 걸 알아야 치유할 수 있다. 이상함을 느끼지 못하는 사람은 삶의 변화를 영영 꿈꾸지 못한다.

시인 이성복은 『네 고통은 나뭇잎 하나 푸르게 하지 못한다』에서 "내가 잘못 살고 있다는 확신만이 내가 제대로 살 수 있는 가능성의 지표가 된다"고 썼다. 삶이 아프고, 잘못 살고 있다는 느낌이 없으면 책을 읽지 않는다. 책을 읽는 사람은, 더 정확히 말해 책을 한약 먹듯 한 글자 한 글자 아껴 읽는 사람은 아픈 사람이다. 그래서 책 읽는 사람은 "제대로 살 수 있는 가능성"을 얻는다. 그러다 보니 이성복의 글을 달여 먹듯 읽지 않을 수 없다. 이성복처럼 우리 역시 삶에 치인 아이이고 일에 지친 일꾼이며 마음이 다친 환자이니까.

사람들이 모이면 여러 이야기가 싹트고, 사람들이 만나면 여러 감정이 싹튼다. 타자는 삽시간에 내 삶에 들이닥쳤다가 밀물처럼 사라진다. 그런데 얼마 되지 않아 또 다른 타자가 내게 나타난다. 수많은 타자들이 바퀴가 되어 내 삶을 굴린다. 하지만 쳇바퀴다. 반복되는 만남과 이별 속에서 삶은 조금도 꿈적하지 않고 제자리다.

멈춰서야 한다. 헤어짐과 또 다른 만남이라는 틈새에서 머물러야 한다. 이별의 아픔을 재빨리 잊지 않기 위해서다. 이성복은 새로운 사람을 만나 생겨나는 흥분으로 지난 시절을 쉽게 지우고 가벼이 닦아 내지 않으려 했다. 이성복이 얼마나 민감하게 고민하는 사람인지 짐작이 간다. 그는 건강한 척하지 않는 인간이었다. 그래서 그는 호통친다. "목욕하지 마라, 곧 더러워질 것이다. 건강하지 마라, 너는 병들어 있다. 다만 부끄러워하라, 왜 네가 버림받았는지 모르는 것을!"

살아가다 보면 후회의 폭풍이 밀려온다. 왜 그런 행동을 했는지 나는 자신을 자책하고 주변 사람들에겐 미안함을 느낀다. 하지만 부끄러움은 견디기가 힘들다. 얼른 나는 즐거움과 흥분을 찾고, 설렘과 짜릿함을 누리고자 이곳저곳을 두리번거리고 여러 사람을 만난다. 그래서 "목욕하지 마라, 곧 더러워질 것이다"라고 이성복은 말한다. 서둘러 목욕하고 섣불리 씻어 내지 말아야 한다. 지금 내게 생겨난 아픔을 아픔으로 간직할 필요가 있다. 왜 인간관계가 틀어지고 그 좋은 사람들과 인연을 이어가지 못하는지 부끄러워해야 한다. 그때 비로소 "왜 네가 버림받았는지" 깨달을 수 있다.

이성복은 불행한 인간이다. 그리고 자신의 불행을 토해 낸다. 그렇지만 그렇기 때문에 변화의 가능성이 열린다. 자신의 불행과 직면하려는 용기만이 변화를 일으킨다. 남들에게 행복을 보여 주고 인정받으려는 욕망 자체가 불행의 흔적이다. 진정으로 행복한 사람은 자신의 행복을 자랑하지 않는다. 지금 내 삶이 만족스럽다면 굳이 남들에게 자신의 생활을 노출하면서 인정받으려고 하지 않는다. 불행을 감추고 싶은 사람일수록 더 강박 증세를 띠며 행복을 떠든다. 그렇다면 행복을 내세우기보다 불행을 고민해야 한다.

건강한 척하지 말자. 나는 병들어 있다. 내가 진정 건강하고 행복해지는 길은 건강과 행복을 뽐내는 길에서 벗어나는 데에 있다. 건강에 대한 근심에서 벗어나야 건강하다. 행복하려고 하지 않아야 행복하다. 그 과정으로서 고통을 피하려 하기보다 기꺼이 맞이해야 한다. 내 고통과 아픔을 마주 바라봐야 한다. 내 고통은 세상에서 가장 큰 고통이 아니며, 나는 세상에서 가장 불행한 사람이 아니다. 모든 사람들이 힘들고, 모든 사람들이 상처를 받는다. 내 상처에 골골하지 말자. 이성복이 말하듯 "생각해보라, 네 고통은 나뭇잎 하나 푸르게 하지 못한다." 이 말을 뒤집으면 고통을 받아야 한다면 나뭇잎 하나라도 푸르게 할 수 있는 고통을 받아야 한다는 말이지 않을까?

삶은 고해이다. 삶이 고통의 바다를 떠다니는 일이라면 이왕이면 큰 파도가 나에게 오기를 바라자. 기꺼이 고통의 파도를 받아들이자. 고통은 나를 더 강하게 해 주기 때문이다. 불을 쬐듯 불행을 쬐어야 한다. 피하지 말고 숨지 말고 당당히 내게 찾아오는 불행을 쬐자. 내 삶은 달아오를 것이다. 그렇다고 '자의식'에 빠져 마치 대단한 고난을 겪는다고 착각해서는 안 된다. 불행이 삶을 찌르고 고통이 나를 휘감을 때라도 나는 나의 주인이어야 한다. 내 마음이 고통과 불행들이 연주하는 악기가 되어선 안 된다. 고통과 불행들을 나의 악기처럼 다뤄야 한다.

고통과 불행들을 악기처럼 다루면서 아름다운 노래로 빚어내는 일은 말처럼 쉽지 않다. 고통이 왜 생기는지, 내가 왜 아픈지 생각하는 일은 괴롭다. 그래서 이성복은 말한다. "생각한다는 것은 자기 자신을 늪으로, 사막으로 내보내 죽음의 거머리와 하이에나에게 물어뜯게 하는 것이다." 다른 방법이 없다. 고통에 물어뜯기면서 사유하는 길 말고는. 고통을 고민하고 아픔을 아리게 인식할 때, 나는 고통의 악기가 아니라 고통이 내 삶의 악기가 되어 구슬프지만 아름다운 가락을 연주할 수 있을 것이다.

물레방아처럼 울어라

인생이 허무하게 느껴질 때가 있다. 삶의 허무함은 나이와 상관없이 장마처럼 우리에게 찾아든다. 특히 미래가 보이지 않으면 허무와 우울은 환절기마다 달라붙는 감기처럼 내 삶 주변을 서성거리면서 떠날 줄 모른다. 허무와 우울은 인생의 그림자처럼 나를 따라다닌다.

허무와 우울에 많은 젊은이들이 널브러진다. 현시대는 앞 시대와 환경이 아예 다르다. 우리들은 몸만 어른이지 10대의 의식을 갖게 만드는 사회 환경에서 자란다. 지금 젊은이들은 10대 시절에 겪어야 했던 고민들과 성장통을 겪지 않고 입시에만 시달리다가 대학에 들어간다. 우르르 쏟아지는 '삶의 고달픔과 인간관계의 버거움'에 그동안 간직하였던 장밋빛 희망들이 와장창 깨진 채 쓸데없이 나이만 먹으며 살아간다. 청년들의 눈빛이 게슴츠레한 이유다. 얼굴에 생기가 도는 사람이 흔치 않다. 오죽하면 20~30대 으뜸 사망 원인이 자살이겠는가?

자살은 젊은 시절에 부딪히는 문제이다. 버트런드 러셀조차 젊은 시절에 자살을 꿈꿨다. 버트런드 러셀은 삶을 미워하고 싫어해서 늘 자살할 생각을 품었다고 한다. 다행히도 러셀은 수학을 좀 더 알고 싶다는 욕구 때문에 자살 충동을 참을 수 있었다. 모든 지성은 예민한 시절에 숱한 상처를 받으며 성장한다. 지성은 영혼의 피를 먹고 자란다.

사상가 발터 벤야민Walter Benjamin도 자살을 고민한다. 「파괴적 성격」에서 그는 "인생이 값어치가 있다는 감정에서 사는 것이 아니라 자살할 만한 값어치가 없다는 감정에서 살아가는 것"을 얘기한다. 환멸은 삶에 대한 지나친 기대가 꺾일 때 생겨난다. 의욕이 좌절되고, 부풀어 오른 욕망의 거품이 빠질 때 자살 충동이 생긴다. 그렇다면 처음부터 헛된 기대와 그릇된 욕망을 하지 않는 것도 하나의 지혜다. 욕심을 잔뜩 부리지 않으면 딱히 자살할 이유도 없게 된다. 자살할 만큼 인간의 인생은 대단한 것이 못 된다.

위대한 사람들의 삶은 훌륭하고 놀랍지만 그들의 삶도 결코 행복만으로 이뤄진 것은 아니다. 산더미처럼 돈을 벌고, 히말라야 산맥처럼 명예를 얻고, 제아무리 지식을 쌓아도, 인간의 유한성으로 인해 이내 쓸쓸함과 스산함이 들이닥친다. 언젠가 사라져야 할 존재로서의 허무함, 끝이 다가오는 자의 애잔함은 없어지지 않는다. 우린 지나치게 헛된 기대로 삶을 대하기보다 강렬하고 정확한 인식으로 삶을 대해야 한다.

13세기 페르시아의 '수피' 메블라나 젤랄룻딘 루미도 삶의 유한성을 깨달았다. 수피는 신비주의 사상가이자 시인을 가리킨다. 위대한 영혼의 걸작품이라 평가받는 『마드나위』에서 루미는 이렇게 썼다. "알아야 할 모든 지식들 가운데 임종의 날을 위해 갖춰야 할 가장 좋은 지식은 영적 가난을 아는 것이다."

루미의 말은 가슴속에서 분홍빛으로 번져 간다. 퍽퍽한 우리의 마음에 한 모금의 정갈한 샘물처럼 젖어 든다. 우린 돈이 모자란 사람이 아니라 마음과 영이 가난한 사람이었다.

우린 편안함에 길들여졌다. 안정과 편안함을 싫어할 사람은 없지만, 편안함은 쉽게 나태로 변질된다. 입에 단것은 몸을 망친다. 편하게 살아가는 사람치고 정신이 건강한 사람은 없다. 고생을 하지 않으면 세상에서 고통받는 타인을 이해하지 못한다. 몸에 기름기가 끼면 영혼에도 비계가 낀다. 몸에만 몰두하면 마음은 문드러진다. 그래서 루미는 "달콤하게 사는 자는 고통스럽게 죽는다. 제 육신을 섬기는 자는 자기 영혼을 먹여 기르지 않는다"고 쓴다.

행복하기 위해서라도 행복에 대한 열망으로 끓어오르는 불길을 잡아야 한다. 지금도 우리의 생각과 생활을 옥죄던 거짓 우상들이 수두룩하다. 그 우상들에 붙들려 있던 까닭은 그만큼 나 스스로를 믿지 못하기 때문이다. 거짓 우상들을 부수어야 한다. 거짓 행복을 파괴하고자 망치를 휘두르는 일은 지금 이 순간의 천국을 건설하는 일이다. 내 삶을 두드려 보며 확인하는 건 변화의 문을 두드리는 일이다.

살다 보면 더할 나위 없이 자기 삶이 초라하고 덧없게 다가올 때가 있다. 그때를 찬찬히 생각해 보면 살아 있다는 느낌을 받지 못하는 경우가 많다. 다시 말해 진정으로 삶을 사랑하지 않은 것이다. 사랑은 언제나 웃음과 눈물을 머금는다. 따라서 삶을 사랑하기 위해서 잘 웃고, 잘 울어야 한다. 그런데 타인을 위해 울지 못할 때 나를 위해서도 기꺼이 울지 못한다. 내가 세상을 사랑해야 세상도 나를 사랑한다. 그래서 루미는 얘기한다. 지금 사랑하라고, 타인을 위해 울어 주라고.

> 물레방아처럼 울어라.
> 네 영혼의 뜰에 푸른 약초가 돋아나리니.
> 누가 너를 위해 울어주기를 바란다면
> 지금 울고 있는 자에게 자비를 베풀어라.
> 누가 너에게 자비 베풀기를 바란다면
> 약한 자에게 자비를 보여 주어라.
>
> 메블라나 젤랄룻딘 루미, 『사랑 안에서 길을 잃어라』

삶은 고통스럽다. 모든 사람이 고통 속에서 허우적거린다. 그런데 나는 나의 고통에만 벌벌 떨며 힘들어 했다. 남들도 다 자기의 고통에만 허덕인다. 내가 누군가의 고통에 관심을 기울이지 않듯 남들도 내 고통에 모르쇠다. 우리는 모두 자신을 위해서만 운다. 그래서 세상은 더욱 고통스러워진다.

어쩌면 삶의 비밀이 누굴 위해 울어 주는 데 있는 게 아닐까? 남을 위해 물레방아처럼 울다 보면 나의 영혼에 삶의 고통을 치유하는 약초가 돋아날지도 모른다. 비록 우리의 삶이 시답잖고 작은 고통에도 엉덩방아를 찧지만, 타인을 위한 눈물을 간직하고 있다면 아직은 살 만한 삶이다.

깊은 절망 속 희망의 무지개

고통.

이 두 글자를 적고 한참을 바라본다. 다음 글이 쉬이 나오지 않는다. 왜 이리도 삶이 고통스러운지 묻고 물어도, 아직 속이 후련한 답을 찾지는 못했다. 하지만 그렇기 때문에 우리는 사유하게 된다.

세상에서 일어나는 지진과 홍수, 태풍 같은 재해는 그냥 안타까움이나 애달픔이 아니라 '생각의 쓰나미'를 던져 준다. 무엇이든지 재고 따지고 조금이라도 더 많은 걸 움켜쥐고 아득바득 살게 만드는 근대의 합리성으로 둘러친 자아를 일본 대지진은 무너뜨린다. 핵발전소가 터지는 것처럼 물질문명에 기대어 정신에 비계가 꼈던 우리의 머릿속은 터져 버린다.

일본 대지진은 그저 땅이 갈라지고 크나큰 물살이 덮친 '단 하나의 재해'가 아니라 요즘 들어 부쩍 자주 벌어지는 수많은 재해들을 떠오르게 만든다. 얼마 전 뉴질랜드의 지진, 칠레의 지진, 아이티의 지진, 중국의 지진, 미국의 허리케인, 동남아의 쓰나미 그리고 끝없이 일어나면서 헤아릴 수 없이 많은 사람들을 죽이는 재앙들……

최첨단 과학 기술로 단단히 대비하면서 살았던 일본이지만 지난 2011년의 대지진이 일어났을 때 얼마나 많이 죽었는지 알 수 없다. 아마 끝끝내 알 수 없을 듯하다. 이보다 더 무서운 사실은 자꾸 일어나는 떼죽음들 앞에서 '나 혼자'서는 어찌할 수 없다는 힘 없음이다. 가늠할 수 없는 자연 앞에 서면 '나'는 너무나 작아진다. 그동안 차곡차곡 쌓아 오고 억척스레 지키려 했던 '나의 모든 게' 한순간에 물거품이 되어 버릴 수 있다는 사실은 쓰나미처럼 머릿속을 뒤흔든다.

이런 뒤흔들림 속에서 싸늘한 바람이 등줄기를 파고들면서 오싹해진다. 우리가 타자의 고통을 하염없이 바라보면서 안쓰러워만 하듯 언젠가 내가 고통에 빠졌을 때 수많은 사람들도 지금의 나처럼 물끄러미 바라만 볼 것이란 사실에 생각이 미치기 때문이다. 어쩌면 우리의 삶이 이렇게 고통스러운 까닭은 과식한 뒤 소화가 안 되는 것만으로도 기분을 잡쳐 하면서 누군가의 어마어마한 고통엔 무뚝뚝하기 때문이 아닐까? 그와 똑같이 느낄 수는 없을지언정 같이하려는 마음마저 잃어버렸기 때문은 아닐까?

또 머잖아 전쟁이든 재해든 수많은 사람들이 죽어 갈 것이다. 아니, 지금도 수억의 사람이 굶주림으로 죽어 나가고 있다. 이런 곳에서 멀쩡한 정신으로 산다는 것 자체가 말이 안 되는지도 모른다. 고개를 돌리고 눈을 감고 귀를 막으면 누군가의 고통에 데면데면하게 된다. 그러다 보면 나의 고통에도 세상은 외면하는 것이 아닐까?

내가 고통받을 때 그 누구도 고통을 줄여 줄 수 없듯 누군가가 고통을 받을 때 함께한다고 하지만 똑같이는 못한다는 사실, 너와 나는 끝내 하나일 수 없다는 차가운 진실 앞에서 우리는 얼마나 더 절망을 해야 할까.

혼자라는 느낌, 외로움, 쓸쓸함, 글로는 쉽게 쓸 수 있을지언정 그 감정을 살포시 받아 내기는 매우 힘겹다. 나의 괴로움을 어느 누구도 오롯이 알지 못하며 같이할 수 없다는 생각에 이르면, 걷잡을 수 없는 서글픔이 밀려온다. 고개를 들지 못할 만큼, 눈을 뜨지 못할 만큼, 숨쉬기가 힘들 만큼……

덧없음이란 짐승이 날카로운 이빨을 드러내며 억세게 물어 대고, 부질없음이란 수챗구멍은 사납게 삶을 빨아들인다. 삶은 곧 꺼질 듯 비트적거린다. 축축한 어둠과 차가운 빗소리만이 나를 에워싼다. 아무리 둘러봐도 온통 컴컴하고 저마다 자기 일 때문에 바쁘고 정신이 없다. 마치 내가 그랬던 것처럼.

힘겨운 희망인지 모르지만, 이 고통에서 새로움으로 나아갈 수 있는 길을 열 수 있지 않을까? 혼자라는 아픔은 타자와 세상으로 나아갈 수 있는 단 하나의 발판이다. 절망의 바닥까지 떨어져 희망을 어디서도 찾을 수 없을 때에 이르러서야 비로소 희망을 손수 빚어내게 된다. 일본을 걱정하며 지구 동네의 많은 사람들이 일본에 손길을 내밀 듯 우리는 누군가의 고통에 함께하려는 마음가짐을 스스로 가질 때에만, 비로소 사람일 수 있다.

좀 더 울리라. 그리고 너의 눈물을 닦아 주리라. 나는 너의 슬픔의 심연까지 내려갈 것이다. 잠깐이라도 너의 슬픔을 껴안을 것이다. 너를 안으면서 네게 안기는 행위. 네게 조금이나마 힘이 되길. 네가 나에게 힘이 되어 주는 만큼.

슬픔과 고통 속에서 살아가는 많은 사람들에게 내 말은 아직 슬픔과 고통이 무엇인지 아무것도 모르는 경박한 정신의 한가한 유희처럼 보이지나 않을지 나는 적이 두렵고 부끄러운 마음뿐입니다. 끝없는 슬픔의 바다에서 얼마나 더 깊은 심연으로 낮아져야 나는 당신의 슬픔에 가까이 다가갈 수 있는지요? 바닥을 가늠할 수 없는 슬픔의 깊이 앞에서 나는 내 모든 말이 참된 슬픔을 알지 못하는 자의 치기가 아닐까 하여 깊이 저어하고 또 두려워합니다.

하지만 그 부끄러움 때문에 내가 걷는 길을 멈추지는 않을 것입니다. 나는 더 낮아지고 낮아져 당신이 있는 가장 깊은 슬픔의 심연까지 내려가겠습니다. 어떻게 가장 깊은 슬픔 속에 참된 기쁨이 깃들이고, 어떻게 가장 깊은 절망 속에서 희망의 무지개가 떠오르는지 그 신비를 깨달을 때까지 더 낮은 곳으로 내려가고 또 내려갈 것입니다.

이제 정말 작별할 시간입니다. 긴 편지 끝까지 읽어주신 것 진심으로 고맙습니다. 다시 소식드릴 때까지, 사랑하는 그대, 부디 평안하시기를.

김상봉, 『그리스 비극에 대한 편지』

일곱 번째 충격

언제나 알 수 없는, '타자'

사람들이 나를 좋아했으면 좋겠어

애정에 대한 기대치는 언제나 현실보다 높다. 우리는 어려서부터 온갖 텔레비전 프로와 영화를 통해 사람들로부터 관심과 사랑을 담뿍 받는 주인공들을 보면서 자랐다. 그래서 당연히 그만큼의 관심과 사랑을 기대하는 욕망이 깃들어 있다. 그렇지만 현실에선 옷깃만 스쳐도 인연이기는커녕 수많은 사람들이 나를 별로 중요하게 여기지 않는다. 내 마음에 흡족할 만큼 사람들은 날 좋아해 주지 않는다. 사람들에게, 내가 아닌 타자에게 사랑받는 일은 쉽지 않은 일이다.

애정 결핍에 시달리는 사람들뿐만 아니라 어려서부터 사랑을 충분히 받은 사람이라도 언제나 사랑을 원한다. 사람과 사랑이라는 말의 비슷함에서 드러나듯 사람은 사랑에서 태어나 사랑으로 살아가는 존재다. 따라서 사랑이 없는 삶은 사람의 삶이 아닐지도 모른다. 사랑이 있어야만 사람은 삶을 살아간다고 할 수 있다. 우리가 그토록 사랑을 원하는 까닭이다.

세상의 모든 행위에는 타자에게 사랑받고 싶다는 욕망이 감춰져 있다.

우리가 옷을 차려입고 몸매를 관리하는 이유도, 열심히 일해서 돈을 모으는 까닭도, 유명 대학이나 알아주는 회사에 들어가려는 영문도, 그렇게 해야만 사람들이 자신을 사랑해 주리라는 기대가 있기 때문이다. 사랑받고 싶다는 욕망을 그대로 내보이는 건 어린애처럼 보일까 봐 "그대가 날 좋아해 주지 않아도 난 괜찮아요" 하는 가면을 쓴 채 우린 사람들이 좋아할 만한 것들을 찾아서 남몰래 열심히 하게 된다. '나'의 행위지만 이미 그 안엔 '남'이 숨어 있다. 사랑받기 위해서 나는 타인들의 시선을 의식한다. 나는 타인의 욕망대로 나를 구성한다. 타인의 관심을 받기 위해 나를 빚어낸다.

우리는 나를 위해 운동하고 자신감을 위해 몸매 관리를 하면서 외모를 꾸민다고 얘기한다. 하지만 "남들에게 관심 받고 싶어요"라고 말하는 게 조금 민망하기에 에둘러서 표현할 때가 대부분이다. 정말 나를 위해서라면 무인도에서 영원히 살더라도 혼자 열심히 꾸며야 할 텐데, 그러기는 쉽지 않다. 나의 행동이나 욕망은 언제나 '타자'에 얽매어 있다. 그래서 인간에게는 남들에게 관심을 받고 시기심의 대상이 되고 싶은 욕망이 있다고 사회학자 게오르크 지멜Georg Simmel은 주장한다.

게오르크 지멜은 장신구를 살피면서 인간의 욕망이 얼마나 타자와 맞물려 돌아가는지를 밝혀낸다. 처음엔 남들에게 칭찬받거나 사랑받고 싶다는 마음이 크지 않았을 수도 있다. 남의 마음에 들 의도없이 나를 꾸밀 수 있다는 것이다. 사회 생활의 '예의'로서 나를 가꾸고 차려입는 것이 이에 해당한다. 그런데 사회 생활로서의 예의이자 남들에게 "즐거움을 주고 싶다는 호의적 바람"이었던 꾸밈이 어느새 "인정과 평가로 되돌아"오기를 바라게 된다. 이 바람은 잦아들지 않는다. 처음 의도와는 상관없이 나는 사람들의 사랑과 칭찬을 받고 싶어 한다. 장신구를 하고 새 옷을 입고 나왔으며 머리를 새로 했는데 아무도 칭찬을 해 주지 않으면 우울해진다. 주목받고 싶다는 욕망은 내색하지 않더라도 내가 얼마나 타자의 시선에 얽매어 있는지를 드러낸다.

나의 모든 행동 하나하나가 타자와 얽혀 있음을 깨달을 때, 얄궂음이 생겨난다. 우리는 타자에게 인정받고 사랑받으려고 하는데 타자의 욕망을 온전히 알기란 어렵다. 이렇게 하면 타자가 좋아할 거란 예측은 할 수 있지만 정말 타자가 좋아해 줄지는 알 수 없다. 나는 타자 앞에서 아득한 두려움을 느낀다. 더 정확히 말하자면 타자의 욕망을 알 수 없어 곤란함에 빠진다. 아무리 살을 부비고 오랜 세월을 보내더라도 당신을 알 수 없다는 공포가 내 안에서 수그러들지 않는데, 그 수많은 타자들은 더 말해 무엇하랴. 타자를 만나면 우리는 인정을 받고 싶다는 욕망과 함께 그가 뭘 욕망하는지 알 수 없다는 공포에 사로잡힌다. 일종의 악순환인 셈이다.

너에게 내 욕망은 어떤 가치가 있을까?

타자에 대한 공포는 태아 때부터 시작된다. 미숙한 태아는 타자에게 의존할 수밖에 없다. 그런데 타자가 나를 사랑해 줄지는 알 수 없다. 부모라는 존재가 나를 아껴 주나 언제까지 이 사랑이 이어질지는 모른다. 그래서 태아는 타자의 욕망을 헤아리고자 의식이 발달할 수밖에 없다. 타자의 욕망을 알아야만 그에 맞춰 행동함으로써 사랑을 쭉 받으며 안전할 수 있기 때문

환상을 머금고 낭만이 생겨난다. 낭만은 타자의 욕망과
직면하기를 피한 채 세상에서 깔아 놓은 주단을 밟으면서 사랑을
나누려는 환상이다. 사랑이 없는 삶은 살 필요가 없다고, 사랑만이
우리 삶의 전부라고 낭만주의자들은 믿고 실천한다.

이다. 비록 태아에서 벗어나 이제 성인이 되었다고 하더라도 여전히 나는 유아기의 습관에 지배받는다. 어떻게 하면 타자의 욕망을 만족시킬 수 있을지 알 수 없기에 난 이것도 해 보고 저것도 해 보면서 내 삶을 불태우게 된다. 내가 열심히 살아가는 것도 타자의 욕망을 알 수 없다는 데서 생겨나는 불안을 잠재우려는 몸부림이다.

타자의 욕망을 알 수 없다는 불안은 연인의 관계에서 잘 나타난다. 네가 왜 날 좋아하는지, 당신이 뭘 욕망하는지 우린 알지 못한다. 그래서 때때로 긴가민가한 느낌으로 상대를 지레짐작하게 된다. 많은 남자들이 여자들을 제대로 잘 대하지 못하는 까닭도 여자들의 욕망을 알 수 없는 상황에서 이런 것을 좋아할 거라고 넘겨짚기 때문이다. 자크 라캉은 이것이 남성의 환상일 뿐이라고 얘기한다.

여성들에겐 '마조히즘' 기질이 있을 수 있다. 여성들 가운데는 자신이 주도적으로 관계를 이어나가기보다 남자가 데이트 장소를 알아보고 비용을 전담하면서, 접촉의 진도도 이끌어 주기를 원하는 이들이 많다. 그렇다고 하더라도 여성을 '수동으로 당하는 걸 즐긴다'고 단정하는 건 남자들이 여성의 욕망이라는 심연 앞에서의 무력감을 감추려는 환상이다. 환상은 욕망의 방어이다. 여자들이 거친 '상남자'를 좋아한다는 환상을 품으로써 남자들은 여성의 욕망과 마주치지 않아도 된다. 남자들은 여자들이 뭘 욕망하는지 알 수 없기에 불안해하고 두려워한다.

두말할 나위 없이 여자에게도 남자의 욕망은 수수께끼이다. 여자들은 남자의 욕망과 직면하지 않은 채 착하고 순종하는 여자를 남자들이 좋아한다는 '여성의 환상'을 품으면서 살아간다. 남성의 욕망을 알 수 없고 정면으로 바라보기 두려우니까. 이런 환상을 머금고 낭만이 생겨난다. 낭만은 타자의 욕망과 직면하기를 피한 채 세상에서 깔아 놓은 주단을 밟으면서 사랑을 나누려는 환상이다. 사랑이 없는 삶은 살 필요가 없다고, 사랑만이 우리 삶의 전부라고 낭만주의자들은 믿고 실천한다. 물론 낭만주의자가 된다고 해서 사랑이 원활히 이뤄지는 것은 아니며 행복해지는 긴 디더욱 아니다. 자신의 삶을 불사르며 누군가와 같이 따뜻할 수도 있겠지만 오히려 사랑의 불길에 심하게 데이고 가슴속 깊숙이 그을리기 일쑤다. 환상 속에서 사랑을 하기 때문이다. 환상은 나에게 그리고 상대에게 화상만을 남기곤 한다. 그래서 시인 황인숙은 「유다」라는 시에서 "그리움이 크면 환상"이라고 말한 뒤 "그리움이 크고 겁이 없으면 그를 다친다"고 쓴다.

유다

그리움이 크면 환상.
환상의 비눗방울을
그저 보시라.
만지지 말라.
만지지 말라.
만지지 마, 말라니까!

그리움이 크고 겁이 없으면
그를 다친다.

황인숙, 『새는 하늘을 자유롭게 풀어 놓고』

나는 환상 속에서 사랑을 하게 된다. 우리는 낭만주의 기질이 있기 때문에, 상처를 받아 끙끙 앓다가도 시간이 지남에 따라 다시 사랑에 빠지게 된다. 황인숙이 "만지지 말라"고 거푸 당부하다가 "말라니까!"라고 부르짖는 까닭은 우리가 "환상의 비눗방울을 그저 보"지 않고 만지기 때문이다. 나는 속절없이 환상의 비눗방울을 만지면서 상처를 받는다. 그리고 "그를 다친다."

사랑이란 거울에 비친 신기루

인간은 타자를 만나 상처를 받는다. 하지만 타자를 만나지 않을 도리가 없고, 다시 사랑에 빠진다. 시간이 지나 상처에 새살이 돋아날 무렵, 우리는 자신을 속이면서까지 환상을 지펴낸다. 자신이 믿고 싶은 대로 "이 사람은 다를 거야", "이 사람은 좋은 사람일 거야"라고 착각한다. 물론 그 사람이 여태껏 만났던 사람과 정말 다를 수도 있겠지만 정신분석학이 가르쳐주는 교훈은, 그 사람의 특별함이란 자신의 환상이라는 사실이다. 나는 그 사람을 보는 게 아니라 자신이 믿고 싶고 상상하는 대로 본다. 환장할 일이다.

사랑을 통해서 내가 확인하는 건 '타자'가 아니라 '자기도취'일 때가 숱하다. 나의 사랑은 정말 타자를 만나 빚어지는 감동의 만남이라기보다는 타인을 이용한 자기만족일 경우가 널렸다. 그래서 자크 라캉은 "사랑의 본질은 속임수"라고 잘라 말한다.

자크 라캉의 이야기를 좀 쉽게 풀어내면, 사랑은 자신을 좋게 바라볼 "조 망의 지점"일 뿐이다. 대개의 사랑은 너와 내가 만나 벌어지는 특별한 사건 이라기보다는 내가 "그렇게 보였으면 하고 바라는 대로 타자가 나를 바라보 는 지점"으로서 기능한다. 다시 말해 나는 너를 사랑한다고 말하지만 정작 내가 사랑하는 건 그렇게 너를 사랑하는 나의 모습이다. 내 연인이 완벽하 다는 말에는 정말 상대가 완벽하다는 뜻보다 그런 사람을 찾아내고 만나는 나 자신이 완벽하다는 나르시시즘이 그 밑에 숨어 있다. 상대를 위해 헌신 한다고 하지만 대다수의 사람들은 헌신을 하는 자신이 얼마나 멋있고 예쁜 지를 은밀하게 즐긴다. 나는 너를 사랑하는 게 아니라 너를 사랑하는 나의 욕망을 사랑하고, 나를 사랑해 주는 너를 사랑하는 게 아니라 네가 나를 사랑할 수 있도록 만든 나를 사랑한다. 알고 보면 상대에 대한 헌신은 나에 대한 헌신일 뿐이다. 보이지 않더라도 사랑의 밑엔 욕망이라는 짙은 그림자 가 도사린다. 나는 결코 나의 욕망 바깥으로 탈출하지도, 자유로워질 수도 없다. 그래서 사랑은 나의 환상이 만들어 낸 "거울에 비친 신기루"일 뿐이라 고 라캉은 얘기한다.

우리가 인터넷과 온라인에서 열을 올리며 활동하는 까닭도 단지 새로운 정보를 얻고 좋은 사람들과 연결될 수 있기 때문이 아니다. 인터넷과 온라 인이 타인의 욕망을 의식하면서 나를 '구성'할 수 있는 공간이기 때문이다. 자신을 편집해서 온라인에 올리면 수많은 사람들은 걸러진 정보만을 보면 서 상대를 '완벽한 환상의 인물'로 상상한다. 내가 보이고 싶은 대로 남들이 나를 바라볼 때 생겨나는 쾌감, 타자들의 소망을 만족시킬 때의 즐거움은 엄청나기에 나는 나의 환상을 투사한 캐릭터를 만들어서 오늘도 온라인과 인터넷을 누빈다.

셰리 터클은 인터넷에서 우리가 얼마나 환상에 빠져 활동하는지를 밝혀낸다. 타인이 원하는 대상이 되려는 우리의 욕망은 정말 강력하다. 연애할 때 우리가 비슷해지는 이유이기도 하다. 인간은 저마다 고유성이 있는 존재이지만 사랑받고자 우리는 하나같이 "타인이 소망하는 바로 그 인물"이 되려고 하게 된다. 타인의 욕망은 안개처럼 손에 잡히지 않고 자신만의 개성을 발현하면 타인에게 사랑받으리란 보장이 없기 때문에 어쩔 수 없이 우리는 사회에서 형성된 성역할을 하지 않을 수 없다. 그 결과 연애에서 상대가 나와 정말 다르다는 '타자성'을 느끼면서 충격을 받고 고민하면서 성숙해지기보다 성별에 따른 역할극을 벌이면서 남자는 이렇고 여자는 이렇다는 '동일성'만을 확인하게 된다.

남자의 욕망의 대상일 때 '여자'가 된다

사랑만큼 보수성이 강한 영역이 또 있을까 싶다. 연애할 때 소극성을 띠고 얌전한 사람도 가끔 적극적으로 용기를 내보이기도 하지만, 대다수는 판박이처럼 비슷한 행동을 하게 된다. 대다수 남자들이 어떻게 한번 자 보려고 안간힘을 쓰듯 대다수 여성들은 남자의 감정을 재차 확인하려 들고 머뭇거리면서 이 모든 과정을 즐기게 된다. 남자 앞에서 '야성'을 발휘하여 사랑을 성취하는 여자는 드물다.

이런 뻔한 현상이 동서고금을 막론하고 '성평등 시대'에도 똑같이 되풀이되는 까닭은, 어쩌면 성별에 따른 본능이 그만큼 강렬하기 때문인지 모른다. 우리는 인간이 이성을 사용하는 자유로운 존재라고 착각을 하지만, 내 안에서 샘솟는 충동과 의지는 나의 자유를 허깨비처럼 박살내곤 한다. 나의 이성은 내 욕망을 실현하기 위한 '도구'처럼 쓰이기 일쑤다. 나의 행동과 나의 욕망엔 자신만의 순수한 행동과 욕망만이 아니라 오랜 세월부터 이어지는 뭔가가 작동한다.

연애를 할 때 대다수의 우리가 바라는 상대는 엇비슷하다. 여자들은 강하고 능력 있는 남자(그렇지만 나에게는 다정한 남자)를 원하고 남자들은 예쁘고 정숙한 여자(그렇지만 나에게는 야한 여자)를 바란다. 그러다 보니 연애를 하면 자신도 모르게 정해진 성 역할극에 맞춰서 행동하게 된다.

이것이 성숙한 여인들이 콧소리 섞인 목소리로 애교를 떨고 아기 피부가 되려고 애쓰는 이유다. 남자들은 '어리고 여린 여자'를 보호하기를 원하니 그에 맞춰 여자들도 자신을 꾸미고 행동하게 된다. 물론 여자들이 남자들 앞에서 수줍어하는 모습이 전부 연기는 아니다. 김수희가 「애모」에서 노래하듯 사랑이란 감정 앞에서는 두려움이 일어나고 부끄러움도 생겨나기 때문이다. 그렇지만 결과로 봤을 땐 수줍어하고 망설이는 모습에 남자들의 애간장이 녹아들고 더욱더 몰입하게 된다.

여배우들의 이미지가 다양해졌다지만, 여전히 가장 큰 인기를 누리는 요소는 청순이다. 정말 개성이 특출한 여성들을 빼면 대다수 여자 연예인들은 청순을 기본으로 갖고 있어야 한다. 청순은 말 그대로 '깨끗하고 순결'하다는 뜻이다. 성관계의 부재와 임신 가능성으로 측정되는 청순은 남성의 오래된 환상과 걸쭉한 욕망으로서 거세게 작동한다.

남녀의 차이는 본능뿐 아니라 학습으로도 조장된다. 남자가 자기 삶에 엄청 중요하다는 걸 어렸을 때부터 느낀 여자들은 남자에게 민감히 반응한다. 이성이 있을 때 남자들도 행동이 달라지지만, 여자들의 반응은 너무나 딴판이라 눈이 휘둥그레진다. 여자들은 남자들의 욕망이 자신에게 향하고 있음을 느낄 때, 자신이 남자의 욕망의 대상일 때 '여자'가 된다. 다시 말해 남자들의 욕망이 없는 곳에선 여자들은 '여자'로서 행동하지 않는다. 여자다움은 '연기'다. 여자다움은 실체처럼 고정되지 않고 허상처럼 흔들린다. 그래서 여자들은 애인에게는 보일 수 없던 속내와 행동을 여자 친구들에게는 꺼내 보이고 행동하게 된다. 죽이 잘 맞고 오래 알고 지낸 여자들끼리 있을 때 여자들은 여자 연기를 하지 않는다.

그래서 여자들만 있는 세계를 남자들은 영영 알 수 없다고 일본의 여성학자 우에노 치즈코上野千鶴子는 얘기한다. 여자들의 집단에 남자가 한 명이라도 끼어드는 순간, 아무리 자기 줏대가 세워진 여자더라도 남자의 시선을 의식하면서 자기 검열이 이뤄진다. 또 검열하도록 여자들은 어려서부터 길러진다. 자신도 모르게 말투와 행동이 변한다.

> 남자는 남자들끼리의 세계와 남성과 함께 있을 때의 여자밖에 알지 못한다. 당연하다. 남자들은 남자가 없는 곳에서 여자들이 어떤 식으로 행동하는지 알 수가 없다. 여자만으로 된 집단에 남자가 한 명이라도 등장하면 여자들의 행동은 그 자리에서 변화하기 때문에 여자들만의 세계에 대해서는 결코 알 수가 없다. 여자들은 남자가 있는 곳에서 여자가 어떤 식으로 행동하는지와, 여자들만 있는 곳에서 어떤 식으로 행동하는지의 차이를 알고 있다.
>
> 우에노 치즈코, 『여성 혐오를 혐오한다』

어릴 때 말뚝박기하고 같이 뛰어놀던 여자애들이 더 이상 남자애들과 섞이기를 꺼려하며 배시시 웃을 때, 사랑받는 여자의 모습을 알고 그 모습을 흉내 낼 때, 소녀는 여자가 된다. 모든 여성들이 소녀에서 여자로 변신하여 여자를 수행한다. 남자가 여자를 같은 사람으로 이해하고 관계하는 일이 어려운 이유다. 남자 앞에 나타난 여자의 모습은 그 여자의 '연기'다. 그래서 남자에게 여자는 언제나 '수수께끼'처럼 느껴진다.

타자에게 상처 입기 쉬운 나

타자는 내게 심연이다. 타자와의 관계에서 서로 인정을 나누고 관심을 주고받으면 좋겠지만 현실은 그렇지 않다. 인간 사이에서는 우정과 사랑만이 싹트는 것이 아니다. 타자는 나를 들뜨게도 하지만 나를 곤두박질치게도 한다. 나는 원치 않더라도 네가 있으면 비교하고 대조하면서 위아래를 정하려는 욕망이 솟구치게 된다. 타자 역시 나와 또 다른 타자에게 인정을 받으려고 욕망하는 주체이다 보니 현실 속 타자와 나의 관계는 연대와 화합이 아닌 대립과 마찰이기 일쑤다. 인간은 타자를 물리치면서 더 많은 권력을 얻고자 하다 보니 인간관계는 갈등과 경쟁으로 우거지게 된다. 우리는 얼마나 많은 갈등을 겪으면서 오늘에 이르렀나. 또 얼마나 많은 다툼이 기다리고 있는가.

그래서 외롭더라도 혼자 있는 게 더 편할 때가 있다. 타인과 있는 순간, 나는 타인의 시선에 노출되어 재단되고 평가받을 게 뻔하기 때문이다. 프랑스의 철학자 장 폴 사르트르Jean Paul Sartre가 '시선'을 성찰한 까닭도 내가 너를 만났을 때 사랑이 움트고 행복해지기만 한 것이 아니기 때문이다.

> 상대편의 '눈'이 나타내고 있는 시선은 그 눈이 어떤 종류의 것이든, 전적으로 나 자신을 향한 지향이다. 나의 배후에 나뭇가지가 술렁이는 소리를 들을 때 내가 직접적으로 파악하는 것은 '거기 누군가가 있다'는 것이 아니라, '나는 상처받기 쉬운 자'라는 것, '나는 상처입을 우려가 있는 하나의 몸을 가지고 있다'는 것, '나는 어떤 곳을 차지하고 있다'는 것, 그리고 '거기서는 나는 무방비 상태이며, 아무리 해도 그곳에서 달아날 수 없다'는 것, 요컨대 '나는 "보이고 있다"'는 것이다. 그러므로 시선은 먼저 나에게서 나 자신으로 지향하는 하나의 중개자이다.
>
> 장 폴 사르트르, 『존재와 무』

장 폴 사르트르의 철학에 따르면, 나는 너와 끊임없이 경쟁하며 대결할 수밖에 없고, 내가 주체가 되기 위해선 상대를 대상으로 만들지 않으면 안 된다. 반대로 상대가 주체가 되면 나는 대상이 된다. 이런 세계관은 '시선'에 대한 그의 논의에서 잘 드러난다. 시선은 단순히 나라는 존재가 누군가에게 드러나는 게 아니라 "나는 상처받기 쉬운 자"라는 사실을, 아무리 해도 타자로부터 달아날 수 없음을 일깨워 준다. 누군가 나를 쳐다보고 있다는 느낌이 들면 괜스레 기분이 오싹해지고 거북해지는 이유도 이 때문이다. 나는 속절없이 타자의 시선에 노출된 '대상'이 되어 버렸기 때문이다. 나는 타자 앞에서 상처받기 쉬운 존재가 된다.

우리는 타자에게 민감하다. 세상의 모든 상처는 타자에게서 비롯되기 때문이다. 타자는 내게 편안함을 주지 않는다. 타자는 내게 부담감을 주고 나를 괴롭힌다. 우리가 타자의 충고나 도움말이 옳다는 생각이 들더라도 속에선 왠지 알 수 없는 저항감이 생기는 까닭도 나는 주체가 되고 싶지 '대상'이 되고 싶지 않기 때문이다. 내가 '객체'가 되는 관계를 타자와 맺게 된다면 인간은 상처를 받는다.

남들이 시키는 대로 움직이게 될 때, 지시를 따라야 할 때, 인간은 상처를 받는다. 뭔가를 하려고 생각하더라도 누가 그걸 하라고 한마디하면 하기 싫어지는 까닭도 인간은 '객체'가 되고 싶지 않기 때문이다. 명령을 받는다는 건 내가 타자의 객체이자 대상이 되었다는 뜻이라서 우리는 명령을 싫어한다. 그래서 엘리아스 카네티는 일찍이 명령이 가시를 남긴다고 얘기한 바 있다.

명령은 내가 복종해야 하는 상태임을 일러준다. 그래서 명령을 받을 때마다 가시에 찔리는 것 같은 불쾌감을 느낀다. 자유인으로서 살고 싶지 노예로서 살기를 원하지 않는 우리는 어떻게든 가시에 찔리지 않고자 한다. 하지만 세속은 나와 타자들이 만들어 내는 가시덤불이고, 내 몸엔 수많은 가시가 앙칼지게 박힌다. 세상은 피라미드 구조로서 대다수는 아래에, 소수만이 위로 올라간다. 위로 올라가더라도 그 위엔 또 누군가가 있다. 아무리 잘난 사람이라고 하더라도 어쩔 수 없이 타자 밑에 있게 되고 명령을 받는 처지에 놓인다. 날마다 가시밭길을 가는 기분이다.

처세술의 달인이 되어 자존심은 내팽개치고 사유의 자유마저 내동댕이친 채 오늘도 딸랑거리면서 살아가더라도 가끔씩 가슴 한쪽이 아프다. 보이지 않지만 수많은 가시들에 찔리기 때문이다. 저주인형처럼 잔뜩 가시에 박힌 나는 마치 주술에 걸린 것처럼 누군가를 가시로 찌르게 된다. 시간이

지나 내 밑으로 들어온 사람들에게 나는 내가 당했던 만큼 그들의 등허리에 가시들을 꽂는다. 이것이 타자와 뒤엉켜 살아가는 세속이 잔인하도록 서글픈 이유이다.

타자들과 경쟁하면서 우리는 서로에게 상처를 입히는 군중이 된다. 고슴도치처럼 날카롭게 가시를 내보이면서 다가오지 말라고, 더 다가오면 상처를 입히겠다고 위협하지만 결국 서로가 서로에게 상처를 입히면서 살아간다. 이렇게 살고 싶지 않다는 못마땅함과 어떻게 해야 할지 알 수 없다는 무능함 사이에서, 더 이상 상처받고 싶지 않다는 강박과 누군가 옆에 있어 줬으면 하는 외로움 사이에서, 우린 갈팡질팡 헤맨다. 내 삶은 원치 않는 방향으로 돌아간다. 나는 타자들에게 둘러싸여 하루하루 괴로워하면서도 타자들로부터 벗어나지 못한 채 굴욕과 무능을 체험할 뿐이다.

이 때문에 그동안 인류 사회는 타자들로부터 벗어나 독립성을 추구하는 쪽으로 나아갔다. 세상에서 타자들과 부대끼며 살아가야 하지만 비굴하지 않게 관계를 맺으면서 자신을 존중하는 관계를 도모했다. 문명이 발달하면서 거의 모든 사회에 '개인주의'가 당연하게 자리매김한 까닭도 인간은 남들에게 간섭받고 싶지 않기 때문이다.

우리는 스스로 줏대를 가지고 타인들에 지배받지 않고 독립하기를 원한다. 자율성은 중요한 덕목이고, 우린 독립심을 키워야 한다. 어느 사회든 어른이 되기 위해선 부모의 입김이나 타인의 영향으로부터 벗어나 자신의 삶을 갖춰야 할 필요가 있다.

고립이 아닌 관계

근대화는 사람들이 저마다 '개인성'과 '독립심'을 갖추는 과정이었다. 전체와 집단에 매몰되어 개인들이 희생하고 억울해도 참아 냈던 시절이 워낙 오랫동안 있어 왔기에 '개인주의'와 '독립'은 우리에게 꼭 필요한 가치이다. 우리는 자신이 태어난 혈연 공동체나 자신이 속한 집단에서 벗어나 한 인간으로서 독립하기를 '자유주의'는 꿈꾸었고, 세상은 집단 중심으로 생각하고 살아가는 흐름에서 낱낱의 사람들이 저마다 자유를 갖는 개인주의로 방향을 바꾸어 왔다.

그렇지만 개인주의는 "나 혼자 잘 먹고 잘 살겠다"는 이기주의가 아니며 독립은 아무에게도 기대지 않는 '고립'이 아닌데, 우린 그동안 이기주의자들이 된 채 외로이 고립되어 갔다. 우리 삶이 을씨년스럽고 스산한 이유다.

독립은 '단절'을 의미하지는 않는다. 오히려 독립은 기존의 관계와는 다른 새로운 '관계'를 형성한다는 뜻이다. 그래서 미국의 여성학자 캐롤 길리건Carol Gilligan은 개인화와 자율성에 대한 환상을 비판한다. 인간은 성장하고 성숙해지면서 개인화되고 자율성을 획득한다고 생각하기 쉬운데, 이것은 그저 남자들의 환상이라는 것이다. 남자들이 독립심이 강한 개인으로서 성숙하다고 얘기할 때, 남자들의 독립 뒤엔 여성들의 보살핌이 숨어 있다. 인간은 결코 홀로 자유로워질 수 없으며, 혼자서 자유롭다는 착각만이 있을 뿐이다. 남자에 견줘 독립성이 떨어진다면서 여자는 덜 성숙하고 어린아이 같다는 통념을 캐롤 길리건은 반박한다. 여자들이 덜 성숙한 게 아니라 여자들은 관계 지향으로 성장하면서 보살핌의 능력을 중요하게 여기고, 인간관계에 정성을 쏟는다고 캐롤 길리건은 주장한다. 그래서 남성 중심의 독립성을 그대로 여자들에게 강요하면서 여자들을 업신여기는 건 옳지 않다고 얘기한다.

> 여성들은 인간관계 속에서 자신을 규정지을 뿐 아니라 보살핌의 능력을 기준으로 자신을 측정한다. 남성의 삶의 순환에서 여성이 담당하는 역할은 양육자, 보호자, 보조자 등인데, 이것은 여성 자신의 자아 규정에 영향을 미치는 인간관계를 짜 나가는 직조자로서의 역할이다. 그러나 이렇듯 여성들이 남성들을 보살폈음에도 불구하고 남성들은 경제 구조에서와 마찬가지로 발달 심리 이론 속에서도 보살핌을 당연시하거나 업신여기는 경향이 있었다. 개인화와 개인적인 성취에 대한 강조가 성인기 분석에까지 이어지고 성숙이 개인적 자율과 동일시되는 이론 체계하에서, 여성들이 인간관계에 관심을 갖는다는 사실은 강점이 아니라 약점으로 보였던 것이다.
>
> 캐롤 길리건, 『다른 목소리로』

자율성을 갖춘 개인으로서 남성이 살기 위해선 반드시 '집안일'같이 보이지 않는 영역에서 여성들의 희생이 뒤따라야 한다. 이건 남녀에게만 해당되는 문제가 아니다. 인간으로서 자유를 누리기 위해선 그 자유 속에 타자들의 희생이 스며 있다. 우리가 누리는 물질이나 정치로서의 자유도 앞서서 누군가가 피와 눈물을 흘리며 세상과 싸워 얻은 결과이다.

세상은 나 혼자 살아가는 곳이 아니다. 막상 내 옆에 사람이 없을지라도 보이지 않는 영역에서 수많은 타자들과 나는 관계를 맺고 있다. 누군가가 농사 지은 쌀이 필요하고, 타자가 해 주는 요리를 사 먹으며, 처음 보는 사람이 운전하는 대중교통을 이용해 이동한다. 세상은 타자들과 어울려 얽히며 살아갈 수밖에 없는 곳이다. 인간 옆엔 인간이 있다. 사람은 어떻게든 인간관계를 맺지 않고는 제대로 살아갈 수 없다.

그동안 우리는 '독립성의 신화'에 취해 개인의 능력과 성취만을 높게 평가했다. 그리고 자기 잘난 맛에 살면서 남들을 얕보고 무시하기 십상이었다. 내가 열심히 노력했다고 하더라도 그 노력 속에 이미 부모나 친구, 사회문화나 시대 분위기 같은 수많은 타자들이 들어 있음을 알지 못했다. 나는 나 혼자만의 성공이라는 환상에서 벗어나 세상 모든 게 타자들과 함께 빚어내는 결과임을 알아야 한다.

인간은 사람들과 관계를 맺어야만 살아 있는 기쁨을 느낀다. 지금 외롭고 행복하지 않다면 자기 삶에 '남'이 모자라다는 신호이다. 사람은 누구나 남을 자기 안에 들일 때만 오롯해진다. 사람을 뜻하는 '人'도 사람끼리 서로 기대는 모습이다. 왜 사람을 인간人間이라고 할까? 사람人 사이間에 있어야만 사람이 된다. '내'가 남을 만나야 하는 까닭이 여기에 있다. '나'라는 테두리를 넘어서 남에게로 나아가지 못하고, 나를 열어 남을 받아들이지 못하는 상태가 외로움이다. 타자와 서로 오붓하게 만나야만 외로움이라는 수렁에서 벗어날 수 있다. 아무리 잘난 맛에 살고, 지갑이 빵빵하고, 진수성찬이 앞에 있더라도 내 마음을 터놓을 당신이 없다면 외로움을 느낄 수밖에 없고, 외로움은 마음의 부유함을 송두리째 앗아간다.

열심히 살다가도 줄에 걸린 빨래처럼 외로이 나부낀다는 느낌이 들 때, 문득 자기 삶을 돌아보면 한심함에 한숨이 휴 나올 때, 타자가 내 삶에 없음을 아프게 깨닫는다. 세상의 그 모든 고뇌의 원인은 나만의 문제가 아니라 타자와 나 사이에서 벌어지는 일이다. 나는 타자 때문에, 또 타자가 없어서 골치를 앓게 된다. 타자와 부대끼면서 제발 혼자 있게 해 달라고 기도하던 인간은 타자가 없으면 외로움에 시달리면서 타자가 있는 곳으로 가게 마련이다.

몸과 몸을 비벼야만 건강할 수 있다

외로움은 우리를 혼자 있게 하지 않는다. 외로움은 누군가를 만나도록 우리를 부추긴다. 외로움을 여러 가지로 정의할 수 있지만 여기선 말 그대로 '몸과 몸이 맞닿아 있지 않은 상태'를 가리킨다. 인간은 몸과 몸을 비벼야만 건강할 수 있다. 인간은 결코 혼자선 건강하게 살 수 없다. 타자의 부재는 단순히 날 외롭게 하는 상황이 아니라 내 몸의 건강함을 헝클어뜨리는 사태이다. 인간은 사회관계를 맺는 동물로 진화해 왔고 우리의 몸은 서로에게 영향을 미치면서 신경계를 조절하기 때문에 혼자 있어선 어딘가 걸리고 몸에 탈이 나기 마련이다. 우리가 사람을 그리워하고 사랑에 빠질 수밖에 없는 이유다. 인간 곁에는 인간이 있어 줘야만 안정을 얻을 수 있다고 뇌과학자들은 조언한다.

사람의 생리는 닫혀 있지 않다. 인간의 몸은 외부와 연결되어 작동하는 열린 구조이다. 따라서 내 신체의 기능을 내 뜻대로 쥐락펴락하지 못한다. 다른 사람으로부터 받는 조절 정보가 몸의 호르몬 수치, 심장 기능, 수면 리듬, 면역 기능 등에 영향을 미친다. 인간은 곁에 있는 사람들과 서로 영향을 주고받는다. 완전한 자아 충족은 백일몽에 불과하다. 아무리 좋은 걸 먹어도 혼자 먹을 때와 여럿이 먹을 때 밥맛이 다르듯 똑같은 음식이라도 누구와 어떻게 먹느냐에 따라 흡수되는 영양가가 변한다. 내가 뾰로통해지면 주변 사람들도 까칠해지듯 인간의 기분이나 몸의 상태는 타자와 더불어 이뤄진다. 삶의 안정은 개인성이 확립되는 것이 아니라 좋은 사람들 곁에 머무는 것을 의미한다.

이것이 우리가 눈에 불을 켜며 타자들과 뒤엉키고자 하는 이유다. 왜 우린 입을 헤 벌리고 타자를 바라보는가? 당최 무엇이 우리들을 집에 가서 잠잘 생각도 못하게 하면서 유흥가와 종교 단체로 끌어들이는가? 우리들을 들뜨게 하면서 설렘과 즐거움을 피어내는 것은 무엇일까? 바로 '접촉'이다. 타자와 접촉하고 싶은 욕망 때문에 사람들은 하염없이 이곳저곳을 떠돈다.

그렇다면 오늘날 우리의 몸과 마음이 아픈 까닭은 먹거리가 오염되고 환경이 파괴되었으며 노동 조건이 열악한 것도 이유겠지만, 그보다는 사람이 사람 곁에 없기 때문은 아닐까? 도시에는 사람이 많다. 하지만 함께 어울리면서 마음의 체온을 높여 주는 관계가 없다. 서로에게 기대지 않고 밀어내기 때문에 우리는 아프다.

외롭다는 하소연이 유령처럼 도시를 떠돈다. 마음 맞는 사람을 만나기가 어렵다는 투덜거림이 많은 입속에서 맴돈다. 그래서 우리는 얘기가 통하는 사람을 만나면 눈에 불꽃이 튀고 단박에 빠져든다. 평소에 얼마나 외로웠는지 알 수 있는 대목이다. 사람은 저마다 자기 신호를 우주로 내쏘면서 누군가와 통하기를 절박하게 욕망하고 있다.

사람들이 외로워하는 까닭은, 더 신명나는 관계가 아닌 더 많은 물질을 위해 문명이 발달한 탓이다. 서구의 근대화를 따라한 까닭도 인간으로서 삶을 좀 더 잘 살기 위해서였는데 그 결과 우리의 삶은 윤택하게 싸늘해졌

외롭다는 하소연이 유령처럼 도시를 떠돈다. 마음 맞는 사람을 만나기가 어렵다는 투덜거림이 많은 입속에서 맴돈다. 그래서 우리는 얘기가 통하는 사람을 만나면 눈에 불꽃이 튀고 단박에 빠져든다. 평소에 얼마나 외로웠는지 알 수 있는 대목이다. 사람은 저마다 자기 신호를 우주로 내쏘면서 누군가와 통하기를 절박하게 욕망하고 있다.

다. 근대화라는 불도저 아래 모든 관계가 부서진 뒤 재건축되었는데, 겉보기만 말끔하지 그 안은 황량하다. 사람과 사람 사이를 엮어 주는 정과 믿음이 없기 때문에 사람 관계는 허술하기 짝이 없고, 삼풍백화점처럼 느닷없이 무너지기 일쑤이다.

어느덧 자신의 마음을 열어 보이는 걸 두려워하고, 누군가 자신에게 들어오는 걸 무서워한다. 나는 내게 기대려는 사람을 밀어낸다. 나 또한 누군가에게 기대지 못한다. 다들 '쿨'한 척 휘파람을 불지만 마음속 구멍에서 불어오는 스산함에 밤이면 휘청거린다. 외로움이 시커멓게 덮쳐 온다.

나는 세상과 동떨어진 채 살아가는 '독립된 존재'가 아니다. 내가 지금 우울하다면 세상이 암울하기 때문이다. 내 뺨에 눈물이 흘러내린다면 세상이 흐느끼고 있기 때문이다. 타자들이 외롭기 때문에 나도 외로울 수밖에 없다. 오늘날 이렇게 사람 사이 마음이 이어지는 길이 사라졌다. 끈적거리는 건 싫다고 누군가 다가오면 손사래 치지만 뒤돌아서면 뻑뻑한 두 눈을 문지르며 무릎에 얼굴을 묻고 괴로워한다. 자기 마음을 알아주는 사람을 찾아 헤매지만 누가 자기 마음 알아주기만을 바랄 뿐 남의 마음을 알려고 애쓰지 않는다. 외로움은 갈수록 부풀어 올라 삶을 옥죄는 집값처럼 되어 버렸다.

타자와 소통하지 못하기 때문에 나는 외롭다. 우리는 몸과 마음이 타자와 멀어졌고, 타자와 나 사이에 벽은 높아만 간다. 타자와 우리는 비벼대지 않는다. 비벼댐은 생명의 뿌리인데 말이다. 몸과 몸이 만나지 않으면 결코 행복하게 살 수 없다. 오늘날 섹스리스 부부들이나 초식남, 건어물녀 같은 말들은 이 시대가 얼마나 팍팍한지, 타자와 연결되는 일이 얼마나 힘겨운지를 보여 주는 증상들이다. 몸과 마음으로 원활히 소통해야만 우리는 외롭지 않다.

타자를 사유하기

'내'가 건강하기 위해서라도 '네'가 있어야 하듯, '나'를 알기 위해서라도 '네'가 있어야 한다.

우리는 자기 얼굴을 스스로 보지 못한다. 거울을 통해서만 나를 볼 수 있다. 여기서 거울은 '타자'를 상징한다고 할 수 있다. 나란 존재는 언제나 너라는 타자와 관계를 맺어야만 의미를 갖는다. '나'란 말에는 보이지 않지만 언제나 '네'가 숨어 있다. 네가 없이는 내가 존립할 수 없다. 그런데 거울이 한 개만 있어선 얼굴만 볼 수 있지 뒤통수를 볼 수는 없다. 그렇기에 우리는 '여러 타자'가 필요하다. 두 개 이상의 거울이 있어야만 우리는 자기의 뒤편을 볼 수 있다. 한 사람의 타자를 평생 동안 가까이 옆에 두어도 제대로 알기 어렵지만 그럼에도 세상은 수많은 타자와 살아가는 곳이기에 우린 여러 타자와 관계를 줄기차게 맺어야 한다. 타자와 관계가 어떠냐에 따라 삶이 달라진다.

이 세상은 결정된 무엇이 아니라 사람들이 울력으로 만들어 나가는 작품이듯, 나의 삶 또한 사람들과 관계를 맺어 나가며 이뤄 가는 작품이다. 태어나자마자 '나'라는 의식은 있지도 않을뿐더러 어떤 '내'가 될지 예측할 수도 없다. 자라면서 수많은 남들과 만나면서 '내'가 만들어진다. 내 삶은 '나의' 삶이 아니라 타자들과 만났던 결과이자 흔적들이다. 인생은 '나의' 이야기라기보다는 내가 너와 만났던 '사이의' 이야기이다. 내 삶의 의미는 언제나 나 스스로 판단하고 결정하지 못한 채 너와 나의 '관계'에서만 판가름 난다. 나이가 들면 문득문득 뒤돌아보면서 그동안 내게 자취를 남긴 사람들을 떠올리게 되는 이유다.

인생을 잘 사는 사람은 자신의 삶에 수많은 사람들을 불러들여 어깨춤을 추고 깊이 소통하고 살갑게 콧노래를 부르면서 흐드러진 작품을 만든다. 좋은 향이 나는 사람 곁에 오래 있으면 자신에게서도 좋은 향이 배듯, 좋은 사람과 사귀면 자연스레 나도 좋은 사람이 되어 간다. 인생은 세상과 얽히면서 타자들과 함께 빚어내는 '공동 작품'이다. 좋은 사람들과 어울리며 나는 멋진 내가 될 수도 있지만, 나쁜 사람들 틈바구니에서 버둥거리면 변변찮은 내가 된다. 따라서 나의 고민은 알고 보면 나와 마주치는 '타자'에 대한 사유인 셈이다.

타자에 대해 사유를 하게 될 때 사유의 의무를 외쳤던 정치철학자 한나 아렌트^{Hannah Arendt}를 만나게 된다. 한나 아렌트는 2012년에 영화가 제작되었을 만큼 한 시대를 주름잡았던 정치철학자다. 아렌트는 대학생 때 교수였던 마르틴 하이데거와 연애를 할 정도로 대찼던 여성인데, 그녀 역시 여러 고충과 상처가 있었다. 그 가운데 '유대인'으로서 자신의 동족들이 잔인하게 학살당한 사건은 도저히 지울 수 없었던 상흔이었다. 아렌트 자신도 잠깐이나마 수용소에 억류되었는데 그때의 기억은 내내 그녀의 삶을 맴돌았다. 그래서 유대인들을 수용소로 보내는 일을 책임졌던 아이히만을 연구한 건 한나 아렌트에게 자연스러운 일이었다. 2차 대전에서 독일이 패망한 뒤 아르헨티나로 도피했다가 붙잡힌 아이히만이 예루살렘에서 세기의 재판을 받게 되자 한나 아렌트는 예루살렘행 비행기에 몸을 실었다.

그런데 재판정에서 본 아이히만은 사람들의 통념과는 달랐다. 나치에 대한 분노 때문에 아이히만에 대한 욕설과 저주만이 너울거리던 상황에서 한나 아렌트는 냉정하게 아이히만을 진단한다. 학살에 가담했던 아이히만은 권력을 위해서라면 무슨 짓이든 서슴지 않는 악바리나 인간의 죽음을 즐기는 괴물이 아니었다. 아이히만이 "타인의 관점에서 바라볼 수 있는 능력이 없"었기 때문에 끔찍한 악행을 저질렀다고 한나 아렌트는 주장한다.

> 허풍은 아이히만을 파멸시킨 악덕이었다. (…) 하지만 허풍 떠는 것은 일반적
> 인 악덕인 반면, 더 구체적이고 결정적인 아이히만의 성격 결함은 그에게 그 어
> 느 것도 타인의 관점에서 바라볼 수 있는 능력이 없다는 점이다.
>
> 한나 아렌트, 『예루살렘의 아이히만』

아이히만은 허세를 부리는 인간이었다. 아르헨티나로 도망가서도 과거의
일을 떠벌리면서 거드름을 부리다가 발각된 것이다. 그렇지만 허풍은 인간
의 특징이다. 허세 때문에 아이히만이 괴물이 된 것은 아니다. 아이히만의
문제는 타인의 입장에서 사유하는 능력이 없었다는 점이다. 그래서 진정한
악은 나쁜 의도나 이기심에서 생긴다기보다는 남의 입장에서 사유하지 않
는 데서 생긴다고 아렌트는 주장한다. 그녀는 자신의 입장에만 골몰하지 말
고 제발 자신이 말을 하거나 행동할 때 타인이 어떻게 생각할지 사유하라고
뜨겁게 자극한다. 유대인들이 어떤 심정일지 아이히만은 생각하지 못했다.
그저 자신이 맡은 바를 충실하게 했을 뿐이다.

까라면 까는 것이 일상화된 한국이다 보니 많은 지식인들이 한나 아렌트
를 다루면서 생각 없이 뭔가를 하는 것이 얼마나 위험할 수 있는지 알렸고,
그 덕에 한나 아렌트란 이름은 아주 낯설지만은 않게 되었다. 그러고 보면
세상에서 일어나는 온갖 악행은 '나쁜 권력자' 때문만은 아니다. 위에서 시
키는 대로 하라면 하고, 입을 열어야 하는 순간에 침묵하며, 세뇌된 대로 믿
고 사는 '평범한 우리들'이 없다면 소름 끼치는 악행은 벌어지지 않는다. 우
리도 얼마든지 수백만의 유대인을 가스실로 보낸 아이히만이 될 수 있다.

아이히만은 허세를 부리는 인간이었다. 그렇지만 허풍은 인간의 특징이다.
허세 때문에 아이히만이 괴물이 된 것은 아니다. 아이히만의 문제는 타인의 입장에서
사유하는 능력이 없었다는 점이다. 그래서 진정한 악은 나쁜 의도나 이기심에서
생긴다기보다는 남의 입장에서 사유하지 않는 데서 생긴다고 아렌트는 주장한다.

스스로 생각하지 않은 채 고분고분하게 살아가는 '보통의 사람들'은 언제든지 무시무시한 짓을 저지를 수 있다.

우리에게 한나 아렌트는 타자를 사유하라고, 낯설게 생각해 보라고, 사유가 인간의 최고 활동이라고 말한다. 어제와 다르게, 새롭게, 상큼하게, 색다르게 사유해야 한다. 타자의 입장에서 사유하지 않을 때, 우리는 여지없이 '내가 싫어하는 저 사람'처럼 늙어가게 된다. 타인의 상황을 고려하는 건 인간으로서 살려는 최소한의 노력이자 해야만 하는 의무이다. 인생과 세상이 좀처럼 변하지 않는 건 우리가 자기 입장에 틀어박히기 때문이다. 인간이 성숙할 때 여러 과정이 있겠으나 반드시 디뎌야 하는 섬돌이 있다면 '나'로서만 생각하지 않고 '상대의 처지에서 생각하기'이다. 자신에게만 틀어박혀서 내 관심, 내 이익, 내 취향만을 들먹일 때, 그는 어른으로서 말하는 것이 아니라 아이로서 칭얼대고 있을 뿐이다.

이방인을 만나 이방인이 되어라

타자와의 만남은 인간이 어른으로 자라는 길에서 반드시 거쳐야 하는 길목이다. 따라서 우연하게 내 일상에서 마주친 낯선 나그네를 꺼림칙하게만 여기며 경계해서는 안 된다. 타자는 우리 삶에 엄청나게 소중한 존재다. 이방인이 있다는 건 내가 속한 세계의 바깥이 있다는 뜻이고, 그 외부를 통해서 나는 내 삶의 한계를 깨달을 수 있다.

우리는 자기만의 세계에 머물지 않는다. 바깥으로 나가 사람들을 만난다.

누군가가 내 일상으로 넘어와 반갑게 문을 두드리기도 한다. 왜냐하면 인간은 모두 자기만의 생산과 생활만으로는 만족할 수 없기 때문이다. 내 세계가 그 자체로 완전하고 탐탁하다면 외부가 있을 까닭이 없다. 하지만 한 세계는 완벽힐 수 없기에 언제나 외부를 필요로 한다. 이렇게 타자와 외부를 통해서 나의 세계는 넓어지고 깊어진다. 게오르크 지멜은 타자와의 마주침, 이방인과의 교류, 낯선 존재와의 만남이 결국 인류 사회를 발달시키는 힘이었다고 주장한다.

이방인은 내가 아는 세계가 전부가 아님을, 내게 없는 뭔가가 저 바깥에 있음을 우리에게 상기시킨다. 그대로 자신의 공간에만 머물면 나날이 내 생각은 가난해지고 생활은 앙상해진다. 우린 이방인을 맞아들여야 한다. 내 삶을 꽃피우는 봄바람은 나그네의 모습으로 다가온다. 나그네를 환대하지 않으면 우리의 삶에서 새로움이 일어나지 않는다. 평소에 하는 얘기나 동선이 반복된다면, 만나는 사람이 그 나물에 그 밥이라면, 이방인을 자기 삶으로 초대할 필요가 있다.

익숙하지 않은 타자와 마주칠 때, 이방인과 접촉하면서 나 또한 상대에게 이방인임을 깨달을 때, 내가 살아온 삶과는 전혀 다른 결로 살아온 누군가를 만나 당연하게 여겼던 내 삶이 낯설게 느껴질 때, 이전과는 다르게 살아갈 수 있는 기회가 열린다. 도전이나 변화는 언제나 '이방인'들만 일으킨다. 나 혼자서는 어찌하지 못하는 내 생활과 생각이 이방인을 만나면서 낯설게 변하고, 그 덕에 나는 이전의 내가 봤을 때 '이방인'으로 변한다.

살다 보면 자의식이 생겨나고 욕망이 생겨난다. 어떤 사람에게든 비위를 잘 맞추며 능청맞을지라도 그 속에선 자기만의 욕망과 의식이 자리 잡고 있다. 나는 나라는 의식으로서 존재하며, 이 의식으로부터 나는 벗어나기가 버겁다. 데카르트가 『방법서설』과 『성찰』에서 의심하고 생각하는 나는 의심할 수 없다고 판단한 이유다. 나라고 생각하는 형식이 나이다.

그런데 문제는 나라는 자의식이 폭군처럼 내 삶을 독점한다는 점이다. 나라는 자의식은 우연히 만들어졌지만 필연처럼 나를 지배한다. 내가 믿고 따르는 바, 내 세계관, 내 생각은 수많은 사람들과 환경에 뒤얽힌 결과물로서 한 시대의 사유 흐름에 휘말리고, 내 욕망과 원하는 성취는 내가 속한 시대와 문화에 따라 빚어진다. 그렇지만 나는 마치 내 생각과 욕망이 나의 자유로운 선택으로 만들어졌다고 착각한다. 나의 생각과 욕망으로부터 거리를 두지 못하는 것이다.

내 생각과 욕망을 점검하지 못한다면, 내 생각과 삶의 다른 가능성을 살피지 않는다면, 나만의 틀에 갇힌 채 '변화와 차이'에 대해 혐오하게 된다. 나는 어때야 한다는 자의식이 내 안의 수많은 잠재성을 짓밟고 없애 버리듯 불거지는 거센 욕망이 내 안의 다른 희망들을 꺾어 버리듯 나는 나만이 옳다는 망상에 사로잡히고, 내 밖의 수많은 타자들을 업신여기고 밀쳐 내게 된다. 따라서 나는 자의식이라는 나의 마을 밖으로 나가길 즐겨야 한다. 쉴 새 없이 달라붙는 자의식이라는 굴레를 내려놓으면서 이방인이 되어야 한다.

오래되었지만 제가 좋아하는 문장은 이렇습니다. "보편적 선(좋음)을 향한 유일하게 훌륭한 길은 우리 모두가 스스로에게 이방인이 되는 것이다"라는 문장이 그것입니다. 우리는 스스로를 바라볼 때, 이방인의 시선으로 스스로를 보고 또 상상해야 합니다. 저는 이것이 인류에게 가장 훌륭한 사유 방식 중 하나라고 생각합니다. 여러분은 결코 자신만의 관점에 스스로를 가두어서는 안 됩니다.

인디고 연구소, 『불가능한 것의 가능성(슬라보예 지젝 인터뷰)』

이방인이 되어야만 우리는 다른 사람을 맞이하고 사랑할 수 있다. 나를 낯설게 느껴야만 이전의 내가 어땠는지 제대로 보인다. 이방인이 되는 건 역설적이지만 자기 자신을 찾는 길이자 타자와 뜨거운 평화의 관계를 이룩하는 방법이다.

여덟 번째 충격

괴물이 되지
않기 위한 처방,
'계몽'

변호사 놀이에 빠진 나

　오늘날 우리는 돈을 움켜쥐고 강남과 아파트를 욕망하며 어떻게든 더 많은 걸 가지고자 살아간다. 그렇지만 이런 나를 바보라고 삿대질할 수는 없다. 명품 백을 어깨에 걸쳐야 존재감이 생기는 사회 구조에서 나는 '된장녀'가 될 수밖에 없다. 소비사회와 자본주의 논리엔 모르쇠한 채 한국 여자들은 낭비벽이 심하다고 헐뜯는 일만큼 부질없는 짓도 없다. 영화 「카운트다운」에서 주인공(전도연)은 아르바이트를 하는 딸에게 그렇게 해서 언제 돈을 버느냐며 여자는 외모를 가꾸는 게 돈을 버는 거라고 조언하는데, 이 생각이 과연 틀렸다고 할 수 있을까? 찌그러진 세상에서 쭈그러진 생각을 갖고 사는 이에게 꾸중하는 게 무슨 소용이 있을까?

　여자들이 힘겨울지라도 꿋꿋하게 여성 의식을 키워 나간다면 훨씬 더 뭉클하겠으나 애오라지 특정한 겉모습으로 꾸민 '예쁜 여자'만을 찾는 마당에 민낯으로 수수한 차림새를 한 여자는 비정상처럼 보이기 일쑤다. 자본주의에선 사치에 눈이 뒤집혀진 '된장녀'들이 '정상'이다. 분단 국가에선 군대 문제만 나오면 게거품을 무는 남자들이 '정상'이듯.

국가를 믿어 의심치 않는 국가주의, 그리고 오랜 세월 이어진 일제 강점기와 군사독재가 이어지면서 사회는 병참화되었고, 군대 문화는 무좀처럼 퍼져 있으며, 우리들은 '군인'처럼 살아간다. 남자들은 '적'을 만들어 내는데, 이때 가장 만만한 적이 여성이다. 많은 남자들이 여자들에게만 열불을 낸다. 남자들의 연대는 여자들에게 화풀이할 때 가장 잘 이뤄진다. 똘똘 뭉쳐 마녀사냥에 희번덕거리는 남자들은 남성 중심 사회에서 늘 나타났던 증상이다.

그렇지만 이상하지 않나? 안보나 평화 문제엔 심드렁하다가 남자들이 여자의 외모만을 따진다며 분노하는 얼빠진 여자들처럼 왜 남자들은 여자들이 차별을 받을 때는 잠자코 있다가 군대 문제에만 욱할까? 떼거리로 '살인 연습'을 하는 일부터 비효율에 극치이자 영혼을 실종시키는 예비군 훈련까지, 군대의 그늘엔 입을 싹 닫으면서 왜 여성에게만 주먹 감자를 날리는 걸까? 자신의 분함과 설움으로 말미암아 울컥하며 드잡이하는 걸 언제까지 해야 할까? 군복을 입고 있을 땐 언제 제대하느냐면서 정말 군대가 싫다고 불뚱거리던 남자들은 왜 이런 '불행'이 반복되는지, 어떻게 하면 없앨 수 있는지 고민하며 힘을 모으기보다 여자들에게만 손쉽게 발끈하는 것일까?

우리는 깊이 있게 사회문제를 바라보면서 생각하고 판단하기보다는 자신의 감정에 따라 생각하고 판단하게 된다. 이른바 '동기화된 추론'이다. 내 감정, 속한 집단, 성별, 이익, 출신 지역에 따라 나의 생각과 판단은 달라진다. 나의 '동기'에 따라서 내 '추론'은 바뀐다. 올바른 정보가 들어오더라도 나는 받아들이지 않는다. 외려 분노하면서 반박하게 된다. 나는 자유로이 생각하며 공정하게 판단하지 않는다. 나는 자신이 믿고자 하는 바를 지지하는 증거들만 모으고 나머지는 외면하거나 잘못되었다고 흥분하게 된다. 인간은 '계몽'되지 않았다. 나는 믿고 싶은 대로 생각하고 살아간다. 인간은 자신의 신념 체계를 지키기 위해서 '동기화된 추론'을 한다고 미국의 과학 저널리스트 크리스 무니Chris Mooney는 지적한다.

> 우리가 물려받은 계몽주의 전통은 신념이 육체에서 분리된 것이라고 생각했다. 신념이 머리 위에 있는 공기 중에 걸려 있어서 적절한 양의 올바른 정보만 떠어주면 잘못된 신념이 비눗방울 터지듯이 없어질 거라고 말이다. 진실은 전혀 그렇지 않다. 신념이란 물리적인 것이다. 신념을 공격하는 것은 그 사람의 신체 일부를 공격하는 것과 같다. 압정으로 피부를 찌르는(혹은 더 심한) 행위라고 생각하면 된다. 그리고 동기화된 추론은 뇌 속에 있는 신념 체계에 대해 직접적인 공격을 받았을 때 촉발되는 방어 메커니즘이라고 생각하면 된다.
>
> 크리스 무니, 『똑똑한 바보들』

 인간은 "똑똑한 바보들"이다. 아는 것도 많고 상식도 늘어났지만 자신의 신념 자체를 의심하지는 못한다. 내가 생각하고 이성을 사용하고 있다고 믿고 싶을지라도 냉정하게 따지면 나는 내 신념을 강화하는 추론을 하고 있으며, 내 믿음을 합리화하려고 안간힘을 쓰는 중인지 모른다. 나는 두루두루 헤아리는 과학자이기보다는 한쪽 편에 서는 변호사이다. 그래서 미국의 사회심리학자 조너선 하이트Jonathan Haidt는 우리가 "과학자 놀이를 한다고 생각하지만 실은 변호사 놀이를 하는 중"이라고 주장한다.
 인간은 결코 '옳게' 생각하면서 '바르게' 살아가는 존재가 아니다. 나는 이미 언제나 '편향'되어 있고, 나의 치우침을 '정의'라고 지지받고자 논설을 펼치는 변호사처럼 군다. 우리는 이견들에 불쾌를 느낀다. 그래서 어떻게든 상대를 공격하고자 눈에 불을 켜고 꼬투리를 잡으면서 비아냥거리게 된다. 우리는 이성을 갖고 공정하게 추론하려는 과학자가 아니라 이성을 도구 삼아 상대를 이기려는 변호사다.

생각하지 말고 보라

평소에 우리는 변호사처럼 굴면서 자신을 정당화하고 합리화하기 바쁘다. 나는 거울 앞에 비춘 자신의 모습에 신물을 내다가도 자아도취하면서 괜찮은 인간이라고 여기며 살아간다. 그리고 세상을 나라는 거울로 비춘다. 세상은 내가 '구성'한다. 나는 내가 듣고 싶은 것만 듣고, 보고 싶은 것만 보고, 생각하고 싶은 것만 생각한다. 나는 언제나 나를 중심으로 생각하고 판단하고 욕망한다. 우리는 언제나 타자와 세상을 자기 편한 대로 읽어 내고 자기 수준만큼 이해(오해)한다. 나는 나라는 감옥에 갇힌 수인으로서 평생을 살게 된다. 나는 나에 붙박여 있다. 나는 자신을 넘어서서 느끼고 생각하고 판단할 수 없다. 자신이 '객관'화해서 생각하고 판단하는 척하지만 허울이다. 우린 언제나 주관에 사로잡혀 있다.

감옥에서 탈출하는 일이 어렵듯 나를 붙잡고 있는 신념 체제를 부순 뒤 참신하게 생각하고 산뜻하게 판단하며 색다르게 욕망하는 일은 어렵다. 나는 나를 변호하면서 기존의 나를 옹호한다. 그래서 '재인식'한다. 어떤 상황

질 들뢰즈는 좀처럼 우리는 인식을 하지 못한다고 말한다.
그에 따르면 우리는 아름다운 마주침들이 내게 나타나는
데도 나는 "그냥 지나쳐 버린다." 살면서 겪는 수많은 마주침들이
내게 새롭게 생각을 하도록 이끄는데, 나는 "마주침을 더 깊이
파고들기보다는 수월한 재인식을 더 좋아한다."

과 타자를 만났을 때 그 자체들을 '인식'하기보다는 내가 그동안 인식하던 걸 바탕으로 '재'인식한다. 아무리 새로운 걸 만나도 나의 인식 수준에 그대로 머물기 일쑤이다. 나는 수많은 마주침을 겪으면서 내 생각을 흔들기보다는 더 단단하게 만든다. 그래서 질 들뢰즈는 좀처럼 우리는 인식을 하지 못한다고 말한다. 그에 따르면 우리는 아름다운 마주침들이 내게 나타나는데도 나는 "그냥 지나쳐 버린다." 살면서 겪는 수많은 마주침들이 내게 새롭게 생각을 하도록 이끄는데, 나는 "마주침을 더 깊이 파고들기보다는 수월한 재인식을 더 좋아한다."

우리는 그동안 자신이 비비던 언덕에서 가지를 키워 내는 나무처럼 생각한다. 내 생각에 대한 믿음의 뿌리는 천 년 동안 자란 은행나무의 뿌리보다 더 깊다. 나는 자유로이 사유하기보다는 미리 내 안에 뿌리내린 나무에서 잎사귀를 펴내는 쪽으로만 생각한다. 나는 생각한다고 하지만 그 생각들은 기존의 내 생각들을 강화시켜 주는 생각들뿐이다.

이와 비슷하게 철학자 루드비히 비트겐슈타인Ludwig Wittgenstein은 '놀이'를 통해서 우리가 얼마나 자유롭게 생각하지 못하는지를 보여 준다. 세상의 수많은 놀이들이 있는데 놀이라고 하면 뭔가 "공통"이 있어야 한다고 우리는 믿고, 공통을 찾으려고 한다. 하지만 비트겐슈타인의 말마따나 '공통'은 찾을 수 없다. 야구 경기와 아이들이 하는 소꿉놀이는 똑같은 놀이지만 '공통'으로 묶일 만한 게 없다. 그렇지만 둘이 아예 다르다고 할 순 없다. "유사성, 근친성들"은 있다. 철학자 루드비히 비트겐슈타인은 우리가 언어가 전제된 대로 생각하는데, 이런 생각은 생각이 아니라고 생각했다. 주어진 규칙대로 생각하는 건 생각하는 게 아니라 그냥 따르는 것이기 때문이다. 그래서 비트겐슈타인은 "이미 말했다시피 : 생각하지 말고, 보라!"고 호통친다.

무엇이 이 모든 것들에 공통적인가?—"그것들에는 무엇인가가 공통적이어야 한다. 그렇지 않으면 그것들은 '놀이들'이라고 불리지 않을 것이다"라고 말하지 말고,—그것들 모두에 공통적인 어떤 것이 있는지 여부를 보라.—왜냐하면 당신이 그것들을 주시한다면, 당신은 그 모든 것에 공통적인 어떤 것을 볼 수는 없을 것이지만, 유사성들, 근친성들을 볼 것이기 때문이다. 그것도, 매우 많이. 이미 말했다시피 : 생각하지 말고, 보라!

루드비히 비트겐슈타인, 『철학적 탐구』

기존의 내가 생각하던 대로 또 생각하지 말고 자신의 생각과 다르게 돌아가는 세상을 "보라"고 비트겐슈타인은 얘기한다. 인간은 자기 식으로 세상을 구성하고 읽어 내지만 세상이 꼭 내 해석과 맞아떨어지지는 않는데, 나는 그 다름을 보려고 하기보다는 예전처럼 내 입장에서 '생각'한다. 들뢰즈의 표현에 따르면 인식하지 못하고 재인식한다.

자신은 합리성을 갖추고 공정하게 생각한다고 믿고 싶을지라도 우리는 한쪽으로 치우쳐 있고 예전처럼 생각한다. 다만 자신이 얼마나 기울어져 있는지 모를 뿐이다. 난 내 신념이 어떻게 생겨났는지 알지 못하지만 그 신념을 종교처럼 믿으면서 살아간다. 자기 마음이 편한 식으로 자신을 정당화한다. 그래서 갈등이 생기면 언제나 문제는 '남'이지 '내'가 아니라고 나는 생각한다. 하지만 내가 살면서 부대끼는 수많은 갈등과 다툼들의 원인은 정말 '저 나쁜 남들' 때문인가? 나는 문제가 없는데 나와 부딪히는 세상 사람들은 어째서 다 '문제'를 일으키는 걸까?

이런 물음들 앞에서 '나'는 불쾌감을 느낀다. 내가 실제론 공정하고 정의롭지 못함을, 나는 자신도 모르게 '나'에게 치우쳐 역성들고 있음을, 나의 생각과 주장이 완벽하지 않고 한계와 단점이 있음을 일깨우기 때문이다. 나는 내가 별문제가 없고 괜찮은 인간이라고 믿고 있지만 사실 '나'는 언제나 선입견에 둘러싸여 있고 자신의 짧은 경험에 의거해 타자를 판단하는 '공정하지 못한 존재'다.

선입견에 대한 선입견

우리는 누군가의 얼굴을 보자마자 좋고 나쁨이 갈린다. 나는 내 안의 선입견에 따라 상대를 알지 못하는 상황에서 판단을 내려 버린다. 그 사람의 외모가 어떻고, 옷차림이 어떠하며, 어느 대학을 나오고, 어느 지역 출신이냐에 따라 나는 그 사람을 평가한다. 몇몇의 정보만으로 상대를 안다고 단정한다. 그래서 '나'는 실수하고 심각한 사태에 빠진다.

영화 「돌이킬 수 없는」에서 주인공(이정진)은 예전에 미성년자를 대상으로 성범죄를 저지른 전과가 있다. 성범죄자에겐 죗값을 막중히 치르게 해야 하나 죄의 대가를 치르고 참회하려는 사람들에겐 '기회'를 줘야 하지 않을까? 하지만 우리는 한 번 '낙인'이 찍힌 사람에겐 평생 손가락질한다. 때때로 '파렴치범'들보다 그들을 대하는 '우리'가 더 소름 끼치는 이유다. 덴마크 영화 「더 헌트」에서도 미성년자 성범죄자로 몰린 인물이 한순간에 어떻게 추락하는지를 섬뜩하게 담아낸다.

나는 나에게 들어온 '선입견'에 따라 반응한다. 그 상황을 좀 더 찬찬히 살피고 천천히 판단하려고 하기보다는 '선입견'이 이미 답을 내려 버린다. 선입견의 무서움은 선입견에 내가 빠져 있음을, 선입견으로 판단하고 생각한다는 걸 알기 어렵다는 점에 있다. 관습대로 이뤄지는 생각과 판단은 반성이 되지 않는다.

물론 선입견은 잘못된 편견이며, 이를 고쳐야 한다고 나는 생각한다. 그렇지만 잠깐 생각할 뿐이다. 선입견이 나쁘다고 생각하면서도 선입견에 사로잡힌 채 한평생을 살아간다. 그렇다면 선입견을 타박만 할 게 아니라 인간을 선입견의 존재로서 인정할 필요가 있지 않을까? 우리의 출발점은 자유롭게 생각하고 판단하는 인간이 아니라 편견과 선입견에 따라 생각하고 판단하는 인간이어야 하지 않을까?

독일 철학자 한스 게오르그 가다머Hans-Georg Gadamer는 선입견을 중요하게 여기고 선입견의 지위를 새로이 조명한다. 그는 선입견에 대한 선입견을 깨뜨리고자 했다. 선입견은 무조건 나쁘다는 뉘앙스를 풍기지만, 과연 인간이 선입견 없이 판단할 수 있느냐고 그는 되레 되묻는다. 한스 게오르그 가다머는 해석학의 역사를 정리하면서 '선입견'의 중요성을 복권하였다. 해석할 때 우리는 자신의 '선이해'와 '선입견'에 따라 사유하고 반응하기 때문이다.

뭔가를 해석할 때 되도록 공정하려고 노력하는 게 중요한 것이지 이미 내게 들어온 '선입견'들이 없는 것처럼 할 수는 없다. 선입견은 언제나 이미 작동하고 있다. 따라서 선입견에 손사래만 칠 게 아니라 선입견을 통해서 세상을 이해하고 있음을 인정해야 한다. 그래야만 선입견이 늘 좋을 수만은 없다는 걸 알고 선입견의 영향력에서 벗어나는 길을 모색하게 된다.

선입견은 잘못되었으니 선입견을 깡그리 부수고 정의롭고 객관화된 의식으로 판단을 하자는 건 '당연한 상식'으로서 다들 고개를 끄덕이지만, 한스 게오르그 가다머가 보기엔 선입견 없이 생각하고 지각할 수 있다는 발상 자체가 '선입견'일 뿐이다. 인간은 유한한 존재로서 자신에게 드리워진 그늘들에 영향을 받는다. 우리는 자신의 경험을 초월해서 저 높은 곳에서 공정히 판단할 수 없다. 부모가 어떤 사람인지, 자신이 속한 사회가 어떤 체제였는지, 문화와 지역 분위기는 어땠는지, 내가 자라면서 겪었던 사람들은 어땠는지에 따라 나는 '선입견'을 갖게 된다. 따라서 중요한 건 내 생각이 올바르고 공정한 척하기보다는 내 생각과 삶이 유한하며, 특정한 영향을 듬뿍 받고 있음을 인정하는 일이다. 나는 아무것도 적혀 있지 않은 깨끗한 종이가 아니다. 이미 잔뜩 앞서 경험했던 것들이 칠해져 있고 새로운 경험이 들어오면 융합되면서 그려지는 수채화다.

'나'라는 존재가 선입견과 선이해로 범벅되어 있음을 '인정'해야만 막강한 영향력에서 벗어날 기회가 생긴다. 게다가 선입견 가운데에는 '나쁜' 선입견만 있는 것이 아니다. '좋은' 선입견도 있다. 우리가 물려받는 정의의 필요성과 자유의 중요성 등등도 '선입견'이지만 우리는 그 선입견에 기대어 세상의 부정의에 맞서고 자유를 빼앗는 세력과 싸울 수 있다. 따라서 선입견과 선이해를 긍정하진 않더라도 인정을 하는 데서 시작해야 한다. 그래야만 무엇을 고치고 무엇을 지킬지 알 수 있기 때문이다.

강자의 이익이 세상의 진리다

나는 '나'로서 살지만 '나'에 대해서 빠삭하게 알지 못한다. 내가 편견 덩어리임을, 이미 특정한 사고체계에 영향을 받고 있음을 깨닫지 못하는 것이다. 그저 내가 옳고 맞다고 믿기 일쑤다. 선입견에 대한 인정은 '나'를 알아가는 모험의 출발점이다. 내 안에는 인정하기 싫지만 잔뜩 뭔가가 들어와 있고 지금의 내 감각과 사고에 영향을 끼치고 있다. 당연히 직면하기 거북한 것들이 한 가득할 것이다. 그렇지만 자기 내면을 들여다볼 때 나는 좀 더 자유로워진다.

내 안엔 내가 믿어 왔던 수많은 가치와 신념들이 있다. 하지만 그것들은 정말 내가 고민 끝에 선택한 덕목이라기보다는 많은 경우 세뇌되고 주입된 것들이다. 한마디로 이데올로기다. 이데올로기들은 내가 따르지 않을 수 없는 법이 되어 나로 하여금 무언가를 하도록 강제한다.

우리는 이데올로기대로 살아가기에 내 주장과 믿음들이 이데올로기일 수 있음을 생각하지 못한다. 지금의 생각대로 생각하지 않을 수도 있지만 나는 내 생각을 그냥 믿고 살아간다. 왜냐하면 이데올로기는 이데올로기임을 숨기기 때문이다. 이데올로기에 감염된 나는 내 생각이 이데올로기임을 부인한다. "착하게 살아야 한다", "돈을 벌면 행복해진다", "경쟁해서 이겨라" 등등 내 삶에 명령을 내리는 법들은 모두 이데올로기이지만 우리는 '진리'라고 믿는다. 나는 내 믿음과 생각들을 정당화하기 위해서라도 자신이 따르는 법이 환영일 수도 있음을, 내가 믿고 따르는 것이 진리가 아닐 수도 있다는 사실을 억압한다. 슬라보예 지젝은 『이데올로기의 숭고한 대상』에서 "따라서 '억압되는' 것은 법의 어두운 기원이 아니며 법은 진실된 것이 아니라 필연적인 것으로 받아들여져야 한다는 사실이다. 다시 말해 그것의 권위엔 진리가 없다는 사실이 억압되는 것이다"라고 쓴다.

내가 따르는 법은 필연이나 진리가 아니다. 이데올로기다. 하지만 필연이자 진리로서 받아들여야 한다. 왜 이걸 믿어야 하고 이대로 따라야 하는지 의심해 보지도 못한 채 그냥 따르게 된다. 지젝의 얘기대로 "필연적인 것으로 받아들여져야 한다는 사실"이 억압되면서, 아예 사유되질 않으면서, 법은 그저 필연이자 진리로서 작동된다.

자신이 따르는 법을 가만가만 뜯어 보면 뒤죽박죽이고 말도 안 되는 것 투성이지만, 한번 따르기로 한 다음엔 그 법을 믿을 수밖에 없으며 그 법이 옳고 진리라는 믿음을 더 굳게 다지게 된다. 정신분석학의 용어를 쓰면 '전이'가 벌어진다. 치료 대상자가 자기 안에 엉켜 있는 감정을 상담자에게로 옮겨서 상담자에게서 비슷한 감정을 느끼는 현상을 전이라고 하는데, 일상에서도 전이는 흔하게 벌어진다. 자신의 믿음을 자신이 따르는 법과 이데올로기로 옮겨 그 법과 이데올로기를 충실히 따르며 행동하게 된다. 내가 믿는 법은 나의 세계에선 정말 믿을 만하게 된다. 자신은 가난하고 힘겹게 살아가면서도 권력과 강자들을 위한 정책과 법을 옹호하는 이들이 얼마나 많은가? 자신을 위한 법이 아닌 강자의 이익을 "세상의 유일한 진리"라고 믿고 따르는 사람들이 얼마나 많은가?

> 엘리트는 '강자의 이익'이 바로 세상의 유일한 진리라는 것을 알고 난 뒤에 '강자의 이익'을 항상 정의로 포장할 줄 아는 법을 터득해야 하고, 대중들에게는 세상에는 진리가 없다는 사실을 숨긴 채 세상은 위대한 도덕의 힘으로 유지되는 것이라고 교육을 시켜야겠군요.
>
> 장정일, 『구월의 이틀』

그런데 세상이 일러 주는 진리들에 믿음을 갖고 살아가더라도 우리는 우울해진다. 결국 저들만큼 부자가 안 된다는 열패감과 죄책감에 시달리게 되기 때문이다. 세상은 살기 좋은 곳이며 법과 국가와 질서를 지켜야 하지만 왜 그래야 하는지 우리는 의문을 갖지 못한다. 세상에서 마주치는 온갖 벽에 부딪히면서 세상에 문제가 많다는 '사회의식'을 갖기보다는 "내가 못났다"는 자존감 상실을 겪는다. 이에 힐링 담론을 소비하면서 값싸게 자신을 추스른 뒤 또다시 지배자들에게 복종하면서 살아간다. 지금 내가 불행한 이유다.

이데올로기에 휘말리고 세상을 제대로 바라보지 못하면서 세상은 강자들의 사냥터가 되어 버렸다. 사회엔 차별과 여러 문제가 득시글하고, 가난한 사람들이 수두룩하지만, 나는 그런 고통을 보지 않으려고 한다. 그만큼 잘 살게 되었다고 볼 수도 있고, 가난이 두렵기에 거적때기들로 덮으려 한다고 볼 수도 있다. 이러다 보니 빈털터리 생활을 삶의 젖줄로 삼았던 윗세대와 가난을 머릿속으로 생각조차 잘 하지 않는 아랫세대 사이엔 건널 수 없는 고랑이 패어 있다. 아랫세대가 일부러 가난해질 이유야 없겠지만, 세상을 비참하게 만드는 쪼들림에 모르쇠한다면, 세상의 절대 다수가 가난하게 사는 걸 잊으려 한다면, 나는 사회의 변화를 가로막는 걸림돌이다. 자기 접시에만 낯짝을 파묻는 사람들은 남의 뱃속에서 꼬르륵 소리가 들려도 그것을 고통으로 받아들이지 못한다. 오로지 자신의 몸에 붙은 기름기를 빼는 일에만 골똘하면서 세상을 그들의 뜻대로 굴러가게 만든다.

맞은 사람은 자리에 주저앉아 서럽게 울었다. 그들의 얼굴을 어딘가에서 본 듯했다. 아주 익숙한 풍경이었고, 언제 어디서나 일어나는 풍경 같았으며, 앞으로도 계속 일어날 일을 보는 것 같은 기시감에 몸을 떨었다. 날마다 새로운 날이 아니라, 날마다 같은 날. 아주 사소한 것들만 변할 뿐 세상을 움직이는 거대한 틀과 원리는 어디든 비슷해서, 맞는 사람은 늘 맞고 으스대는 사람은 늘 으스대며 때리는 자는 늘 때리는 자다. 그것을 움직이는 힘이 무엇인지 알 순 없었지만, 짐작은 할 수 있었다. 그것을, 그런 이치를 당연하다고 생각하는 사람들이 많으면 많을수록 세상은 그들의 뜻대로 굴러간다.

최진영, 『당신 옆을 스쳐간 그 소녀의 이름은』

나를 불행하게 만드는 거시기

북한에서 김정일의 죽음에 슬퍼하는 사람들의 감정과 몸짓은 과연 자유롭게 이뤄진 걸까? 자유롭게 나는 살아간다지만 내 삶과 생각은 자유로운 걸까? 곰곰이 살피고 꼼꼼히 짚으면 내 생각이 과연 나의 것인지 갸우뚱한 게 한두 가지가 아니다. 내가 어떤 것을 한다는 건 그것을 해야 한다고 생각하기 때문인데, 이 생각은 과연 나 스스로 원해서 고른 것일까?

내 생각이 어떻게 형성되었고 내 삶이 왜 이렇게 되었는지 한 번도 의심하지 않으며 살다가 내 삶에 낯섦이 나타날 때 나는 놀란다. 나는 이전과 다른 생각을 만날 때만 비로소 내 생각을 생각하게 된다. 생각이 자유롭지 않다면 삶은 더더욱 자유롭기 힘들다. 자유롭게 '나'로서 살고 싶기에, 나의 생각을 생각하지 않을 수 없다. 생각을 생각하지 않으면 어딘가에서 들어온 들척지근한 언어들을 마치 나의 생각인 듯 착각하게 된다. 남의 생각을 앵무새처럼 따라 말하는 사람을 생각한다고 할 수 있을까? 자신이 생각한다고 생각하지만 옆 사람들이랑 생각이 똑같다면 과연 나는 생각하는 거라 자신 있게 말할 수 있을까?

약아빠진 유혹과 갖은 권력이 내 안팎에서 나를 주무르고 뒤흔든다. 나는 나를 믿기 어렵다. 그럴싸한 꼬드김이 귓불을 어루만지면서 뜨거운 숨소리를 귓가에 불어넣을 때 나는 홀라당 넘어간다. 의식하지도 못한 채 어디에서 들은 말들이 튀어나오고 남들처럼 행동하게 된다. 세뇌되었기 때문이다.

> 이런 것을 우리는 세뇌(洗腦)효과라고 한다. 이데올로기도 똑같은 힘을 발휘한다. 대부분의 사람들은 나이가 차면 '당연히' 결혼을 해야 한다고 생각하지만 막상 "왜 결혼을 해야 하느냐?"고 물으면 대답이 궁색해지는 것도 이 때문이다. 다른 예로 왜 공산주의가 나쁜가를 숙고해 보지도 않은 어린 나이에 죽음을 무릅쓰고 "나는 공산당이 싫어요"라고 외쳤다는 이승복 군의 이야기는 두고두고 칭송해야 할 미담이 아니라 우리 시대의 가장 비극적인 신화인 것이다.
>
> 한국철학사상연구회, 『삶과 철학』

우리는 하는 일이나 믿는 바에 "왜?"라는 물음을 던지지 않다가 누군가 왜냐고 물으면 그냥이라거나 잘 모르겠다는 말을 웅얼거린다. 이미 특정한 생각을 믿고 따르게 되는 세뇌를 당한 꼴이다. 세뇌는 언제나 세뇌당하는 사람 모르게 이뤄진다.

하루에도 나는 여러 자극을 받고 여러 생각을 하지만 가만히 되짚어 보면 '고만고만한 평범한 생각'들만 한다. 그렇다면 내 생각과 믿음은 내 성향과 선택의 결과가 아니다. 그 생각들은 이 사회에서 허락된 생각일 따름이다. 우리의 생각이 남들과 도토리 키 재기인 이유다.

입으로는 진보나 자유를 얘기하더라도 나는 생각의 보수성에 갇혀 있다.

나는 어제와 비슷하게 생각하고, 내일도 아마 거의 판박이처럼 생각하게 된다. 어떤 경로로든 머릿속으로 들어온 생각은 거머리처럼 떨어질 줄 모른다. 아니, 떨쳐 내야 한다는 생각조차 들지 못하게 막는다. 그 생각들이 내가 고민해서 얻어낸 내 생각이고 세상의 진리인양 믿고 살아가게 된다. 민주주의나 정의나 평화나 사랑도 내가 몸으로 터득한 가치라기보다는 '주입'된 결과라면 애국이나 권위나 자본주의에 대한 믿음은 더 말해 무엇하랴. 이것이 이데올로기다.

프랑스의 철학자 루이 알튀세르Louis Pierre Althusser의 설명처럼 이데올로기는 뭐 대단한 게 아니라 어떤 행동을 하지 않으면 안 되도록 만드는 것이다. "남자라면 당연히 군대를 가야지"부터 "여자는 예쁜 게 착한 거다"까지 당연하게 받아들여져 내 욕망과 삶을 반죽하는 것들이다. 내가 이렇게 살고 있는 건 이데올로기가 이렇게 살라고 내 안에서 나를 조종하기 때문이다. 그렇지 않으면 나 스스로 못 견딘다. 이데올로기를 따르지 않을 경우 "그건 사악한 것"이라고 믿고 있으니까.

인간은 이데올로기대로 산다. 내 머릿속을 의심해 보지 않으면, 날 세뇌시키는 권력을 내버려 두면 나는 대책 없이 무너지고 속절없이 무뎌진다. 예전에는 까르르 웃던 아이가 어느새 하루에 몇 번 웃지 않는 인간이 되어 가듯, 작은 곤충이 죽어도 눈물을 흘리던 사람이 누군가 길거리에서 얼어 죽어도 무덤덤해진다. 내 감정과 정신을 스스로 알뜰히 아끼고 살뜰히 챙기지 않으면 내 삶은 시나브로 굳어 버린다.

인간은 자기 스스로 대단하다고 믿는다. 그래서 신이 자신의 형상대로 인간을 지었다는 둥 '만물의 영장'이라는 둥 자신들을 대단하다고 칭송한다. 그렇지만 지금 우리의 모습은 현명하고 자비로운 인간이 아니라 속물이자 괴물에 가깝지 않은가? 권력이 주입하는 이데올로기를 걸러내지 않으면 나는 세상을 '동물의 왕국'으로 유지하는 무시무시한 동물이 되어 버린다.

내면의 목소리를 파괴하는 잔혹한 사유

인간은 동물이다. 인간이 동물이 아니라고 믿고 싶은 우리에게 인간이 동물이 아니라 뭔가 특별하다는 믿음에 근거가 있는지 철학자 피터 싱어 Peter Singer는 묻는다. 다른 동물보다 우월하다는 신념은 인간의 의식 깊숙이 뿌리박혀 있고, 동물과 비슷하다는 놀림을 받으면 불쾌해한다. 하지만 피터 싱어는 인간의 우월성에 대한 확신을 뒤흔든다. 인간이 어떤 본질의 가치를 지니고 있다는 맹신을 건드리면서, 인간이라 귀하다는 말이 진실인지 되묻는다.

인간에겐 다른 동물과 달리 도덕이 있지 않은가? 맞다. 도덕은 지키기가 힘들어서 그렇지 인간에겐 도덕이 있다. 하지만 도덕은 어떻게 생겨났는가? 좀 뜨악하다. 우리는 그동안 도덕은 이미 주어져 있다고 생각하면서 자신이 따르는 도덕이 왜 생겨났고 어째서 지켜야 하는지는 잘 알지 못한다.

피터 싱어는 도덕이 땅에서 난데없이 솟아났거나 신이 내던져 준 것이 아니라 인간이라는 동물이 진화하면서 사회성을 갖게 되며 생겨났다고 얘기한다. 남들과 더불어 살아가는 과정에서 상호성이 생겨났고 도덕이 탄생한 것이다. 인간과 가까운 영장류 친척들도 "강력한 상호성"을 지니고 있다. "그래서 선의에 대하여 당연히 돌려주어야 할 선의를 되돌리지 않을 경우 그들은 때때로 난폭한 반응을 보"인다. 마치 인간이 부정의한 상황에서 분노하는 모습과 닮았다. 정의감이나 옳고 그름에 대한 직관들은 역사의 산물이다. 인간이 홀로 살아가는 동물이었다면 결코 도덕이 필요하지 않았겠지만 서로 의지하면서 돌보고 챙겨야 하는 존재였기 때문에 인간에게는 도덕이 중요한 덕목으로 자리매김한 것이다.

하지만 시대가 달라졌다. 예부터 이어져 온 직관들이 내 안에 있지만 그것이 오늘날에도 옳은 선택을 보장해 주지는 않는다. 시대와 상황의 변화에 따라 내가 믿고 있는 가치들을 점검해야 한다. 지난날 생겨난 도덕들을 막무가내로 지키려고만 드는 건 자동인형이라는 고백일 따름이다. 도덕은 반드시 지켜야 하는 것이 아니라 인간들이 살아가면서 만들어 낸 '결과'이기 때문에, 인간들의 삶이 바뀌고 사회가 변하면 그에 맞춰 얼마든지 검토해야 한다.

> 우리 선조들에게 좋았던 것이, 우리가 살고 있는 지구나 지구에 살고 있는 모든 다른 생명체들은 말할 것도 없고, 오늘날의 전체 인류에게 좋은 것이 아닐 수도 있다. 인구가 희소한 지구 위의 조그만 인간 공동체들이 "자식을 많이 낳고 번성하여라"라는 윤리를 가지고, 이에 따라 식구 수가 많은 가족들을 선호하고 동성애를 반대한다면, 의심할 여지없이 살아남을 가능성이 높다. 오늘날 우리는 그러한 관행들에 대하여 비판적으로 검토할 수 있고, 검토하여야 한다.
>
> 피터 싱어, 『실천윤리학』

내 생각은 성찰의 결과라기보다는 관행에 따른 반응이기 쉽다. 양심이나

자기 내면에 설치된 '명령'대로 움직이는 '잔혹한 동물'이고 싶지 않다면,
우린 '잔혹한 사유'와 맞닥뜨려야 한다. 잔혹한 사유란 흉측하고 역겨운 잔혹함과는
좀 다르다. 잔혹한 사유는 내 생각들이 얼마나 허술한지, 하지만 그 생각들에
얼마나 종속되고 집착하면서 살았는지를 되짚어 주는 작업이다. 잔혹한 사유는
내가 보기를 원치 않는 나의 맨얼굴을 마주치게 한다.

내면의 목소리에 따른다고 스스로 생각할지 모르지만 정작 양심이나 내면의 목소리가 어디에서 생겨났느냐고 물으면 답하기 머쓱해진다. 양심과 내면의 목소리대로 산다는 건 입력된 대로 살아가겠다는 무기력함일 수도 있다. 양심이나 내면의 목소리는 내가 절실하게 고민하고 통찰하면서 얻어낸 지혜의 열매라기보다는 특정한 문화와 교육을 받으면서 뒤집어쓴 굴레일 수 있다.

자기 내면에 설치된 '명령'대로 움직이는 '잔혹한 동물'이고 싶지 않다면, 우린 '잔혹한 사유'와 맞닥뜨려야 한다. 잔혹한 사유란 흉측하고 역겨운 잔혹함과는 좀 다르다. 잔혹한 사유는 내 생각들이 얼마나 허술한지, 하지만 그 생각들에 얼마나 종속되고 집착하면서 살았는지를 되짚어 주는 작업이다. 잔혹한 사유는 내가 보기를 원치 않는 나의 맨얼굴을 마주치게 한다. 그래서 새로이 사유한다는 건 잔혹한 일이다. 날것 그대로의 허접한 내 모습이 드러나면서 박살나기 때문이다.

이것이 프랑스의 극작가 앙토냉 아르토Antonin Artaud가 '잔혹연극'을 주장한 이유이기도 하다. 앙토냉 아르토가 '잔혹성'을 꺼내자 사람들은 단순히 피가 튀는 난해하고 잔인한 연극을 생각했다. 앙토냉 아르토가 말하는 '잔혹성'은 우리가 얼마나 자유롭지 못한지, 하지만 얼마나 더 자유로워질 수 있는지를 알려 주는 작업이다. 인간은 알아서 자유롭게 생각하고 선입견에서 탈출하지는 못하기에 일정한 강제와 폭력성을 넣어서 사유하도록 하는 연극이 잔혹연극이다.

여기서 잔혹성이란 사물들이 우리를 향해 끼칠 수 있는 것보다 훨씬 더 무시무시하며 필연적인 것이다. 우리는 자유롭지 못하다. 그리고 우리의 머리 위에는 아직 천지개벽과 같은 변화의 여지가 남아 있다. 연극은 무엇보다도 우리에게 그러한 사실을 알려 주기 위해 만들어진다.

앙토냉 아르토, 『잔혹연극론』

앙토냉 아르토가 잔혹연극론을 펼치듯 우리는 잔혹사유론을 펼쳐야 한다. "우리는 자유롭지 못하다. 그리고 우리의 머리 위에는 아직 천지개벽과 같은 변화의 여지가 남아 있다." 그렇다면 잔혹하게 나를 몰아세우면서도 놀랍도록 나를 변화시키는 쪽으로 우리의 사유는 진행되어야 한다. 인간이 차분히 무르익고 차근차근 성숙해지면 좋겠지만 그보다는 예전처럼 행동하고 어제같이 살려고 하는 보수성의 존재이기에 때때로 삶이 변하기 위해서는 이처럼 '충격'이 요구된다.

위와 같은 정신

우리는 인간이 사유를 하고, 선한 본성과 선한 의지에 따라 인식한다고 생각하거나 믿을지 모르지만 그건 사실 차원에서 확인되는 게 아니다. 우린 평소에 생각을 잘 하지 않다가 갑자기 충격을 받을 때 사유하게 된다. 미리 대비하지 않고 마음의 준비를 못하다가 일이 닥치면 후회와 함께 우리는 생각하게 된다. 삶이 잔혹하고 서러운 이유다. 우리는 미처 생각하지 못하다가 뒤늦게 충격을 받아야만 생각을 한다.

프랑스의 문예이론가 롤랑 바르트Roland Barthes도 자신의 어머니가 죽고 나서 어마어마한 '충격'을 받는다. 롤랑 바르트는 어머니의 어릴 때 사진을 보면서 '충격'에 대한 이론을 만들었다. 롤랑 바르트는 감동의 형태를 두 가지로 분류한다. 하나는 지식과 교양에 따라 판단하고 받아들이는 감동이다. 이를테면 주인공이 착하게 살면서 고생하더라도 끝내 잘 살게 되는 소설이나 연속극을 보면서 생겨나는 뻔하지만 고개가 끄덕여지는 감동이다. 이를 롤랑 바르트는 라틴어 '스투디움studium'으로 표현한다. 스투디움은 나름 집중하게 하면서 흥미를 일으키지만 "특별한 강렬함"은 아니다. 나는 보통 책이나 영화, 텔레비전 드라마를 보면서 스투디움을 얻는다. 세상의 상식을 확인하고 자신의 교양 수준에 슬그머니 감탄하면서 나름 만족감을 얻는다. 스투디움의 과정이다. 하지만 이와는 차원이 다른 충격이 있다. 어떤 영상이나 글과 마주쳤을 때 내 방식으로 소화되지 않고 담담하게 스투디움을 느끼려는 나의 방어기제를 "마치 화살처럼" 뚫어 버리는 경험이다. 내 언어로서 설명이 안 되고 내 안의 깊은 곳을 쿡 찌른다. 평범하게 반응하고 남들처럼 생각하고 싶어도 그럴 수가 없다. 이미 내 머릿속에선 걷잡을 수 없는 돌개바람이 일어난다. 이로 인해 아프고 상처를 받는다. 이런 체험을 가리켜 바르트는 '푼크툼punctum'이란 말을 쓴다.

> 스투디움을 방해하러 오는 이 두 번째 요소를 나는 푼크툼이라 부를 것이다. 왜냐하면 푼크툼은 또한 찔린 자국이고, 작은 구멍이며, 조그만 얼룩이고, 작게 베인 상처이며—또 주사위 던지기이기 때문이다. 사진의 푼크툼은 사진 안에서 나를 찌르는(뿐만 아니라 나에게 상처를 주고 완력을 쓰는) 그 우연이다.
>
> 롤랑 바르트, 『밝은 방』

나를 괴롭히고 상처 입히는 푼크툼들! 우리는 푼크툼을 자주 겪는다. 애인과 헤어지던 그 상황들이 잊히지 않을 때, 누군가와 눈이 마주쳤는데 그 표정이 머릿속에서 맴돌 때, 영화가 하도 강렬해 관객들이 나가는데 좌석에서 일어서지 못할 때, 교양이나 쌓으려고 책을 폈는데 읽으면 읽을수록 내 안에서 뭔가가 허물어질 때, 부모님이 돌아가실 때 등등.

이런 체험은 '우연'이다. 미리 계획되지 않았으나 내게 들이닥치고 상처를 입힌다. 그 충격에 나는 이전과는 전혀 다른 존재가 되어 버린다. 푼크툼에 찔려 흘러나온 정신의 피는 결코 헛되이 사라지지 않는다. 그 얼룩은 내 안에 울긋불긋 물든다. 내 상처들이 삶의 무늬가 되고, 남들과는 전혀 다른 나만의 개성이 된다. 그때 비로소 나만의 생각, 내 인생을 살아가게 된다.

푼크툼도 시간이 지나면 스투디움이 된다. 강렬한 나머지 몸 둘 바를 몰랐던 체험들은 어느새 담담히 얘기할 수 있는 과거가 되어 버린다. 그렇다면 수많은 푼크툼이 나의 그릇을 키워 주는 셈이다. 충격은 정신의 너비를 넓히는 일이다. 니체는 정신을 '위'에 비유한다. 정신이라는 위는 살아가면서 겪는 경험들을 소화해서 피와 살을 만든다. 너무 큰 충격이라 때때로 소화불량에 걸리게 하는 경험들도 있지만 정신이라는 위는 끝내 소화한다.

물론 정신이 다 소화하는 건 아니다. 그래서 먹기를 거부할 수도 있다. 정신은 낯선 것과 마주치고 자신의 것으로 소화시키면서 힘이 커지기도 하지만 마음의 창문을 닫고 방어하면서 "어둠과 폐쇄된 지평에 대해 만족"하기도 한다. 내 정신은 크게 두 갈래의 방향이 있는 셈이다. 기존의 상태를 고수하면서 무지하게 딱딱해지거나 바깥의 충격을 소화하면서 팔팔하게 부드러워지거나.

> 정신은 이질적인 것이거나 '외부 세계'에 속하는 모든 것에서 특정한 특징이나 윤곽선을 제멋대로 더 강하게 강조하거나 드러내거나 자기에 맞게 왜곡한다. 이 경우 정신이 의도하는 것은 새로운 '경험'을 동화시키고 새로운 사물들을 낡은 계열 속에 편입시키는 데—즉 성장시키는 데 있다. 좀 더 확실하게 말하자면, 성장의 느낌, 힘이 커졌다는 느낌으로 향하고 있는 것이다. 겉보기에는 그것과 상반되는 듯한 정신의 충동이 이러한 동일한 의지에 봉사하고 있다. 즉 그것은 알고자 하지 않거나 임의로 단절하고자 하는 갑작스럽게 솟구쳐오는 결정을 하고 스스로의 창문을 닫아버리며 이러저러한 사물을 내적으로 부정하고 접근을 허용하지 않는다. 알 수 있을 만한 많은 것에 대해 일종의 방어 상태에 들어가고 어둠과 폐쇄된 지평에 대해 만족하며 무지를 긍정하고 시인한다. 이와 같은 모든 것은 그 정신의 동화하는 힘의 정도에 따라 비유적으로 말하자면 '소화력'의 정도에 따라 필요하게 되는 것이다.—실로 '정신'은 위(胃)와 가장 비슷하다.
>
> 프리드리히 니체, 『선악의 저편. 도덕의 계보』

내 그릇을 키우기 위해서라도 기존의 나와는 다른 '이질성'이 필요하다. 살맛나는 인생을 살기 위해서라도 딱딱해지는 나의 정신을 흔들어 주는 이질성이 있어야 한다. 굳어 가는 내 정신이 낯섦을 만나 충격을 받아야만 나의 생각은 초롱초롱해지고 푸석푸석했던 하루는 뽀송뽀송해진다. 충격은 변화의 시작이자 성찰의 기회이다. 오늘이 어제 같고 허겁지겁 바삐 살지만 차갑게 들여다보면 심심하고 따분하기 짝이 없는 우리에게 필요한 건 이전까지 생각하지 못했던 사유들을 만나 충격을 받는 일이다. 우린 자신의 소화 능력을 믿고 충격을 원해야 한다.

갓난아기는 물렁물렁하고 야들야들한 '이유식'만 먹는다. 아직 소화 능력이 발달하지 않았기 때문이다. 이유식을 떼더라도 어려서는 편식을 하다 좀 더 나이가 들면서 골고루 먹으며 '어른'이 된다. 정신도 마찬가지다. 처음엔 술술 넘어가는 동화나 위인전들만 읽는다. 글에 대한 소화 능력이 떨어지기 때문이다. 그러다 조금 자라서는 내 취향과 욕망에 맞는 글들만 편식한다. 그리고 좀 더 나이가 들어선 가뿐하게 삼켜지지 않는 글들을 향해 마음의 입을 벌리고, 끝내 소화시키면서 마음의 키를 키운다. 정신의 성장은 언제나 낯선 것을 얼마나 '내 것으로' 소화시켰느냐에 달려 있다.

내 정신의 척추를 곧추 세워 주는 글

우리 삶은 대개 안전하게 보호되고 있다. 우리는 별다른 충격 없이 하루하루 무던히 무덤덤하게 살아간다. 세상은 임무와 의무를 주고 돈을 벌면 행복해지리라는 떡밥을 하염없이 날리고, 우리는 줄줄이 낚이면서 딱히 새로운 변화가 없는 그렇고 그런 인생을 산다. 이데올로기와 세뇌는 사라지지 않았다. 외려 지금 더 드세게 꿈틀거리고 있다. 내가 요새 별생각 없이 사는 까닭도 무지와 냉소의 이데올로기가 나를 잠식하고 있기 때문이다. 내가 책을 잘 읽지 않는 까닭도, 내 생각과 나의 인생이 남들과 엇비슷한 까닭도, 이데올로기와 세뇌에서 자유롭지 않기 때문이다.

나는 자유롭지 못하다. 내 생각과 나의 욕망은 이미 권력에 오염되어 있다. 권력은 내가 미처 인지하기 전에 내게 들어와 욕망과 사고를 언제나 한 발 앞서 특정한 방향으로 틀어 놓았다. 난 이미 구부러져 있고 찌그러져 있다. 하지만 생각의 구부러짐과 찌그러짐을 '정상'이라고 생각하면서 나는 구부러지고 찌그러진 줄 모르고 살게 된다. 그래서 내 생각에 대해서 어떻게 이런 생각을 하게 되었는지를 추적해야만 한다. 구부정한 생각을 하면서 사람들의 얼굴을 구겨지게 하지 않으려면 꼭 필요한 일이다. 자기 생각을 의심하고 성찰하지 않는 사람은 어김없이 괴물이 되어 주변 사람들과 세상에 옴팡진 해를 끼친다. 우리 주위의 괴물은 이렇게 자신이 괴물인지도 모른다.

그렇지만 내 머릿속을 점검하는 건 어려운 일이다. 어떻게 해야 할지도 막막하다. 그래서 알튀세르를 따라 우린 우선 "반대로-구부리기"를 행해야 한다. 내 "사고들을 구부린 채로 지탱하는 힘"들이 내 머릿속을 누르고 있음을 인식해야 한다. 자신의 사유를 변화시키고 싶다면 자신을 특정하게 생각하도록 만드는 그 힘들에 맞서 싸우라고 알튀세르는 주장한다.

> 사고들을 변화시키고 싶다면 우리는 최초의 힘을 무화시키는 반발력을 통해, 구부러진 사고들 위에 그것들을 정정하기 위한 반대로-구부리기를 행함으로써, 사고들을 구부린 채로 지탱하고 있는 힘을 인식해야만 한다.
>
> 루이 알튀세르, 『아미엥에서의 주장』

아무리 책을 많이 읽더라도 평범한 생각을 한다면 조금도 자신을 동요시키지 않는 뻔한 글들만 읽기 때문이다. 구부러진 내 사고체계를 건드리지 못하는 글들만 읽는다면 자신의 구부러짐을 인식하지 못한다. 그래서 알튀세르의 "반대로-구부리기"는 머릿속에 혼돈을 일으키면서 지금까지 나의 생각이 틀릴 수도 있음을 깨닫게 하는 글을 읽는 일이라고 할 수 있다. 나를 육지에서 바다로 움직이게 하는 글이 아니라면, 멀미를 일으키는 글이 아니라면 시간과 돈을 들여 읽을 이유가 없다. 내 생각과 믿음이 맞는다고 확인시켜 주는 '내 수준의 글'들은 씁쓸한 자위에 지나지 않기 때문이다.

물론 '내 수준'을 넘어서는 낯선 글'은 불편하고 힘들다. 충격을 받아 놀랄 수도 있다. 하지만 세상은 충격과 공포가 아닌가? 읽으나 마나 한 글들만 읽으면서 '교양인'인 척 흉내 내는 일을 끝내야 한다. '내 수준의 글'들만 읽겠다는 심보는 혼란하고 막막한 세상살이를 겪으면서 힘겨운 나머지 거짓된 환상이나 헛된 기대를 품으며 살겠다는 어리석음이다. 그 어리석음 때문에 온갖 신기루가 아른거리다 어이없이 사라져 버린다. 부질없는 욕망의 소용돌이와 세상이 불어넣은 환상에 치이면서 인생을 소모하다 보면 삶은 후회와 아픔으로 뒤범벅이 된다.

그렇다면 내가 읽어야 하는 글은 알량한 위로나 얄팍한 격려의 '내 수준의 글'이 아니라 내 삶을 제대로 응시하고 직면하면서 '내 수준'을 뛰어넘게 북돋워 주는 '낯선 글'이다. 힘들지만 당당하게 삶과 부딪혀 보자고, 편안함에서 놀라움으로 이동하며 내 정신의 척추를 곧추 세워 주는 글이다. 내게 충격을 주는 글이다. 내 정신의 척추가 휘어지고 굽어졌음을 알게 해 주는 충격의 글을 읽어야 한다.

내가 굽어져 있음을 안다는 건 괴로운 일이다. 그렇지만 굽어져 있음을 알아야만 바르게 펴려고 노력하게 된다. 넘어진 걸 알아야 일어설 수 있다. 넘어진 걸 모르는 사람은 영영 일어날 생각을 하지 못한다. 그래서 보조국

사 지눌은 "넘어진 데서 일어나라"고 호통을 쳤다. 나는 이미 넘어져 있음을, 굽어져 있음을 잊지 않아야 한다. 따라서 정말 내게 '좋은 앎'이란 나를 토닥이고 나를 괜찮다고 하는 위로가 아니라 나를 변화시키도록 촉발시키는 용기다. 그동안 내가 믿고 의지했던 상식과 다른 얘기들을 하는 철학을 공부해야 하는 이유다. 철학의 양식良識은 종교와 대립하고 상식을 비판하면서 정신의 양식糧食이 되어 줄 것이다.

> 철학은 종교나 상식이 될 수 없는 지적 질서이다. 종교와 상식은 서로 일치하지는 않지만 종교는 편린화한 상식의 토대라고 볼 수 있다. 더 나아가 상식은 종교와 마찬가지로 집합 명사이다. 따라서 하나뿐인 독자적 상식이라는 말은 성립할 수가 없는데 왜냐하면 그것 역시 역사의 산물이며 역사 과정의 한 부분이기 때문이다. 철학은 종교와 '상식'에 대한 비판이며 대치물이다. 이런 의미에서 철학은 '상식'과 대립되는 뜻에서의 '양식'과 일치한다.
>
> 안토니오 그람시, 『옥중수고 2』

안토니오 그람시는 '종교와 상식'의 대치물로서 철학을 둔다. 종교와 상식은 이미 나에게 충분히 스며들어 온 '굽어진 언어들'이다. 안정감과 감동을 주지만 딱 거기까지다. 특별한 감동을 주지 않을뿐더러 그것만이 옳다는 착각을 일으키며 나를 안주하게 만든다. 종교와 상식을 벗어나 우린 철학의 사유를 해야 한다. 그때 내 정신의 척추가 펴지면서 그동안 '잃어버렸던 정신의 키'를 되찾을 수 있다.

지성을 사용할 용기를 가져라

위에서부터 아래까지 사회는 온통 범죄로 들끓으며, 하루도 조용할 날 없이 사건사고가 터져 나와 당최 어떻게 돌아가는지 갈피조차 잡을 수 없는 세상이다. 숨 막히는 짓거리들이 저질러 질 때마다 사람들은 대개 그 짓을 한 누군가에게만 핏대를 세운다. 하지만 비슷한 말썽들과 사달들은 예전에도 있었고, 줄기차게 반복된다. 그렇다면 개인의 문제는 사회문제로 생각할 수밖에 없다. 낱낱의 사람들에게 잘잘못을 묻고 이러쿵저러쿵 따지기에 앞서 사회 지평을 가늠할 때 많은 걸 얻을 수 있다. 이를테면 폭력을 일삼는 남편을 보면서 그 사람이 뭔가 삐뚤어졌다고 여길 게 아니라 남자와 여자의 권력 관계 그리고 남자들이 여자를 대하는 몸가짐이 어떻게 학습되고 재생산되는지를 따지면, 그 남자만 타박하는 것을 넘어 더 나은 해결책을 찾을 수 있다. 미국의 여성학자 벨 훅스Bell Hooks도 여성들이 자신 안에 내면화된 '성차별주의'를 비판하라고 조언한다. 남성들 못지않게 여성들도 "가부장제적 사고 체계에 의해" "사회화"되었기 때문이다.

> 여성연대의 토대는, 자기 속의 내면화된 성차별주의를 일컫는 말로서 우리가 그때 부르기로는 '내부의 적'이라고 했던 것에 대한 우리 자신의 비판 위에 마련되었다. 우리 모두는 우리 자신을 남자보다 열등한 존재로 보도록, 가부장의 인정을 받기 위하여 언제나 오로지 서로를 경쟁상대로만 보게끔, 그리하여 질투심과 두려움과 증오감으로 서로를 대하게끔 만드는 가부장제적 사고 체계에 의해 우리가 여자로서 사회화되었다는 사실을 절감했다.
>
> 벨 훅스, 『행복한 페미니즘』

우리 모두에겐 "내면화된 성차별주의"가 숨어 있다. 그래서 여성연대가 잘 이뤄지지 않지만 "내부의 적"은 여성들에게만 피해를 끼치지 않고 남성들에게도 혹독한 부담이 되고 있다. 남자들도 가부장 체제에서 이득만 본 게 아니다. 그들도 희생자다. 여자와 남자의 희생을 똑같다고 퉁 칠 순 없지만 그동안 남자는 가해자, 여자는 피해자라는 이분법 도식이 이 사회에 떠돌고 있었다면, 이제는 벗어날 필요가 있다.

이분법 도식에서 벗어난다고 해서 여성에게 폭력을 휘두르는 남자에게 면죄부가 발행되진 않는다. 물의를 일으킨 자에겐 혹독한 대가를 치르게 하되 우린 단지 누군가를 처벌하는 데만 힘을 쓸 게 아니라 인간의 내면을 조종하는 이데올로기와 권력을 비판하면서 좀 더 우리를 자유롭고 행복하게 하는 변화를 꾀해야 한다.

우리는 자신도 이미 오염되어 있음을 깨닫고 자신을 새롭게 열어 내어야 한다. 나를 매만지고 바꿔 내는 일은 나밖에 할 수 없다. 세상이 변하면 나도 덩달아 변하겠지만 세상이 좋아진다고 내가 좋은 인간이 되는 건 아니다. 나는 나를 돌아보고 더 나은 인간으로 변화시켜야 한다.

이것이 '계몽'이다. 누가 누굴 계몽시키느냐는 냉소가 퍼져 버린 이 시대에 계몽은 식상하고 진부한 말이 되었다. 그렇다고 계몽이 담고 있는 뜻이 더 이상 의미가 없어진 건 아닐 것이다. 계몽啓蒙이라는 뜻을 곧이곧대로 읽어 내면, 덮였던 것을 연다는 뜻이다. 나는 생각보다 나를 알지 못한다. 나는 언제나 내게 미궁이자 수수께끼이다. 그렇다면 계몽된 자가 계몽되지 않은 자를 상대로 한 '훈장질'엔 진저리를 내야 하지만 내 안의 어리석음을 밝혀내고 좀 더 자유롭게 생각하려는 '자기 계몽'은 여전히 중요하다고 할 수 있다. 철학자 칸트Immanuel Kant는 계몽을 '미성년 상태로부터 벗어나는 것이라고 정의한다. 나는 나를 계몽해서 어른이 되어야 한다.

> 계몽이란 우리가 마땅히 스스로 책임져야 할 미성년 상태로부터 벗어나는 것이다. 미성년 상태란 다른 사람의 지도 없이는 자신의 지성을 사용할 수 없는 상태이다. 이 미성년 상태의 책임을 마땅히 스스로 져야 하는 것은, 이 미성년의 원인이 지성의 결핍에 있는 것이 아니라 다른 사람의 지도 없이도 지성을 사용할 수 있는 결단과 용기의 결핍에 있을 경우이다. 그러므로 "과감히 알려고 하라!", "너 자신의 지성을 사용할 용기를 가져라!" 하는 것이 계몽의 표어이다.
>
> 임마누엘 칸트, 『칸트의 역사철학』

그동안 우리는 미성년으로서 살았다. 내 지성을 사용할 용기를 내기보다는 안전하게 외우란 것만 외우고 편리하게 세상이 생각하라는 것만 생각했다. 과감히 알려고 하지 않았기 때문에 나의 정신은 자유롭지 않다. 칸트도 "스스로 정신을 단련하여 미성년 상태에서 벗어나 확실한 발걸음을 내딛을 수 있는 사람은 지극히 드물다"고 썼다.

인간이 멍청하고 미욱해서 후회의 올무에 갇히고 슬픔의 허방으로 발을 헛딛는 것이 아니다. 자기 삶을 잘 살아보려는 "결단"과 누군가에게 기대지 않고 스스로 생각을 하려는 "용기"가 없기 때문이다. 내가 미덥지 않은 까닭은 그동안 나의 지성을 용기 내어 쓰지 않았기 때문이다. 나의 정신이 어수룩하고 미성년의 상태에 머물고 있다면 내 책임이다.

언제나 용기가 중요하다. 김태용 감독의 영화 「만추」에서 인상 깊은 대목은 주인공(탕웨이)이 용기 있게 자신의 삶을 사로잡던 사람에게 맞서는 장면인데, 주인공이 용기를 낼 수 있었던 건 자기 안에 드리워진 사슬들을 끊어 냈기 때문이 아닐까? 주인공은 예쁘게 보이고자 꾸미고 옷을 갈아입었다가 교도소를 나올 때의 수수한 모습으로 돌아가는데, 이때 어떤 '체념'도 있겠지만 세상이 정해 놓은 '여자다움'에서 벗어나 '나답게' 살려는 결단이 깃들어 있던 게 아닐까?

또 다른 여행을
기약하며

나의 정신을 내어 주고 있었다

여행이 끝났다. 생각의 눈을 뜨지 못하도록 몰아치던 모래 폭풍과 사유의 기지개를 넘어뜨리려 쏟아지던 땡볕을 이겨내고 새로운 곳에 도착했다. 그런데 내가 딛고 선 일상이 반가우면서도 한편으론 이질감이 든다. 그동안 사유의 충격을 겪다 보니 오히려 일상이 낯설어졌기 때문이다.

모처럼 푹 쉬고 싶고 당분간 편히 놀고 싶지만 예전과 달리 정신이 근질근질해진다. 아무리 일상이 편안함을 주더라도 사유의 여행이 선사하는 강렬한 앎의 오르가슴에 견줄 수 없기 때문이다. 처음 여행을 떠났을 때 일상을 그리워하면서 멀미를 앓았듯 다시 일상에 다다르자 사유의 여행이 그리워지면서 인문학 향수병이 도진다. 나는 이제 내 정신의 안일함을 견디지 못한다. 굽실거리면서 편안하게 눈치 보는 정신으로 살기보다는 괴롭더라도 정신의 주체성을 원한다. 내 안에서 수많은 욕망들이 다툼을 벌이고 평생 고민하며 살겠지만 이 모든 걸 인간의 삶으로 받아들이고자 한다.

사유의 여행을 통해 나는 많은 걸 겪었다. 평소엔 전혀 예상할 수 없었던 충격들을 겪으면서 나는 흔들리고 무너졌다. 분노하고 슬프기도 하고 참담하기도 하고 언짢기도 했다. 과거의 나 자신이 몰락하는 과정은 쓰디썼지만 낙담하거나 우울해지지는 않는다. 색다른 인식이 떠오르면서 싱싱한 감정과 참신한 시야가 생겨났기 때문이다. 내 안에 수많은 욕망들을 인정하게 되었고 인간에 대한 이해를 바탕으로 새로운 만남을 꿈꿀 수 있을 것 같다. 이로써 나는 변화를 꿈꾸게 된다.

그동안 나는 내 정신의 주인이 아니었다. 내 생각이 어떻게 만들어졌는지 알지 못했고, 내 삶이 여러 입김에 휘둘리고 있다는 걸 몰랐다. 나는 내 정신을 쉽게 내어 줬다. 누군가 허락도 없이 내 몸에 손대는 걸 무지하게 싫어하면서도 오늘도 나를 이용해 먹고자 내 정신에 비벼 대는 권력에 무지했다. 국가 권력이 총알받이처럼 날 군대로 끌고 가거나 마치 출산 기계처럼 날 여기면서 아이를 더 낳으라고 하면 분노했지만 자본권력이 나의 내밀한 욕망을 주물럭거리는 동안 나는 나의 정신을 내팽개치고 있었다.

권력의 손아귀에서 놀아나면서도 마치 내 생각인 것처럼 쑥덕거렸던 '흑역사'가 떠오른다. 내 영혼을 잃어버린 채 살았다는 사실에 부끄러움이 느껴진다. 이제라도 정신을 지키고 내 생각을 해야 한다. 옛날 로마 시대의 철학자 에픽테토스Epictetus는 정신을 내어주지 말라고 묵직하게 충고했다.

> 정신을 내어주지 마십시오. 만일 누가 당신 몸을 지나가는 사람에게 내어주면, 당신은 당연히 화를 내겠지요. 그런데 당신에게 영향을 미치려고 하는 사람에게 귀중한 정신을 내어주었을 때는 왜 부끄러움조차 느끼지 못합니까? 당신을 욕하는 사람에게 정신을 내어주기 전에 미리 잘 생각하십시오. 이미 주어버

리고 난 뒤에는 혼란스럽고 속만 상할 뿐이기 때문입니다.

에픽테토스, 『불확실한 세상을 사는 확실한 지혜』

온갖 유혹을 물리치면서 나의 자유를 지키는 건 어려운 일이다. 내 몸은 아직도 수많은 욕망과 이데올로기들이 벌이는 전쟁터이다. 내 생각과 욕망은 여전히 권력의 식민지다. 나는 독립운동과 부역 사이에서 갈팡질팡하고 있다. 하지만 습관은 얼마나 질긴가? 여전히 세상의 어둠은 너무나 막막하고 깊게 느껴지고 골치 아프게 생각하기는 귀찮다.

주어진 하나의 답은 해결책이 아니다

내가 생각을 안 하는 사이, 세상에서 하라는 생각에만 동조하는 사이, 세상은 엉망이 되어 버렸다. 아니, 세상은 언제나 시궁창이었지만 내가 '덜' 생각하면서 '더' 엉망진창이 되어 버렸다. 내가 생각을 안 하는 동안 특정한 생각'만'이 판을 치고 있고, 나는 그 안에서 질식하고 있다. 자유민주주의라지만 남들과 똑같아질 자유만 있고 스스로 주인이라는 생각은커녕 사회가 어떻게 돌아가는지 알 틈도 없는 요즈음이다. 뜨악한 사건, 사고들이 여기저기서 터져 나오고 있다. 오늘도 눈살을 찌푸리게 하거나 눈길을 사로잡는 소식들이 시간을 빼앗아 가고 정신을 가로채 간다. 내일도 글피에도 살짝 다를 뿐 거의 복사해서 붙여넣기 한 소식들만 판치고, 허접한 기사들을 뒤적거리는 일은 반복될 것이다. 그럴수록 삶은 뜻대로 꾸려지지 않고 저들의 탐욕대로 굴러간다.

우리의 인생엔 어떤 특정한 답안이 눈앞에 아른거린다. 그리고 그 답을 삶의 정답이라고 믿으면서 살아가게 된다. 인간으로서 살지만 정작 인간이 어떤 활동을 하면서 살 수 있고 어떻게 살아가야 하는지 깊게 생각하지 않는다. 이럴 때에는 한나 아렌트의 『인간의 조건』을 펴 보는 것이 좋다. 한나 아렌트는 인간에 대해서 진지하게 사유하기 때문이다.

그런데 여기에 묘한 삐걱거림이 있다. 한나 아렌트는 "우리가 활동적일 때 우리가 진정 행하는 것은 무엇인가?"를 사색해 보자고 제안하면서 "가장 순수한 최고의 인간 활동인 사유 활동"은 논외로 한다. 한나 아렌트는 노동, 작업, 행위를 논의할 뿐이다. 노동, 작업, 행위에 대한 한나 아렌트의 심도 있는 연구와 통찰들은 대단하지만, 어쩌면 이 책의 백미는 유령처럼 맴돌다가 군데군데서 출현하는 '사유의 문제'일 것이다. 한나 아렌트는 우리가 사유하지 않고 있다고, 주어진 하나의 답을 그대로 믿고 해결책인 양 하지 말고, 제대로 사유를 하자고 간곡히 요청한다. 우리가 사유하지 않았을 때 사회에서 벌어진 수많은 재앙들을 떠올리면 아래 문장을 그냥저냥 넘길 수 없게 된다.

우리는 하나의 해결책만이 있는 양 이 문제를 다루어서는 안 된다. 내가 아래에서 제안하고자 하는 것은 우리가 가장 최근에 가진 경험과 공포를 고려하여 인간 조건을 다시 사유해보자는 것이다. 이것은 명백히 사유의 문제이다. 사유하지 않음, 즉 무분별하며 혼란에 빠져 하찮고 공허한 '진리들'을 반복하는 것은 우리 시대의 뚜렷한 특징이라 생각된다.

한나 아렌트, 『인간의 조건』

한나 아렌트는 하나의 진리나 특정한 정답만을 '믿는 걸' 위험하다고 생각했다. 왜냐하면 확신은 그것을 잘 알아서 생겨난 결과라기보다는 사유하지 않고 있다는 방증에 불과하기 때문이다. 그래서 한나 아렌트는 인간과 세상의 특징을 '복수성'과 '다원성'으로 명명한다. 인간의 특징은 어떤 하나의 개성만이 우위를 점한다고 할 수 없으며, 세상살이 또한 특정한 하나의 진리나 정답을 찾아야 하는 것이 아니라 여러 개의 차이가 나지만 동등한 가치의 해결책들이 공존하기 때문이다. 하나의 기준을 정해 순위를 매기고 위계를 지으려는 노력은 결국 그 틀대로 생각하면서 인간을 사유하지 않게 할 위험이 다분하다. 우리는 여러 개의 다원화된 기준과 눈으로 세상을 바라보고 타자들과 어울려야 한다. 다원성을 깨닫지 못할 때, 우리는 "무분별하고 혼란에 빠져 하찮고 공허한 진리들을 반복"하게 될 뿐이다.

세상의 진리는커녕 요새 우리는 생존에 급급하다. 고대 그리스의 자유인들은 먹고사는 노동에서 벗어나려고 애쓰고, 먹고사는 일에서 벗어날 수 있는 여유가 조금이라도 생기면 세상에 참여하고 의미 있는 일을 하고자 하였던 데 반해 요즘 우리의 활동은 거의 먹고사는 일로 환원된다. 먹고살 걱정하지 않아도 되는 사람마저도 남는 시간과 정력을 온통 더 많이 먹고 더 돈을 버는 데에 몸이 달 만큼 안달한다. 그만큼 현대 사회는 우리를 사유하지 않게끔 몰아붙이고 있다. 그저 더 많이 먹고 더 많은 돈만 있으면 행복한 줄 알기에 우리는 돈이 모자라서 불행하고, 돈이 있어도 불행하게 된다. 인간은 결코 돈만으로 행복할 수 없는 존재이기 때문이다. 이것이 우리가 저항해야 하는 이유다.

세상엔 인간을 반복하게 만들고, 내 생각과 생활을 강제하는 구조가 있다. 과거의 인간이 했던 행동과 욕망을 나는 되풀이하고, 옆 사람이 하는 걸

나는 같이하고 있다. 나는 결코 자유롭지 않다. 자유를 얻기 위해서라도 우리린 구조를 고민하고 변화시켜야 한다.

물론 인생은 구조에 의해 결정되지 않는다. 인간에겐 선택 공간이 조금이라도 있다. 폭력 사회라고 해서 주먹을 휘두르는 남자들을 받아 줄 수 없는 것과 마찬가지로 독재시대였다 해서 고문을 하고 몹쓸 짓을 저지른 걸 역성들 수는 없다. '사회 구조가 그렇다는 핑계'를 댈 때, 내 안에 들어와 나를 불행하게 만드는 거시기에 나는 홀라당 넘어가게 된다. 전체와 구조만을 타령해서는 내 일상은 꿈쩍도 하지 않는다.

따라서 우리는 우리의 내면을 살피면서 이와 함께 사회를 되짚어야 한다. 세상의 구조를 잘 알되 나를 돌아봐야 한다. 세상과 싸워 나가는 일은 사회의 얼개를 바꿔 내고자 땀 흘리면서도 내 안에 들어온 세상과 맞서 나를 변혁하는 일이다.

괴물이 되지 않기 위해서라도

권력은 언제나 지식과 짬짜미를 하게 된다. 서구가 동양에 대한 지식과 담론을 만들어 낼 수 있었던 것도 그들에게 '권력'이 있었기 때문이다. 힘과 앎은 뒤엉켜 있다. 무언가를 안다는 건 그만큼 힘이 생긴다는 뜻이다. 권력자는 보통 남들보다 더 많은 정보와 지식을 갖고 있다. 그래서 지식인이 막상 사회에 비판을 하면서 저항하는 일은 드물다. 지식인은 이미 권력자이기 때문이다. 사회가 어지럽고 엉망이 되어도 막상 우리가 어떻게 해야 하고 어떤 미래를 만들어 가야 할지 사람들의 가슴에 불을 지르는 지식인을 만나기 어려운 이유이다. 인문학 공부도 교양을 쌓아 우아하게 지금의 삶을 즐기는 일처럼 되어 버린다.

하지만 미국의 인문학자 에드워드 사이드Edward said는 남들보다 좀 더 공부해서 더 많은 지식을 갖고 있다는 뜻으로 지식인을 생각하지 않았다. 사이드는 세상의 변화와 투쟁을 설명하면서 권력이 우리의 입을 틀어막는 걸 물리쳐야만 지식인이 된다고 주장한다. 인문학 교육은 '더 나은 현실'로 향해 나아가려는 '자유에 대한 바람이기 때문이다. 그래서 '엘리트 인문학자'들이 내세우는 '고상한 교양'과 거리를 둔다. 인문주의는 대학 안에서 자기들끼리 쑥덕대는 '지적 유희'가 아니라 우리의 삶에서 생겨나는 수많은 사건 속에서 우리를 새로이 사유하게 도와주는 '지식 훈련'이다. 우리는 비판의 힘을 키우고, 내 삶에 들이닥치는 상황들에서 좀 더 자유를 늘리며, 보다 그윽한 관계를 만들어 내어야 인문학을 공부했다고 할 수 있다.

> 저는 더 나아가 인문주의가 곧 비판이며, 이 비판이란 대학 안과 밖의 사건들이 처한 상황 속으로 우리를 인도한다고 주장하겠습니다. (이는 스스로를 엘리트 육성으로 내세우며, 편협하게 트집 잡는 인문주의가 취하는 입장과는 전적으로 거리가 있지요.) 그리고 이 비판의 힘과 현재성은 그 민주적, 세속적, 개방적 특성에서 비롯된다고 말하고 싶습니다.
>
> 에드워드 사이드, 『저항의 인문학』

사이드는 비판의 힘을 "민주적, 세속적, 개방적 특성"에서 비롯된다고 얘기한다. 민주성과 개방성은 그나마 좀 익숙한 말들이다. 민주성과 개방성을 풀어내면, 아무래도 어떤 특정한 정답을 맹신하지 않고 유연하고 열린 사고로 생각하면서 모든 사람이 자신의 주인으로 산다는 뜻이다. 그런데 '세속성'은 좀 낯설다. 인문학의 품위 있고 우아한 언어들에 익숙한 사람들에겐 좀 거북한 언어인지도 모른다. 세속이란 말엔 저 초월의 순수하고 아름다운 풍경이 아니라 뭔가 오염되고 너저분한 느낌이 들러붙어 있기 때문이다. 하지만 에드워드 사이드가 생각하는 비판의 힘은 바로 '세속성'에서 나온다.

모든 것은 재현되고 상징화되는 과정에서 '오염'된다. 지금 이 글은 사이드의 진심과 실재가 아니라 사이드에 대한 오염이자 오해이다. 그렇다고 그 오염과 오해를 피해서 진정한 사이드를 찾는 건 좀 바보짓이다. 살아생전에 사이드를 만났다고 하더라도 어차피 나는 '나의 세속성'에 따라 사이드란 사람을 읽어 내고 해석하게 된다. 사이드가 말하고자 하는 바도 우리의 세계관과 아는 바에 따라 오해하게 된다. 따라서 모든 만남과 사유 과정 자체는 오염이라 할 수 있다.

해체주의를 펼쳐낸 자크 데리다의 논증처럼, 순수란 환상이다. 세속에서 쓰고 읽히는 글은 모두 오염되고 오해된다. 고의로 왜곡하고 입맛대로 해석해서야 안 되겠지만 그렇다고 단 하나의 정답과 진실을 알려고 하는 건 그리 권장할 만한 일이 아니다. 순수하고 완전한 것에 대한 생각 자체가 망상이기 때문이다. 오히려 언어와 표현들을 그 자체로 믿기보다 언어 자체가 언제나 수많은 권력에 연루되어 있음을 생각하면서 이 언어가 어디서 어떻게 생겨났을지 전후좌우 맥락을 헤아릴 줄 알아야 한다.

사이드가 인문주의를 '비판'이라고 힘주어 잘라 말한 까닭이다. 우리가 '당연'하고 '자연스럽다'고 믿었던 건 사실 그렇지 않다. 세상의 모든 형태의 언어와 믿음들엔 언제나 오염과 오해가 들어 있기에 비판이 필요하다. 인문학은 우리의 오류와 한계를 절감하면서도 절망하지 않고 우리의 오염과 오해들을 고쳐 나가는 끝없는 과정이다. 사이드는 "곧바로 주어지는 것"을 곧이곧대로 믿거나 따르지 말라고 당부한다.

> 독자는 특정한 장소에, 특정한 학교나 대학에, 일하는 장소에, 특정한 국가에 특정한 시간, 상황 아래 놓여 있습니다. 그렇지만 이러한 조건들은 수동적인 틀이 아닙니다. 인문주의적 지평을 그 직관과 이해의 성취를 확장해가는 가운데, 틀은 활발하게 이해되고 구성되고 해석됩니다. 그리고 이것이 바로 저항의 정체입니다. 저항은 곧바로 주어진 것과 보류되는 것 사이를 구별 짓는 능력입니다.
>
> 에드워드 사이드, 『저항의 인문학』

저항은 대단한 게 아니다. 지금까지 살아왔던 방식과 익숙한 언어들을 그대로 따르지 말고 잠깐만이라도 보류하면서 과연 무엇이 맞는지 '한 번 더' 생각하는 일이다. 이미 우리 안에는 선입견과 편견이 가득하다. 한번 형성된 고정관념들은 살아가면서 더 강화된다. 판에 박힌 사고만을 하면서 진부한 언어를 내뱉지 않기 위해서 사이드는 이렇게 속닥인다. "인문주의는 고정관념에 대한 저항이라 할 수 있습니다. 인문주의는 모든 종류의 진부함과 부주의한 언어에 반대합니다."

우리 일상이 굳어 갈 때, 진부해지고 뻔한 말들을 부주의하게 나불거릴 때, 우리는 자신도 모르게 타자들의 감정을 갉아먹는 낡은 괴물이 된다. 괴물이 되지 않기 위해서라도 우리는 고정관념에 저항해야 한다. 괴물은 고정관념에 사로잡힌 존재들이다. 자신만이 옳다고, 자신의 생각이나 믿음을 의심하지 못하는 존재가 괴물이다. 오늘날 많은 괴물들이 우리 주위에 득시글하지만 나도 이미 누군가에겐 괴물처럼 비치는데 자신은 괜찮은 인간이라는 고정관념에 사로잡혀 변해 가는 자기 모습을 보지 못하고 있는지도 모른다.

우리가 여행을 떠난 까닭도 괴물이 되지 않으려는 안간힘이다. 언제나 멈춰 서서 편안함에 중독되고 정신이 굳기 시작하면 괴물이 된다. 괴물이 될 수도 있음을 우려하며 조심하면서 끊임없이 고민하는 사람만이 괴물이 되는 것을 피할 수 있다. 인간으로서 사는 일은 생각만큼 그리 쉽지 않다.

참고문헌

생각의 국경에서

『존재에서 존재자로』, 에마뉘엘 레비나스 지음, 서동욱 옮김, 민음사, 2003
『그리운 친구여』, 프란츠 카프카 지음, 서용좌 옮김, 아인북스, 2011
『비평의 숲과 동무공동체』, 김영민 지음, 한겨레출판사, 2011

첫 번째 충격 – 최후의 인간, '노예'

『소비의 사회』, 장 보드리야르 지음, 이상률 옮김, 문예출판사, 1992
『차라투스트라는 이렇게 말했다』, 프리드리히 니체 지음, 정동호 옮김, 책세상, 2000
『행복』, 요모타 이누히코 지음, 황순희 옮김, 한울, 2007
『공부를 넘어 교육으로』, 마사 누스바움 지음, 우석영 옮김, 궁리, 2011
『도덕적 인간과 비도덕적 사회』, 라인홀드 니버 지음, 이한우 옮김, 문예출판사, 2013
『피로사회』, 한병철 지음, 김태환 옮김, 문학과지성사, 2012
『계몽의 변증법』, 호르크하이머·아도르노 지음, 김유동 옮김, 문학과지성사, 2001
『일차원적 인간』, 헤르베르트 마르쿠제 지음, 박병진 옮김, 한마음사, 2009
『야성의 사랑학』, 목수정 지음, 웅진지식하우스, 2010
『판타스틱 개미지옥』, 서유미 지음, 문학수첩, 2007

『텔레비전에 대하여』, 피에르 부르디외 지음, 현택수 옮김, 동문선, 1998

『낯익은 타인들의 도시』, 최인호 지음, 여백미디어, 2011

『분자혁명』, 펠릭스 가타리 지음, 윤수종 옮김, 푸른숲, 1998

『스펙타클의 사회』, 기 드보르 지음, 이경숙 옮김, 현실문화연구, 1996

『인간농장을 위한 규칙』, 페터 슬로터다이크 지음, 이진우·박미애 옮김, 한길사, 2004

『무통문명』, 모리오카 마사히로 지음, 이창익 옮김, 모멘토, 2005

– **영화**

「네버 렛미고」, 마크 로마넥 감독, 2010

「아일랜드」, 마이클 베이 감독, 2005

「그때 그 사람들」, 임상수 감독, 2005

두 번째 충격 – 부드럽고도 오싹한 '권력'

『감시와 처벌』, 미셸 푸코 지음, 나남출판, 2003

『호모 사케르』, 조르조 아감벤 지음, 박진우 옮김, 새물결, 2008

『사랑을 선택하는 특별한 기준』, 김형경 지음, 사람풍경, 2012

『결국은 아름다움이 우리를 구원할 거야』, 현경 지음, 열림원, 2013

『사회를 보호해야 한다』, 미셸 푸코 지음, 박정자 옮김, 동문선, 1998

『정의란 무엇인가』, 마이클 샌델 지음, 이창신 옮김, 김영사, 2010

『피로사회』, 한병철 지음, 김태환 옮김, 문학과지성사, 2012

『민주주의는 왜 증오의 대상인가』, 자크 랑시에르 지음, 허경 옮김, 인간사랑, 2011

『민주주의의 역설』, 샹탈 무페 지음, 이행 옮김, 인간사랑, 2006

『제국』, 안토니오 네그리·마이클 하트 지음, 이학사, 2001

『다중』, 안토니오 네그리·마이클 하트 지음, 조정환 외 옮김, 세종서적, 2008

『공통체』, 안토니오 네그리·마이클 하트 지음, 정남영 외 옮김, 사월의책, 2014

『대중독재』, 임지현 지음, 책세상, 2004

『자발적 복종』, 에티엔느 드 라보에티 지음, 박설호 옮김, 울력, 2004

『대중의 취향에 따귀를 때려라』, 마야코프스키 지음, 김성일 옮김, 책세상, 2005

『기나긴 혁명』, 레이먼드 윌리엄스 지음, 성은애 옮김, 문학동네, 2007

『선악의 저편. 도덕의 계보』, 프리드리히 니체 지음, 김정현 옮김, 책세상, 2002
『옥중수고 2』, 안토니오 그람시 지음, 이상훈 옮김, 거름, 1999

세 번째 충격 – 내가 먹이고 키우는 괴물, '욕망'

『쾌락』, 에피쿠로스 지음, 오유석 옮김, 문학과지성사, 1998
『비폭력 대화』, 마셜 로젠버그 지음, 캐서린 한 옮김, 한국NVC센터, 2011
『사도 바울』, 알랭 바디우 지음, 현성환옮김, 새물결, 2008
『에로티즘』, 조르주 바타유 지음 조한경 옮김, 민음사, 2009
『제3의 침팬지』, 제레드 다이아몬드 지음, 김정흠 옮김, 문학사상사, 1996.
『고독한 군중』, 데이비드 리스먼 지음, 이상률 옮김, 문예출판사, 1999
『낭만적 거짓과 소설적 진실』, 르네 지라르 지음, 김치수 옮김, 한길사, 2001
『문명 속의 불만』, 지그문트 프로이트 지음, 김석희 옮김, 열린책들, 2003
『행복의 정복』, 버트런드 러셀 지음, 이순희 옮김, 사회평론, 2005
『잃어버린 대의를 옹호하며』, 슬라보예 지젝 지음, 박정수 옮김, 그린비, 2009
『라캉과 정신의학』, 브루스 핑크 지음, 맹정현 옮김, 민음사, 2002
『인간적인 너무나 인간적인』, 프리드리히 니체 지음, 김미기 옮김, 책세상, 2001
『선악의 저편. 도덕의 계보』, 프리드리히 니체 지음, 김정현 옮김, 책세상, 2002
『차라투스트라는 이렇게 말했다』, 프리드리히 니체 지음, 정동호 옮김, 책세상, 2000
『니체와 철학』, 질 들뢰즈 지음, 이경신 옮김, 민음사, 2001
『차이와 반복』, 질 들뢰즈 지음, 김상환 옮김, 민음사, 2004
『분자혁명』, 펠릭스 가타리 지음, 윤수종 옮김, 푸른숲, 1998

– 영화
「달콤한 인생」, 김지운 감독, 2005

네 번째 충격 – 욕망과 중독의 끝, '한계'

『의지와 표상으로서의 세계』, 아르투르 쇼펜하우어 지음, 홍성광 옮김, 을유문화사, 2009

『폴리티컬 마인드』, 조지 레이코프 지음, 나익주 옮김, 한울아카데미, 2012
『하찮은 인간 호모 라피엔스』, 존 그레이 지음, 김승진 옮김, 이후, 2010
『시계태엽 오렌지』, 앤서니 버지스 지음, 박시영 옮김, 민음사, 2005
『외로워지는 사람들』, 셰리 터클 지음, 이은주 옮김, 청림출판, 2012
『자기계발의 덫』, 미키 맥기 지음, 김상화 옮김, 모요사, 2011
『하찮은 인간 호모 라피엔스』, 존 그레이 지음, 김승진 옮김, 이후, 2010
『대중들의 공포』, 에티엔 발리바르 지음, 최원 옮김, 도서출판b, 2007
『빛』, 김곰치 지음, 산지니, 2008
『여성과 남성은 왜 서로 투쟁하는가』, 에리히 프롬 지음, 이은자 옮김, 부북스, 2009
『희망의 인문학』, 얼 쇼리스 지음, 이병곤 외 옮김, 이매진, 2006
『군중과 권력』, 엘리아스 카네티 지음, 강두식 외 옮김, 바다출판사, 2010
『맹신자들』, 에릭 호퍼 지음, 이민아 옮김, 궁리, 2011
『순자』, 순자 지음, 김학주 옮김, 을유문화사, 2008
『연애』, 제프리 밀러 지음, 김명주 옮김, 동녘사이언스, 2009
『정신분석과 듣기 예술』, 에리히 프롬 지음, 호연심리센터 옮김, 범우사, 2000

- 영화
「히로시마 내 사랑」, 알랭 레네 감독, 1959
「악마를 보았다」, 김지운 감독, 2010
「몬스터」, 황인호 감독, 2014
「마스터」, 폴 토마스 앤더슨 감독, 2012
「시계태엽 오렌지」, 스탠리 큐브릭 감독, 1971

다섯 번째 충격 - 당신이라는 이름의 맹목, '사랑'

『하나이지 않은 성』, 뤼스 이리가라이 지음, 이은민 옮김, 동문선, 2000
『사랑의 기교』, 오비디우스 지음, 김영락 옮김, 열린책들, 1996
『이데올로기의 숭고한 대상』, 슬라보예 지젝 지음, 이수련 옮김, 새물결, 2013
『아름다움의 과학』, 울리히 렌츠 지음, 박승재 옮김, 프로네시스, 2008

『일곱 개의 고양이 눈』, 최제훈 지음, 자음과모음, 2011

『차라투스트라는 이렇게 말했다』, 프리드리히 니체 지음, 정동호 옮김, 책세상, 2000

『사랑은 지독한 그러나 너무나 정상적인 혼란』, 울리히 벡 지음, 강수영 옮김,
    새물결, 1999

『일상생활의 혁명』, 라울 바네겜 지음, 주형일 옮김, 이후, 2006

『액체근대』, 지그문트 바우만 지음, 이일수 옮김, 도서출판 강, 2009

『사랑예찬』, 알랭 바디우 지음, 조재룡 옮김, 도서출판 길, 2010

『선악의 저편. 도덕의 계보』, 프리드리히 니체 지음, 김정현 옮김, 책세상, 2002

『향연』, 플라톤 지음, 박희영 옮김, 문학과지성사, 2003

『열정으로서의 사랑』, 니클라스 루만 지음, 정성훈 외 옮김, 새물결, 2009

『법의 힘』, 자크 데리다 지음, 진태원 옮김, 문학과지성사, 2004

– 영화

「봄날은 간다」, 허진호 감독, 2001

– 노래

「취미는 사랑」, 가을방학, 2010

「만남」, 노사연, 1989

여섯 번째 충격 – 지루함의 끝에서 다시 찾아오는 것, '고통'

『팡세』, 파스칼 블레즈 지음, 이환 옮김, 민음사, 2003

『통섭』, 에드워드 윌슨 지음, 최재천 외 옮김, 사이언스북스, 2005

『어떤 작위의 세계』, 정영문 지음, 문학과지성사, 2011

『의지와 표상으로서의 세계』, 쇼펜하우어 지음, 홍성광 옮김, 을유문화사, 2009

『존재와 시간』, 마르틴 하이데거 지음, 전양범 옮김, 동서문화사, 2008

『무통문명』, 모리오카 마사히로 지음, 이창익 옮김, 모멘토, 2005

『선악의 저편. 도덕의 계보』 프리드리히 니체 지음, 김정현 옮김, 책세상, 2002

『시지프 신화』, 알베르 카뮈 지음, 김화영 옮김, 책세상, 1997

『네 고통은 나뭇잎 하나 푸르게 하지 못한다』, 이성복 지음, 문학동네, 2001

『행복의 정복』, 버트런드 러셀 지음, 이순희 옮김, 사회평론, 2005
『발터벤야민의 문예이론』, 발터 벤야민 지음, 반성완 옮김, 민음사, 2005
『사랑 안에서 길을 잃어라』, 메블라나 젤랄룻딘 루미 지음, 이현주 옮김, 샨티, 2005
『그리스 비극에 대한 편지』, 김상봉 지음, 한길사, 2003

- 노래
「흔들어 주세요」, 철싸, 2011

일곱 번째 충격 - 언제나 알 수 없는, '타자'

『짐멜의 모더니티 읽기』, 게오르그 짐멜 지음, 김덕영 옮김, 새물결, 2005
『자크 라캉 세미나 11』, 자크 라캉 지음, 맹정현 외 옮김, 새물결, 2008
『새는 하늘을 자유롭게 풀어 놓고』, 황인숙 지음, 문학과지성사, 1988
『외로워지는 사람들』, 셰리 터클 지음, 이은주 옮김, 청림출판, 2012
『여성 혐오를 혐오한다』, 우에노 치즈코 지음, 나일등 옮김, 은행나무, 2012
『존재와 무』, 장 폴 사르트르 지음, 정소성 옮김, 동서문화사, 2009
『군중과 권력』, 엘리아스 카네티 지음, 강두식 외 옮김, 바다출판사, 2010
『다른 목소리로』, 캐롤 길리건 지음, 허란주 옮김, 동녘, 1997
『사랑을 위한 과학』, 토머스 루이스 지음, 김한영 옮김, 사이언스북스, 2001
『예루살렘의 아이히만』, 한나 아렌트 지음, 김선욱 옮김, 한길사, 2006
『방법서설』, 르네 데카르트 지음, 이현복 옮김, 문예출판사, 1997
『성찰』, 르네 데카르트 지음, 이현복 옮김, 문예출판사, 1997
『불가능한 것의 가능성(슬라보예 지젝 인터뷰)』, 인디고 연구소 지음, 궁리, 2012

- 영화
「한나 아렌트」, 마가레테 폰 트로타 감독, 2012

- 노래
「애모」, 김수희, 1990

여덟 번째 충격 - 괴물이 되지 않기 위한 처방, '계몽'

『똑똑한 바보들』, 크리스 무니 지음, 이지연 옮김, 동녘사이언스, 2012

『프루스트와 기호들』, 질 들뢰즈 지음, 서동욱 옮김, 민음사, 2004

『철학적 탐구』, 루드비히 비트겐슈타인 지음, 이영철 옮김, 책세상, 2006

『진리와 방법 2』, 한스 게오르크 가다머 지음, 임홍배 옮김, 문학동네, 2012

『이데올로기의 숭고한 대상』, 슬라보예 지젝 지음, 이수련 옮김, 새물결, 2013

『구월의 이틀』, 장정일 지음, 랜덤하우스, 2009

『당신 옆을 스쳐간 그 소녀의 이름은』, 최진영 지음, 한겨레출판사, 2010

『삶과 철학』, 한국철학사상연구회 지음, 동녘, 2003

『실천윤리학』, 피터 싱어 지음, 황경식 외 옮김, 연암서가, 2013

『잔혹연극론』, 앙토냉 아르토 지음, 박형섭 옮김, 현대미학사, 1994

『차이와 반복』, 질 들뢰즈 지음, 김상환 옮김, 민음사, 2004

『밝은 방』, 롤랑 바르트 지음, 김웅권 옮김, 동문선, 2006

『선악의 저편. 도덕의 계보』 프리드리히 니체 지음, 김정현 옮김, 책세상, 2002

『아미엥에서의 주장』, 루이 알튀세르 지음, 김동수 옮김, 솔, 1991

『지눌의 선사상』, 길희성 지음, 소나무, 2001

『옥중수고 2』, 안토니오 그람시 지음, 이상훈 옮김, 거름, 1999

『행복한 페미니즘』, 벨 훅스 지음, 박정애 옮김, 큰나, 2002

『칸트의 역사철학』, 임마누엘 칸트 지음, 이한구 옮김, 서광사, 2009

- 영화

「카운트다운」, 허종호 감독, 2011

「돌이킬 수 없는」, 박수영 감독, 2010

「더 헌트」, 토마스 빈터베르그 감독, 2012

「만추」, 김태용 감독, 2011

또 다른 여행을 기약하며

『불확실한 세상을 사는 확실한 지혜』, 에픽테토스 지음, 샤론 르벨 엮음, 정영목 옮김,

까치, 2009

『인간의 조건』, 한나 아렌트 지음, 이진우 옮김, 한길사, 2002

『저항의 인문학』, 에드워드 사이드 지음, 김정하 옮김, 마티, 2008